맹자

옮긴이 박소동朴小東

전남 구례에서 태어났다. 난포蘭圃 서한봉徐漢奉 선생을 사사하였다. 민족문화추진회 부설 국역연수원 및 상임연구부, 성균관대학교 유학대학원을 졸업했다. 민족문화추진회 국역실장·편찬실장·교무처장, 한국고전번역원 한학교수, 성균관대학교 한문고전번역 석박사 통합과정 겸임교수, 성균관대학교 유학대학원 초빙교수, 한국고전번역원 이사를 역임했다. 현재 한국고전번역원 명예한학교수이다. 『가례도감의궤』, 『친경·친잠의궤』, 『고종임인진연의궤』와 실록 등 다수의 공역서가 있다.

맹자

초판 1쇄 발행 2024년 8월 15일

원전	맹자
옮긴이	박소동
펴낸이	조미현
편집	강옥순, 박이랑
디자인	나윤영
펴낸곳	(주)현암사
등록	1951년 12월 24일 (제10-126호)
주소	04029 서울시 마포구 동교로12안길 35
전화	02-365-5051
팩스	02-313-2729
전자우편	editor@hyeonamsa.com
홈페이지	www.hyeonamsa.com

ISBN 978-89-323-2377-0 03150

시대의 이정표가 된 영원한 고전

맹자

맹자 원전 · 박소동 옮김

ᐱ현암사

맹자를 만나러 가는 길

어릴 때 어른들로부터 '난세엔 필독맹자'라는 말을 들었다. 어지러운 세상엔 반드시 『맹자』를 읽어야 한다는 뜻이다. 그러나 귀로 흘려듣던 그 말이 『맹자』를 배우면서 왜 생겼는지를 알게 되었다. 맹자가 태어나 자라고 활동하던 시기가 난세였고, 그 난세를 타개하고자 평생 노력한 내용이 『맹자』에 기록으로 남아 있기 때문이다.

『맹자』는 현장성이 있다. 당시의 군주들을 만나 왕도정치를 논하고, 정치가 백성에게 미치는 영향과 백성이 군주에게 어떤 존재인지를 끊임없이 환기시킨다. 그 핵심 주장 속에는 언제나 인간의 본성이 선하다는 전제가 깔려 있다. 이것이 바로 '성선설'이다.

맹자가 활동하던 기원전 4세기는 중국의 백가쟁명 시대로, 온갖 학설이 난무하고 유세객이 종횡으로 활동하던 시기였다. 맹자는 공자의 유가 정통학설을 이어받아 '성악설', '선악혼재설', '겸애설', '부국강병책' 등에 맞서 사람을 아끼는 어진 정치를 시대정신으로 제시하였다. 이것이 '왕도정치설'이다.

어려운 상황에 당당하게 대처할 수 있는 지성은 어떻게 탄생하는가? 바로 자신의 행동 하나하나가 의로움에 부합할 때 내면에 쌓여 가는 기운, 이 기운은 우주에까지 충만해지는 기운이다. 이것이 바로 '호연지기'이다.

『맹자』의 문장은 논리로 상대방을 끝까지 몰아붙이기 때문에 기세氣勢가 좋다. '호연지기'가 문장으로 발현되었다고나 할까. 『맹자』는 전편에 걸쳐 주로 대화를 통해 논리를 풀어 나간다. 대화하는 동안 상대의 말을 부정하지 않는다. 마치 노련한 사냥꾼이 먹잇감을 몰아가듯 딱 맞는 고사와 역사적 사실을 들어 차근차근 설명한다. 그야말로 '비유철학의 고수'이다.

이처럼 『맹자』는 빼어난 수사修辭를 담고 있어, 문리文理를 터득하고 문장력을 기르기 위한 기본서로서도 중요한 역할을 담당하였다. 우리나라의 많은 문사가 『맹자』의 문장에 영향을 받은 것도 이 때문이다.

나는 한국고전번역원에서 30여 년 동안 우리 고전을 정리, 번역하고 인재를 교육하는 일에 종사하였다. 사서삼경을 비롯해 문집, 역사서 등 많은 문헌을 학생들과 함께 토의하며 공부했는데, 그 가운데 『맹자』가 가장 의미 있고 재미있었다. 젊은 사람들이 진취적인 시대정신을 품을 수 있는 책이기 때문이다. 이제 이 책이 독자들의 마음으로 전해져 새로운 시대정신을 발견하고 실천하는 데 도움이 되었으면 좋겠다는 바람을 가져 본다.

지금 세계의 민주주의는 극단적 패권주의와 권위주의의 위협에 직면해 있다. 맹자 시대의 패도정치가 국가 제일주의로 부활하여 다시금 세계를 혼란스러운 난세로 만들고 있다. 또 기후 위기와 지진 등의 천재지변, 전염병의 세계적 유행 등이 빈발하고 있고, 인공지능을 앞세운 정보기술의 진보는 인간 존재를 뿌리째 흔들고 있다.

이러한 때에 나는 어떻게 살아야 하는가? 국민 앞에 나서는 위정자들은 이 어지러운 현실을 어떻게 풀어 가야 하는가? 『맹자』에는 현대인이 추구하는 인간적 가치의 기초가 되는 자기 수양과 경제사상, 민본의 정치사상, 윤리도덕과 교육이론 등에 관한 밀도 높은 지혜가 가득 들어 있다. 이제 맹자라는 아주 오래된 친구를 만나 그와 함께 진지하게 이야기를 나누어 보자.

이 책은 누구나 『맹자』에 담긴 내용을 분명하게 이해할 수 있도록 쉬운 우리말로 풀었다. 한문을 몰라도 한글로 편하게 읽으면 바로 맹자의 지혜를 빌릴 수 있지 않은가. 매우 어려운 작업이었다. 한문의 특수한 표현을 정확하게 설명할 수 있는 한글 단어를 찾기 위해, 한문의 특성상 행간에 숨겨 놓은 의미를 찾아 보충하는 작업을 위해 그동안 습득한 지식의 바다을 끝까지 헤쳐도 때로는 한계가 드러났다. 수준 높은 주석을 붙인 한漢나라의 조기趙岐가 「맹자제사孟子題辭」의 끝에 "후세의 눈 밝은 이가 부족한 부분을 발견해 바르게 고쳐 준다면 그 역시 좋은 일이 아니겠는가."라고 하였는데, 번역을 마치는 나 역시 같은 마음이다.

이 책이 세상에 나오는 데 두 사람의 공이 컸다. 현암사 조미현 대표는 이 책의 출판을 결정하고 책이 세상에 나오도록 배려해 주었고, 한국인문고전연구소 강옥순 소장은 거친 원고를 한 글자 한 글자 짚어 가며 편집해 주었다. 두 분께 깊은 감사를 드린다.

2024년 5월

방호산 남쪽 호양학교 삼역재三亦齋에서

박소동 삼가 쓰다

차례

시대의 이정표가 된 영원한 고전

1. 이 시대의 『맹자』 독법

유학은 공자와 맹자의 사상을 중심으로 형성되었다. 때문에 유학을 다른 말로 '공맹孔孟 사상'이라고 한다. 또 맹자를 '최고의 성인至聖'인 공자에 '버금간다'고 하여 '아성亞聖'이라고 일컫는다.

그러나 공자와 맹자는 기질적으로 매우 달랐다. 이는 공자의 언행을 기록한 『논어』와 맹자의 언행을 기록한 『맹자』에서 확연히 드러난다. 이에 대하여 조선 중기의 유학자 조익趙翼은 「맹자분류천설孟子分類淺說」 서문에서 이렇게 설명하였다.

> 『논어』는 그 말이 간단한 데 비해 『맹자』는 수백 언에 이르기도 한다. 맹자는 말을 할 때 이치를 명확하고 극진하게 끝까지 설명하려고 하였다. 이 때문에 『논어』는 그 의미가 매우 깊고 크고 원만하게 된 것이고, 『맹자』의 말은 명백하고 통쾌하게 된 것이다. _『포저집浦渚集』 제26권

공자가 자신의 사상을 함축적으로 표현한 데 비해 맹자는 명확하고 구체적으로 표현했다는 뜻이다. 이 때문에 공자의 사상을 이해하는 데 맹자의 언설言說이 많은 도움을 준다.

유학에서는 이른바 술이부작述而不作의 태도를 숭상한다. 옛 성현의 말씀을 전술할 뿐, 내 생각을 보태서 함부로 창작하지 않는 태도를 말한다.

때문에 유학은 독창적인 창작의 기풍보다는 전해온 문헌의 자구字句에 대한 훈고訓詁를 통해 자신의 의견을 피력하는 방식으로 발전해 왔다. 중국이나 우리나라에서 주석 위주의 훈고학이 발달한 것도 이 때문이다.

그러나 이러한 겸덕謙德의 학문 태도는 신중하다는 장점이 있는 반면, 한계도 명확했다. 독창적 견해나 비판적 읽기를 '얕은 견해'나 '잘못된 읽기'로 취급하는 경향마저 있었다. 조선의 공맹 유학이 현실과 유리된 채 경의經義 탐구의 관념적 사변적 경향으로 흐르고, 종내는 과거科擧 제도의 틀 속에서 사장詞章의 문장론으로 치달은 이유도 이와 무관하지 않다. 즉, 학문이 '시대의 문제'에 구체적이고 전향적인 해법을 주기는커녕 오히려 새로운 변화를 가로막는 장애가 된 것이다.

현실 문제를 도외시하는 학문은 결국 도태될 수밖에 없다. 문자적 폐쇄성의 극복과 의미적 확장성으로 눈을 돌려야 한다. 그것이 우리 시대의 텍스트로 『맹자』를 '다시 읽는 방식'이다.

2. 맹자의 시대

중국 역사상 공자가 활동하던 춘추시대(BC 770~403)에는 크고 작은 100여 개의 국가가 존재하였다. 232년 동안 패권을 다투며 시해된 군주가 36명, 망한 나라가 52개국이나 되었으며, 전쟁과 살상은 이루 헤아릴 수가 없었다. 그리고 이어서 맹자가 활동하던 전국시대(BC 403~221)에는 100여 국가이던 것이 진秦, 초楚, 제齊, 위魏, 조趙, 한韓, 연燕 등 7개국으로 통합되었다. 이를 이른바 '전국칠웅戰國七雄'이라고 일컫는다. 역사에서는 이 두 시기를 춘추전국시대라고 하여, 대표적인 난세로 여긴다.

역사가 사마천은 맹자 당시의 상황에 대하여 『사기』「맹자순경열전孟子荀卿列傳」에서 다음과 같이 말하였다. 순경은 순자를 말한다.

당시에 진나라는 상앙商鞅을 등용하여 국가가 부강하였고, 초나라와 위나라는 오기吳起를 등용하여 약한 적국을 제압하였다. 제나라 위왕威王과 선왕宣王이 손자孫子와 전기田忌의 무리를 등용하자, 제후들이 동쪽으로 제나라를 섬겼다. 천하는 합종合從과 연횡連橫에 힘써 서로 공격하고 정벌하는 것을 훌륭한 계책으로 여겼다.

당시 전국칠웅이 부국강병에 필요한 사상가를 초빙하여 각축하는 시대 상황을 설명한 대목이다. 상앙, 오기, 손자, 전기 등은 법가法家 내지는 병법가兵法家이다. 외교 책략이라 할 수 있는 합종책은 낙양 출신의 소진蘇秦이 주장한 것으로, 진나라에 대항하여 나머지 여섯 나라가 연합하는 전략이다. 연횡책은 위나라 장의張儀가 주장하였다. 진나라가 여섯 나라와 각각 동맹을 맺어 화친을 모색하는 책략이었지만, 실은 진나라가 나머지 여섯 나라를 각개 격파하기 위한 전략이었다.

맹자는 이러한 난세를 사람이 서로 잡아먹는 '인장상식人將相食'의 상황으로 표현하였다.

인의익 바른길이 막히면 짐승을 내몰아 사람을 잡아먹게 하다가 나중에는 사람들이 서로 잡아먹게 될 것이다. _「등문공 하」

그런데 이러한 난세는 역설적으로 많은 사상가가 나올 수 있는 토양이 되었다. 각 나라 군주나 권력자에게 자기의 주장을 다양하게 피력하는 이른바 백가쟁명百家爭鳴의 시대가 된 것이다. 문제는 이러한 학설 중에는 극단적인 주장을 펴서 세상을 더욱 혼란스럽게 하고 군주로 하여금 패도覇道를 추구하도록 부추기는 이단異端과 사설邪說이 많았다는 데 있다.

맹자는 정통 유가儒家의 입장에서 이단 척결의 기치를 높이 들었다. 『맹자』가 경전經典이면서 경세經世의 텍스트로서 강한

매력을 풍기는 것은 이 때문이다. 맹자의 사상은 그 시대의 산물이기도 하지만, 시대의 한계에 매몰되지 않는 특성을 함께 보인다. 맹자의 사상은 시대와 호흡하며 늘 새롭게 해석된다.

3. 맹자의 생애

맹자의 성은 맹孟, 이름은 가軻이며, 자字를 자여子輿·자거子車라고 한다. 자에 대해서는 몇 가지 설이 있으나 근거가 명확하지 않다. 맹자의 생졸년에 대해서는 약간 차이가 나는 두 가지 설이 있는데, 그 가운데 맹자의 활동 시기와 일치하는 설을 근거로 하면, 대략 BC 372년에 태어나 BC 289년에 졸하여 향년이 84세였다.

맹자의 아버지 이름은 격激이고, 자는 공의公宜이다. 어머니는 장仉 씨로 전한다. 맹자의 가계는 자세히 알려지지 않았지만 전하는 바로는 노魯나라 귀족 맹손씨孟孫氏의 후손이라 한다. 맹손씨는 춘추시대 노나라 환공桓公의 후예이다. 맹손씨는 숙손씨叔孫氏, 계손씨季孫氏와 함께 '삼환三桓'이라 일컬으며, 당시 노나라의 권력을 장악한 실세로 꼽히는 귀족이다. 그러나 맹자의 부친 시기에는 노나라에서 추鄒나라로 이주한 몰락한 귀족이었다.

맹자는 3세에 아버지를 잃고 어머니에게 교육을 받으며 유소년기를 보냈다. 한나라 때 유향劉向이 지은 『열녀전』에, 맹자의 어머니가 바른 교육환경을 위하여 세 번이나 이사를 했다는 '맹모삼천지교孟母三遷之教', 학업을 중단하고 돌아온 맹자에게 짜고 있던 베틀의 날줄을 잘라서 학문의 중단이 얼마나 중대한 문제를 가져오는지를 가르친 '단기교자斷機教子'의 고사가 전한다. 이는 외부의 환경 요인과 목표를 향한 결단력이 교육에 미치는 영향을 보여 준 전형적인 사례로, 훌륭한 어머니상의 영원한 전범이 되었다.

맹자가 태어난 추나라는 공자가 태어난 노나라산동성 곡부 와 매우 가까운 작은 나라였다. 지금은 곡부와 같은 산동성의 추현鄒縣이다. 맹자는 자신의 출생 시기와 출생지가 공자와 가깝다고 하였다.

공자 이후로 오늘에 이르기까지가 백여 년이다. 성인의 세대와
이처럼 멀지 않으며, 성인이 거주한 곳과 이처럼 매우 가깝다.
_「진심 하」

맹자는 또 공자의 손자인 자사子思의 제자들이 사는 곡부에 가서 공자의 학문을 배웠다.

나는 공자의 직접 제자는 되지 못하였으나, 다른 사람을 통하여
공자의 가르침을 배웠다. _「이루 하」

즉 공자의 손자인 자사에게 직접 가르침을 받은 것이 아니라 자사의 제자들 중 누군가에게 가르침을 받았다는 뜻이다. 한편으론 공자의 사상을 사숙했다고 하였다. 맹자가 비록 공자의 직전直傳 제자는 아니지만, 공자 사상의 계승자로서 자임한 것은 분명하다.

맹자는 44세부터 19년 동안 각 나라를 돌며 유세를 통해 자신의 주장을 적극 피력하였다. 맹자가 주로 활동한 나라는 제齊나라, 등滕나라, 위魏나라이다. 그 중에서도 제선왕에게는 오랜 시간에 걸쳐 왕도정치론을 적극 개진하였다. 제선왕이 그나마 자신의 정치사상을 이해해 주고 실현해 줄 것으로 기대해서였다. 그러나 제선왕이 죽자 그의 기대는 허망하게 끝났다. 다시 찾아간 제나라에서는 그를 객경客卿으로 대우하였지만, 의례적인 예우 차원일 뿐 실제로는 성가신 존재로 여겼다.

그에 앞서 위나라의 초청으로 양혜왕을 만났지만, 인의를 위주로 한 정치론을 펴기에는 애초에 양혜왕의 관심은 딴 데 있었다. 부국강병, 곧 무력에 의한 패도覇道였다. 맹자의 생각과는 전혀 다른 지향이었다. 등나라는 그를 스승처럼 여기던 태자가 군주로 섰으나, 그의 이상을 실현하기에는 지나치게 약소하여 한계가 있었다.

이 시기에 맹자의 진가는 다른 이단 사상과의 치열한 논쟁에 있다. 주로 양주楊朱의 위아설爲我說, 묵적墨翟의 겸애설兼愛說 등이다. 위아설은 내 터럭 하나를 뽑아 천하에 이익이 되더라도 하지 않겠다는 극단적인 이기주의이다. 겸애설은 거꾸로 사람들이 평등하게 서로 사랑하고 남에게 이롭게 하면 하늘의 뜻과 일치하여 평화롭게 된다는 극단적인 이타주의이다. 그러나 위아설은 군주가 필요 없는 무군無君의 사상으로, 겸애설은 아버지가 필요없는 무부無父의 사상으로 흐를 수밖에 없음을 간파한 맹자의 주장은 정통 유가 사상가다운 것이었다.

맹자는 인간의 본성이 악하다는 성악설性惡說을 비판했다. 성악설을 주장한 순자는 예禮의 외적인 통제 논리를 강조하여, 내면의 도덕적 수양을 강조한 맹자와는 천명天命, 인성人性, 의리義利, 정치사상 등 다방면에서 다른 특징을 드러냈다. 그러나 동시대 권력자들에게는 순자의 학설이 더 구미에 맞았음인지, 순자의 문하에서 한비자韓非子, 이사李斯 등의 법가가 나와서 진秦나라가 천하를 통일하는 초석이 되었다.

맹자의 인도주의仁道主義에 입각한 정치사상은 공자와 마찬가지로 우활하다는 평가를 받았다. 한마디로 세상 물정을 모른다는 소리다. 패도의 흐름이 도저한 세상, 무도한 난세에서 백성은 패도를 위한 도구일 뿐, 맹자의 왕도정치론은 이상적 정치론으로 여겨졌다.

맹자는 현실 정치에 대한 회의를 안고 62세에 다시 고향인 추나라로 돌아와 공손추, 만장 같은 뛰어난 제자들과 문답을 주고받으며 그의 사상을 더욱 심화시켰다. 그 결과물이 『맹자』다. 이는 공자가 열국 제후를 만나 인정仁政을 펴도록 설득하다가 실패하자 결국 고국인 노나라로 귀국하여 제자들과 학문을 논하고 저술에 힘쓰다가 생을 마감한 것과 같은 길이다.

4. 맹자의 사상

맹자의 사상은 인간의 본성이 선하다는 인성론과 의리에 기반한 처세의 윤리, 덕치주의를 표방한 정치, 인륜도덕의 교화를 주장한 교육 사상으로 나누어 살펴볼 수 있다. 성선性善에 기초한 내면의 수양을 통해 본성을 회복하고, 이를 미루어 사회적 치인治人의 단계로 확장되며, 이는 군주의 도덕적 자각을 통해 인정仁政의 왕도정치로 구현된다는 것이 맹자 사상의 틀이다. 국가 전체가 높은 수준의 도덕사회로 나아가도록 이끄는 것이 맹자 사상의 궁극의 가치라고 할 수 있다.

윤리사상

인간의 '본성'을 주제로 한 담론은 유가의 핵심 주제임에도 공자 이후 전국시대에 이르기까지 그러한 논의를 문헌 속에서 발견할 수가 없다. 이러한 논의는 전국시대에 들어서야 비로소 출현하여 고자告子의 '성性'에 대한 주요한 논쟁을 포함하여 양주와 묵자, 순자의 성론性論 등으로 다양하게 전개된다.

공자는 인성에 대하여 "사람의 성품은 서로 비슷하지만 습관에 따라 서로 멀어진다.性相近也, 習相遠."(『논어』「양화」)라고 했다. 태어날 때는 서로 비슷하지만 후천적인 습관에 따라 멀어진다고 하여 본성과 습관의 관계성을 말하였을 뿐, 선악의 구분은 없었다. 공자의 제자 자공은 "선생님께 문장에 대해서는 들을 수 있었지만 선생님께 성품과 천도에 대해서는 듣지 못하였다.夫子之文章, 可得而聞也, 夫子之性與天道, 不可得而聞也."(『논어』「공야장」)라고 했다. 문헌을 통한 학문은 들어 알지만 인성과 천도에 대한 말은 듣지 못하였다는 것이다.

조선 후기의 문인 성대중成大中도 『청성잡기靑城雜記』에서 같은 취지의 말을 하였다.

공자의 가르침은 오로지 정치와 언행에 관한 것이고, 운명과 인
仁에 대해서는 드물게 말하였다. 그러나 『맹자』 7편에서는 왕도
를 논할 때마다 인의仁義를 말하고 인도人道를 논할 때마다 심성
을 언급했다. 공자가 드물게 말한 것을 맹자는 항상 말하였다.

이 때문인지 공자의 사상은 '성악설性惡說', '성무선악설性無善惡說', '선악혼재설善惡混在說' 등 다양한 스펙트럼을 갖는다. 그러나 맹자의 '성선설性善說'의 등장으로 유학에서는 성선설이 공자 사상의 핵심 사상으로 확정되고, 맹자는 공자의 정통 승계자로서 확고한 자리매김을 하게 되었다.

맹자는 인성이 선하다는 것을 알 수 있는 근거로 인간에게 나타나는 '네 가지 단서四端'를 제시하였다.

측은지심惻隱之心은 인仁의 단서이고, 수오지심羞惡之心은 의義의 단서이고, 사양지심辭讓之心은 예禮의 단서이고, 시비지심是非之心은 지智의 단서이다. 사람이 이 네 가지 단서를 지니고 있는 것은 몸에 사지가 있는 것과 같다. _「공손추 상」

인·의·예·지의 네 가지 단서가 가엾게 여기는 마음, 부끄러워하는 마음, 사양하는 마음, 옳고 그름을 분별하는 사람의 마음으로부터 비롯된다는 것이다. 인성은 인간만이 가지고 있는 인간을 인간답게 하는 도덕적 보편성이며, 그것은 인·의·예·지의 사덕四德을 갖추었으므로 지선至善한 것이라는 설이다.

맹자는 인성은 본래 선하다는 것을 전제로, '마음가짐'의 문제를 말한다.

군자가 일반인과 다른 것은 마음가짐 때문이다. 군자는 인仁을 마음에 두며, 예禮를 마음에 둔다. _「이루 하」

그리고 그 '마음 수양養心'의 방법으로 욕심을 이겨내는 '과욕寡慾'을 제시한다.

또 마음 수양의 호연지기浩然之氣에 대한 공손추의 질문에 맹자는 그 원리를 이렇게 설명하였다.

기氣는 지극히 크고 지극히 강한데, 정직함으로써 잘 기르고 해
치는 일이 없으면 이 호연지기가 천지 사이에 가득 차게 된다.
그리고 그 기는 의義와 도道에 배합이 되는데, 이 도와 의가 없
으면 호연지기가 줄어들게 된다. 이 호연지기는 의로운 행동이
많이 쌓여 생겨나는 것이지 하루아침에 갑자기 의로운 행동을
한 번 했다 해서 생기는 것이 아니다. 「공손추 상」

맹자는 호연지기를 의와 결합시키고 있다. 호연지기를 잘
기르고 보존하면 기가 천지간에 가득하게 되고 부동심不動心
을 확충할 수 있음을 강조한다. 또한 기는 마음의 뜻志을 통해
움직일 수 있고, 기가 마음에 가득 차게 되면 마음의 뜻을 움직
일 수 있게 하는 존재가 된다는 것이다.

맹자는 결국 성선性善의 인성론을 통하여 인간 본연의 가치
를 찾고자 하였다. 달아난 마음을 찾는 구방심求放心, 욕심을
이겨내는 과욕, 의기가 충만한 호연지기도 결국에는 이러한
마음 지키기에 다름 아니다. 마음을 다하여 성性을 안다는 것
은 모든 생명의 근원인 하늘을 아는 것이고, 마음을 잘 보존하
여 성을 온전히 길러낸다는 것은 하늘의 모습을 그대로 실현
하는 것이다.

한편, 맹자 사상에서 의리에 기반한 처의處義의 처세관은 맹

자 사회윤리 사상의 핵심을 이룬다. 맹자는 「진심 상」에서 '선비는 뜻을 숭상하며 그 뜻은 바로 인과 의를 숭상하는 것이니, 인은 사는 집이고 의는 가는 길'이라고 설파한다. 「이루 상」에서도 「이루 하」에서도 '인은 사람이 거주할 편안한 집安宅이고 의는 사람이 가야 할 바른길正路'임을 설명한다. 그래서 의롭지 못한 것을 선택하기보다는 차라리 인간이 가장 싫어하는 '죽음'을 선택한다는 것이다. 이를 '목숨을 버리고 의로움을 선택한다.捨生取義' 또는 '자신을 희생해서라도 인을 이룬다.殺身成仁'고 하는 것이다.

그러나 인간의 행동, 처의는 늘 이상과 현실 사이에서 불일치와 충돌의 가능성을 내포한다. 주관과 객관, 내면적 도덕과 외면적인 규범윤리 사이에서 선택적 상황에 놓인다는 뜻이다. 때문에 유학은 내면 수양을 통해 자신을 완성하고, 자신의 완성을 미루어 남을 완성시키며, 이를 통해 사회의 안정을 도모하는 것이다.

여기서 주의할 것은 의義의 개념이다. 맹자의 의는 올바름을 뜻하는 정의正義와는 다른 개념이다. 오히려 '합당한 도리'인 사회적 공의公義에 가까운 개념이다. 사회 구성원의 공통적 이익에 부합하는 것이 의로움이라는 뜻이다.

정치사상

가장 오래된 고전인 『상서尙書』「오자지가五子之歌」에 "백성은 나라의 근본이니 근본이 든든해야 나라가 편안하다.民爲邦本, 本固邦寧."라고 하였다. 민본사상은 고대로부터 내려오는 중국 통치자들의 덕목이었다. 맹자는 이 민본사상을 체계적이고 진보적으로 더욱 발전시켜서 부국강병을 목적으로 한 사회 현실에 비추어 당시의 군주들에게 그 가치를 일깨웠다.

백성이 가장 귀중하고, 사직이 그다음이고, 군주는 가벼운 것이다. 그러므로 많은 백성의 마음을 얻은 이는 천자가 되고, 천자에게 신임을 얻은 이는 제후가 되고, 제후에게 신임을 얻은 이는 대부가 된다. _「진심 하」

어진 덕성에 기초한 왕도정치와 무력에 의한 패도정치에 대한 개념을 명확하게 정리하기도 하였다.

힘으로 제압하면서 인仁의 명분을 내세우는 자는 패霸이니, 패자霸者는 반드시 큰 나라를 소유하여야 한다. 덕을 지니고 어진 정치를 행하는 자는 왕王이니, 왕자王者는 꼭 큰 나라가 있어야 하는 것은 아니다. _「공손추 상」

그리고 천하를 통일할 수 있는 왕은 '사람 죽이기를 좋아하지 않는 자'라고 갈파한다. 어진 정치는 백성들의 기본생활을 보장한 뒤에 인간의 도리, 즉 인과 의를 가르치는 것이라고 하였다. 이는 공자가 주장한 '인'의 가치에서 한 걸음 더 나아간 것이다. 즉, 인의의 도를 펴는 왕도정치와 무력을 숭상하는 패도정치를 구별한 말이다. 이것이 왕도와 패도의 논변인 왕패지변王覇之辨이다.

맹자의 정치론은 현실적 경제론을 바탕으로 한다. 맹자를 읽을 때 주의할 점이 바로 이 점이다. 맹자가 군주와 국가가 백성을 착취한다고 비판하여 일견 국가의 존재를 부정하는 듯 보이지만 사실 그는 오히려 더 적극적으로 국가의 존재 필요성을 강조하였다. 등문공이 신하 필전을 보내 왕도정치의 기초인 토지분배제도, 즉 '정전井田'에 대하여 묻자 맹자는 이렇게 대답하였다.

어진 정치는 반드시 토지의 경계를 잘 다스리는 것부터 시작된다. 경계가 바르지 못하면 정지井地가 고르지 못하고, 곡식을 나누는 것이 공평하지 못하게 된다. 그러기 때문에 폭군暴君과 오리汚吏는 그 경계 다스리는 일을 게을리한다. _「등문공 상」

맹자가 주장하는 왕도정치 실현의 기본이 되는 경제이론은 백성들의 기본생활을 보장하는 것부터 시작한다. 경제는 사람들이 현실적 삶을 형성하는 데 없어서는 안 될 아주 중요한 요건이라는 점에서 생각할 점이다.

맹자는 '항산이 없으면 항심도 없다.無恒産無恒心'고 강조했다. 항산, 즉 일정한 생업이 항심, 즉 일정한 도덕의 토대가 되는 셈이다. 인간의 기본생활권 보장이 왜 필요한지를 역설한 대목으로, 그 바탕은 백성을 향한 군주의 사랑이다.

맹자 시대는 농본사회였다. 그래서 국가에서 해결해야 할 시급한 문제가 토지분배 문제이고, 그다음은 그 토지를 경작할 수 있도록 백성들의 시간을 국가가 전쟁 등으로 빼앗지 말아야 한다고 강조한다. 세금은 10분의 1을 넘어서는 안 되고, 그 아래로 받아서는 국가를 운영할 수 없기 때문에 불가하다고 하였다.

또 맹자는 군주는 모든 것을 백성과 함께 누려야 한다고 강조하였다. 백성과 함께하는 여민與民을 권하면서 그 사례를 역사에서 가져와 설명한다. 여민은 '백성들과 함께 소통한다.'는 뜻으로, 순임금의 여인與人 정치에 기원을 둔다. 순임금은 부모처럼 조건 없는 사랑을 바탕으로 백성들과 소통하고 상생하는 길을 찾았다. 이런 여민동락與民同樂의 정신 역시 통치자가 갖추어야 할 기본 덕목이다. 맹자는 각 나라의 왕들이 왕도정치를 '하지 못하는 것不能'이 아니라 '하지 않는다不爲'고 지적한다. 할 능력이 없는 것이 아니라 백성을 위하는 마음가짐이 없다는 뜻이다.

맹자의 정치론은 성선설 철학을 토대로 당시의 폭정과 사회적 모순을 완화하고 폭정에 저항하는 이론적 근거를 제공한 데 큰 의의가 있다. 이를 통해 도덕국가의 구현이라는 큰 목표를 지향하고 있다.

맹자 정치론과 관련하여 살펴볼 것은 인재론이다. 공자가 『중용』에서 '정재기인政在其人'이라고 했듯이 정치는 사람에게 달려 있다. 예나 지금이나 세상은 훌륭한 덕과 능력을 지닌 사람을 통해 발전하기 마련이다. 그러나 현실에서 그러한 인재를 얻기란 쉽지 않다. 더구나 그런 인재를 얻었더라도 적재적소에 임명하는 일 또한 쉽지 않다. 그것 역시 통치자의 능력에 달려 있다.

용인用人의 원칙은 출신에 의한 것이 아니라, 능력이라는 점을 맹자는 분명하게 말했다. 인덕이 있는 유능한 인재가 적재적소에 등용되어 백성을 위하여 헌신하는 정치, 그것이 맹자가 왕도정치를 통하여 달성하려는 모습이다.

교육사상

맹자는 배불리 먹고, 따뜻하게 입고, 편안하게 지낸다 할지라도 교육을 받지 못해 예와 의를 모르면 짐승과 다를 바 없다고 했다. 이것이 바로 '백성을 부유하게 한 후 교육을 시키는' 교민敎民의 이념이다.

공자의 교육사상을 계승 발전시킨 맹자도 '인간의 질서를 밝히는 것明人倫'을 교육목표로 하였다. 따라서 '가르치는 사람이 먼저 모범을 보여야 한다는 것先正其身'도 공자의 가르침과 같다. 맹자는 「진심 상」과 「이루 상」에서 '자신이 바르면 천하가 따른다.'는 주장을 펼쳤다.

　맹자는 학습하는 자는 '목적을 분명히 하고'(「등문공 상」), '온 마음을 다 쏟아야 한다.'(「고자 상」)고 하였다. 그리고 교육은 흐르는 물처럼 중단 없이, 차근차근 순서를 밟아서 정진해야 목표 지점에 도달할 수 있다고 하였다. 최종적으로 마지막 경지에 이르는 것은 자신이 스스로 터득해야 하는 것이다. 가르치는 사람은 바른 방도를 가르칠 뿐이다.

　군자가 올바른 방도로 정진하는 것은 원리를 스스로 터득하고자 해서이다. 원리를 스스로 터득하면 처신하는 것이 안정되고, 처신이 안정되면 경험이 쌓이고, 경험이 많이 쌓이면 주변에서 일어나는 무슨 일이든지 그 원리를 만나게 된다. _「이루 하」

　일방적 주입식 교육이 횡행하는 지금의 현실에도 경계가 되는 글이다.

　맹자 교육사상의 핵심은 주체적인 도덕적 실천이다. 이른바 주체성의 자각과 확립, 자율적인 도덕 실천이 그 특성이다. 반구저기反求諸己의 내향적 성찰, 존심양성存心養性의 도덕적 실천을 통해 본성을 아는 지성知性, 하늘을 아는 지천知天의 궁극적 단계로 나아간다는 뜻이다.

5. 『맹자』의 전승

『맹자』의 저술에 대해서는 여러 가지 설이 있다. 전한 때 사마천은 『사기』에서 "맹자는 물러나 만장의 무리와 '시詩'와 '서書'를 정리하고 공자의 뜻을 기술하여 맹자 7편을 지었다."라고 하였다. 또 『맹자』에 주석을 단 후한의 학자 조기趙岐는 「제사題辭」에서 "이 글은 맹자가 지은 것이다. 그래서 『맹자』라고 한다."라고 하였다. 또 주석에서는 "물러나 제자 공손추와 만장의 무리를 모아서 의문난 점을 문답하고 또 스스로 법이 될 만한 말을 모아 7편을 지었다."라고 하였다.

당시 『맹자』는 「양혜왕」, 「공손추」, 「등문공」, 「이루」, 「만장」, 「고자」, 「진심」의 내편內篇 7편 외에, 「성선性善」, 「변문辯文」, 「설효경說孝經」, 「위정爲正」의 외서外書 4편이 따로 존재하였다. 조기는 『맹자장구孟子章句』를 지으면서 외서를 위작偽作이라 하여 제외하고, 「양혜왕」, 「공손추」, 「등문공」, 「이루」, 「만장」, 「고자」, 「진심」 7편을 각각 상, 하로 나누어 14편으로 확정하여 약 261장, 34,685글자로 수록하였다. 후에 당나라 육선경陸善經이 다시 7편으로 환원시켜 놓았다가, 송나라 때 손석孫奭이 황제의 조서를 받들어 『맹자정의孟子正義』를 찬할 때 조기의 설을 주장하였다. 송나라 때 주희朱熹도 『맹자집주孟子集註』를 지으면서 조기의 설을 따랐다. 이후 『맹자』의 판본은 조기의 체제를 따라 정본으로 굳어졌다.

『맹자』가 처음부터 유학 정경正經으로 인정된 것은 아니다. 한대에 비록 『맹자』를 가르치는 박사를 잠시 두기는 하였지만, 『맹자』는 한대까지는 '경經'의 지위에 오르지 못하고 '전傳'의 하나였을 뿐이다. '전'은 '경'을 해설하는 보조적 책이라는 뜻이다. 때문에 『맹자』의 분류도 『사기』「예문지」에서는 유가에 넣어서 제자諸子의 한 책으로 분류하였다.

맹자를 유학의 정통 도통道統으로 확정한 데에는 당나라의 문인 한유韓愈의 공이 컸다. 한유는 「원도原道」에서 정통 유학의 도통을 '요-순-우-탕-문왕·무왕·주공-공자-맹자'로 정립하였다.

그러다가 송대의 주희가 『논어』, 『중용』, 『대학』과 함께 『맹자』를 유학의 사서四書로 편성함으로써 그 위상이 확고해졌다. 특히 그가 지은 『맹자집주』는 맹자를 읽는 기본 교과서로서 아직까지도 그 생명력을 유지하고 있다. 주희에게 주목해야 할 점은 공자와 맹자의 인의 사상을 성즉리性卽理에 근거하여 천지만물로 확대하여 인간의 마음을 천지의 마음과 일치시키는 이론적 근거를 마련한 데 있다. 즉, 맹자의 심론心論이 송대 신유학의 심성론心性論으로 다듬어져 심층적으로 전개된 것이다.

그러나 한대의 조기와 달리 송대의 주희는 맹자의 역성혁명론이나 군신 간의 의리 등에 대해서는 의도적으로 회피하고 맹자를 충실한 도덕철학자의 모습으로 바꿈으로써 성선의 내면적 수양에 더 무게를 두었다. 이 점은 조선 성리학에서도 마찬가지로 나타난다.

『맹자』에 관해서는 이미 당대부터 많은 논란이 있었다. 비판하는 견해도 있고 옹호하는 견해도 있었다. 순자의 「비맹론非孟論」뿐만 아니라, 왕충王充의 「자맹론刺孟論」, 사마광司馬光의 「의맹론疑孟論」, 풍휴馮休의 「산맹론刪孟論」, 조이도晁以道의 「저맹론詆孟論」, 소식蘇軾의 「변맹론辨孟論」, 여윤문余允文의 「존맹변尊孟辨」 등이다. 특히 송대에는 맹자의 언설을 의심하거나 비난하는 이른바 의맹론 혹은 비맹론이 비등하였다. 여기에는 왕안석 등 신법당의 맹자 존숭 분위기와 이에 반대하는 사마광 등의 구법당 계열의 정치적 입장이 반영되었다.

이후 원대에 들어 『맹자』의 중요성이 부각되었다. 명대에 유학이 완숙해지고, 청대 고증학의 등장 등을 거치며 맹자 사상에 대한 연구가 충실해졌다. 특히 청대에는 황종희黃宗羲의 『맹자사설孟子師說』, 대진戴震의 『맹자자의소증孟子字義疏證』, 초순焦循의 『맹자정의孟子正義』 등을 통해 한층 엄밀한 학술성을 추구하게 되었다.

6. 『맹자』가 우리나라에 끼친 영향

우리나라에 『맹자』가 들어온 시기는 대략 삼국시대로 알려져 있지만, 맹자 사상의 수용에서 큰 전환기가 된 것은 고려 후기였다. 여말선초麗末鮮初에 정도전을 비롯한 개혁 성향의 문사들은 학술적 지향보다는 경세적 활용에 집중하여 『맹자』를 이해하였다. 맹자의 정치사상이 새로운 나라를 건설하는 데 주춧돌을 놓고자 했던 그들의 뜻과 부합했기 때문이다. 특히 맹자의 민본정치 이념은 새 나라 조선의 핵심 창업 원리가 되었다.

그러나 이러한 민본 가치관과 이념은 군주와 신하 관계를 충忠으로 규정하는 관념과는 길항 관계에 놓인다. 더구나 민본에 입각한 조선의 경학經學 연구는 신하를 군주와 대등한 존재로 해석하려는 경향마저 보인다. 이는 조선 경학의 고유한 특징이라고 할 수 있다. 즉, 제왕의 학문은 신분의 우열에 입각하는 것이 아니라 마음을 다해 묵묵히 이치를 관찰하고 마음에 깊이 새겨 의義와 이利를 취사하는 데 그 목적이 있다는 것이다. 내성외왕內聖外王의 도덕적 실천을 위한 준비, 그것이 군주 경학의 핵심인 셈이다.

또 하나 여말선초의 정치적 맥락 속에서 눈여겨봐야 할 것은 '벽이단론闢異端論'의 기초 위에서 이루어진 불교 비판이다. 이는 맹자의 이단 변척 관점에서 성인의 도道, 즉 유학의 가치를 현실에 실현시키기 위해서는 불교 비판이 불가피하다고 본 것이다. 당시 정도전 등의 불교 비판은 단순히 학술적 논쟁이 아니라 국가 이념으로서 성리학 체제를 굳히기 위한 일환이었다.

여말선초의 학자들에게 『맹자』는 자신의 생각을 효과적으로 제시하는 데 매우 유용한 근거가 되었다. 또 『맹자』는 토지 문제에 대한 중요한 논의의 근거가 되었고, 이는 다시 인정仁政과 왕도王道의 구현이라는 정치적 이슈를 강화하는 핵심 사상이 되었다.

그 후 조선에서 『맹자』의 이해는 이황李滉의 『맹자석의孟子釋義』에서 학문적으로 깊어진다. 이른바 『맹자』 읽기의 전형이 이루어진 것이다. 이황의 학설은 현실적 대응보다는 성리학 본연의 경의經義 탐구에 시종하는 방향을 보인다. 『맹자석의』의 학문 경향은 이익李瀷의 『맹자질서孟子疾書』에서 회의懷疑와 자득自得을 바탕으로 시대적 실천성으로 변용된다. '질서疾書'는 '방금 떠오른 생각을 기록한다.'는 뜻이지만, 그 속에는 당시의 학문인 성리학의 타성에 대한 회의와 질타가 배경을 이룬다.

이러한 개방적 특성은 뒷날 정약용丁若鏞의 『맹자요의孟子要義』에 깊은 영향을 미친다. 즉, 이익의 『맹자』 연구는 현실 문제의 실제적 해결을 위한 정약용의 실학적 경학관으로 수렴되는 것이다. 이익과 정약용의 『맹자』 연구가 『맹자』의 정전제를 당대 현실에 맞게 재해석하여 새로운 이론을 제시하고 있는 점은 그 예라고 할 수 있다.

다만 정약용이 『맹자요의』에서 보여 주는 실학적 경학관은 당시 청나라의 고증학적 학문 풍토와는 달리 '경학을 위한 경학'이 아니라 '경세를 위한 경학'의 특성을 보인다. 정약용의 맹자 성선설 이해는 수양론보다 실천론에 방점이 있다고 할 수 있다.

그럼에도 맹자 사상은 기본적으로 주자朱子를 존숭하는 분위기 속에서 정학正學의 범주를 벗어난 것은 아니었다. 정조의 『홍재전서』「경사강의經史講義」 가운데 「맹자조문」을 보면, 정조는 맹자 사상의 근본 정치 원리를 통치철학의 기본 토대로 삼았으며, 그러한 사상적 궤도를 벗어나지 않고자 노력하였던 임금이라고 평가할 수 있다.

하지만 맹자의 민본에 입각한 왕도사상은 정치적 대의의 도발성을 가진다. 혁명의 가능성이다. 맹자 사상이 근대기에도 시민 민주주의의 역사적 자양분이 된 것은 이 때문이다.

7. 맹자는 시대의 이정표

맹자는 사상가, 정치가, 교육자로서 평생을 기울여 한 개인이 어떻게 이상적인 인간으로 완성될 수 있는가를 탐구했다.

그리고 이를 국가와 사회를 위한 영역으로 확장하여 어떻게 하면 위정자와 백성 모두가 도덕적인 삶을 영위할 수 있는가를 가르쳤다.

맹자가 처했던 시대 상황과 지금의 시대 상황은 물론 다르다. 하지만 역사적 시각에서 보면 그 '다름' 속에 '변치 않는' 속성이 있음을 알 수 있다. 그것이 '변辨'의 지혜다. 패도가 도도한 시대 속에서도 인의의 왕도를 구별하는 왕패지변王霸之辨, 이익을 추구하는 세태 속에서도 인간의 상도常道로서 의리를 구별하는 의리지변義利之辨이 그것이다. 패권 추구의 난세라는 역사적 상황 속에서도 시대의 불합리를 타파하고 백성을 위한 민본의 도덕정치를 꿈꾸었던 맹자에게 그 길道이 어떠한가를 묻는 뜻도 여기에 있다.

인仁은 사람人이라는 뜻이니, 합하여 말하면 도道이다.
_「진심 하」

그가 추구한 '인의 정치'인 인도仁道가 곧 '사람의 길'인 인도人道란 뜻이다. 즉, 어진 정치의 길이란 사람이 가야 할 정로正路라는 함의를 갖는다.

그것이 시대를 뛰어넘어 인간의 길을 모색한 사상가 맹자의 진면목이다. 맹자의 사상이 시대 속에서 부침을 겪으면서도 여전히 시대의 이정표가 되어 오늘날까지 살아남은 이유이기도 하다. 열린 시각으로 『맹자』를 읽을 때 『맹자』는 우리에게 가야 할 길을 보여 준다.

일러두기

1. 독자의 이해를 돕기 위해 각 편 앞에 주요 내용을 요약하여 실었다.
2. 원문은 참고용으로 첨부하였다. 원문에서 뜻에 따라 음이 달라지는 글자에는 (　) 안에 음을 달아 주었고, 표점은 번역문에 맞추어 표기하였다.
3. 이 책은 주희朱熹의 맹자집주본을 저본으로 하여 번역하였으며, 참고한 책은 다음과 같다.

『맹자역주孟子譯註』, 양백준楊伯峻, 중화서국中華書局, 1960, 북경北京

『사서장구집주四書章句集注』(신편제자집성新編諸子集成 제1집), 중화서국中華書局, 1986, 북경北京

『사서역주四書譯註』(중국고대명저금역총서中國古代名著今譯叢書), 오은부烏恩溥 주역註譯, 길림문사출판사吉林文史出版社, 1996, 장춘長春

『아성풍범亞聖風範』, 왕성유王成儒, 사천교육출판사四川敎育出版社, 1996, 성도成都

『맹자방통孟子旁通』, 남회근南懷瑾, 복단대학출판사復旦大學出版社, 1996, 상해上海

『현토완역 맹자집주懸吐完譯孟子集註』, 성백효成百曉, 전통문화연구회傳統文化硏究會, 2005, 서울

양혜왕 상

梁惠王 上

맹자는 14편篇으로 구성되어 있다. 편의 명칭은 별도의 뜻은 없고, 『논어』처럼 첫머리에 나오는 글자를 따서 붙인 것이다. 양혜왕 상편은 7장으로 이루어져 있다. 중심 내용은 맹자 통치철학의 핵심인 '왕도정치'에 대한 대화이다. 왕도정치의 핵심은 인仁과 의義를 가치판단의 기준으로 삼아야지 '이제'를 앞세우면 안 된다는 것이다. 이러한 기준은 군주로부터 백성에 이르기까지 모두 같다. 통치자는 백성들이 일정한 생업을 유지할 수 있는 경제정책을 펼쳐서 가족이 행복하게 살 수 있도록 해 주어야 한다. 그러기 위해서 통치자는 '사람을 차마 해치지 못하는 정치'를 하여 백성들의 고통을 없애는 데 마음을 다해야 한다.

맹자가 양혜왕梁惠王¹을 만났다. 왕이 물었다.

"선생께서 천리 길을 멀다 여기지 않고 오셨으니, 역시² 내 나라를 이롭게 할 방책이 있습니까?"

맹자가 답하였다.

"왕께서 하필이면 '이利'를 말씀하십니까?³ 다만 인仁과 의義가 있을 뿐입니다. 왕께서 '어떻게 하면 내 나라를 이롭게 할까?' 하시면, 대부들은 '어떻게 하면 내 집안을 이롭게 할까?' 하고, 사士와 서인庶人들은 '어떻게 하면 나 자신을 이롭게 할까?' 합니다. 윗사람과 아랫사람이 이처럼 서로 이를 쟁

---

1 양혜왕梁惠王 : 위魏나라 혜왕惠王으로, '혜惠'는 시호諡號이다. 수도를 안읍安邑에서 대량大梁으로 옮겼기 때문에 붙여진 명칭이다. 대량은 지금의 개봉開封이다.

2 역시 : 당시 많은 유세가遊說家들이 국왕들을 찾아다니며 부국강병책을 제시하였기 때문에 "선생도 역시 나라를 이롭게 할 방책이 있느냐?"라고 한 것이다. 『사기史記』에 "혜왕 35년에 자신을 낮추고 폐백을 후하게 하여 현자賢者를 초청하자, 맹가孟軻가 양梁에 왔다."라고 하였다.

3 하필이면 이利를 말씀하십니까 : '다른 좋은 말도 있는데 하필이면 그 말을 하느냐?'라는 말을 할 때 사용하는 '하필왈리何必曰利'의 출처이다. 맹자의 전편에 스며 있는 통치이념이 잘 드러나는 부분이다. 인의를 중심으로 통치하면 이利가 그 속에 있지만, 이를 통치의 수단과 목표로 하면 결국 목적을 이루지 못하고 나라가 망한다는 것이 『맹자』 전편에 흐르는 이론이다. 경제 만능의 시대에 깊이 음미해 봐야 할 부분이다.

취하려 하면 나라가 위태로워질 것입니다. 만승萬乘[4]의 나라에서 그 군주를 시해하는 자는 반드시 천승을 가진 공경公卿의 집안일 것이고, 천승의 나라에서 그 군주를 시해하는 자는 반드시 백승을 가진 대부의 집안일 것입니다. 만승의 나라에서 천승을 소유하고 천승의 나라에서 백승을 소유함이 적은 것이 아닌데, 만일 의를 뒷전으로 여기고 이를 우선한다면, 모두 빼앗지 않고서는 만족해하지 않습니다. 인을 실천하면서 어버이를 버리는 사람은 없으며, 의로우면서 군주를 뒷전으로 여기는 사람은 없습니다. 왕께서는 '인과 의'만 말씀하셔야 하는데, 하필이면 왜 '이'를 말씀하십니까?"

孟子見梁惠王. 王曰: "叟不遠千里而來, 亦將有以利吾國乎?"

孟子對曰: "王何必曰利? 亦有仁義而已矣. 王曰: '何以利吾國?', 大夫曰: '何以利吾家?', 士庶人曰: '何以利吾身?', 上下交征利, 而國危矣. 萬乘之國, 弑其君者, 必千乘之家; 千乘之國, 弑其君者, 必百乘之家. 萬取千焉, 千取百焉, 不爲不多矣, 苟爲後義而先利, 不奪不厭. 未有仁而遺其親者也, 未有義而後其君者也. 王亦曰仁義而已矣, 何必曰利?"

---

4 만승萬乘 : '승乘'은 병거兵車를 세는 단위이다. 병거의 보유 수량에 따라 국가의 크기를 표현하는 말로 사용된다.

2

맹자가 양혜왕을 만났다. 왕이 못가에 있다가 기러기와 사슴 들을 돌아보면서 말하였다.

"현자도 이런 것을 즐깁니까?"

맹자가 대답하였다.

"현자라야 이런 것을 즐길 수 있습니다. 어질지 못한 사람은 비록 이런 것을 소유하더라도 즐기지 못합니다. 『시경詩經』「대아大雅 영대靈臺」[5]에 '계획하여 터 잡고 설계하니 백성들 달려와 일하여서 하루도 못 되어 완성하네. 서두르지 말라 하시나 백성들이 부모 일 돕듯 하였네. 왕께서 영유靈囿에 계시니, 암사슴 가만히 엎드려 있네. 암사슴은 살이 쪄 윤기가 나고 백조는 깨끗하여 빛이 나네. 왕께서 영소靈沼 가에 계시니 아! 고기들 가득 뛰어노네.'라고 하였습니다. 문왕이 백성의 힘을 이용하여 대臺를 만들고 소沼를 만들었지만 백성들이 그것을 즐거워하여 그 대를 영대라 하고, 그 소를 영소라 하여, 사슴과 고기와 자라가 있는 것을 좋아하였습니다. 옛사

---

5 『시경詩經』「대아大雅 영대靈臺」: 원문에는 '시운詩云'으로 되어 있다. 맹자 당시에는 '시경'이나 '서경'이라는 명칭이 없었고 송나라 이후 '경經'으로 분류되었다. 이 책에서는 독자들의 편의를 위해 현재의 표기 방법으로 편명까지 밝혔음을 밝혀 둔다. 뒤에 나오는 출전들도 같은 기준을 적용하였다.

람들은 백성과 함께 즐겼기 때문에 진정으로 즐길 수 있었던 것입니다. 그런데 『서경書經』 「탕서湯誓」에 '이 태양이 언제나 없어질까, 나도 너와 함께 죽겠다.'[6]라고 하였습니다. 백성들이 그와 함께 죽고자 한다면 비록 누대와 못과 새와 짐승을 소유한들 어찌 혼자서 잘 즐길 수 있겠습니까?"

孟子見梁惠王. 王立於沼上, 顧鴻鴈麋鹿曰: "賢者亦樂此乎?"

孟子對曰: "賢者而後樂此. 不賢者雖有此, 不樂也. 詩云: '經始靈臺, 經之營之, 庶民攻之, 不日成之. 經始勿亟, 庶民子來. 王在靈囿, 麀鹿攸伏. 麀鹿濯濯, 白鳥鶴鶴. 王在靈沼, 於(오)牣魚躍.' 文王以民力爲臺爲沼, 而民歡樂之, 謂其臺曰靈臺, 謂其沼曰靈沼, 樂其有麋鹿魚鼈. 古之人與民偕樂, 故能樂也. 湯誓曰: '時日害(갈)喪, 予及女偕亡.' 民欲與之偕亡, 雖有臺池鳥獸, 豈能獨樂哉?"

---

6 이 태양이 … 죽겠다 : 상商나라의 탕湯이 걸桀을 정벌할 때에 군사들과 맹서하는 말에 나오는 구절이다. 걸이 일찍이 자신을 해에 비유하여 해처럼 영원할 것이라고 하였기 때문에 백성들이 포악한 정치를 원망하여 했던 말을 인용한 것이다.

3

양혜왕이 말하였다.

"과인寡人[7]은 나라를 다스리는 데 마음을 다하고 있습니다. 하내河內 지방에 흉년이 들면 그 지역 백성들을 하동河東[8] 지방으로 옮겨 주고, 노약자를 위해서는 하동 지방의 곡식을 하내 지방으로 옮겨 주었습니다. 하동 지방에 흉년이 들면 역시 그렇게 하고 있습니다. 이웃 나라의 정치를 살펴보면, 과인처럼 마음을 쓰는 자가 없는데도 백성이 더 줄어들지 않고, 과인의 백성이 더 많아지지도 않으니 어째서 그렇습니까?"

맹자가 대답하였다.

"왕께서 전쟁을 좋아하시니, 전쟁을 가지고 비유하겠습니다. 둥둥둥 북소리가 울려 접전을 하다가 투구와 갑옷을 벗어 버리고 무기를 끌고 도망을 치는데, 어떤 자는 100보步를 도망한 뒤에 멈추고, 어떤 자는 50보를 도망한 뒤에 멈추었습니다. 이때 50보를 도망친 자가 100보 도망친 자를 비웃으면 어떻습니까?[9]"

---

7 과인寡人 : '덕이 부족한 사람寡德之人'의 줄임말로, 자신을 겸손하게 표현하는 말이다.

8 하내河內 … 하동河東 : 하내는 황하 북쪽 지역으로, 지금의 하남성河南省 제원현濟源縣 일대이다. 하동은 지금의 산서성山西省 안읍현安邑縣 일대이다.

왕이 말하였다.

"안 되지요. 100보를 도망치지 않았을 뿐 도망친 것은 마찬가지입니다."

맹자가 말하였다.

"왕께서 그것을 아신다면 백성이 이웃 나라보다 많아지기를 바라지 마십시오. 농사철을 어기지 않게 하면 곡식을 이루 다 먹을 수 없으며, 촘촘한 그물을 못에 넣지 않으면 고기와 자라를 이루 다 먹을 수 없으며, 도끼를 때에 따라 산림山林에 들어가게 하면 재목을 이루 다 쓸 수 없을 것입니다.[10] 곡식과 고기와 자라를 이루 다 먹을 수 없으며, 재목을 이루 다 쓸 수 없으면, 이는 백성들이 살아 있는 이를 봉양하고 죽은 이를 장례함에 부족함이 없게 하는 것입니다. 살아 있는 이를 봉양하고 죽은 이를 장례함에 부족함이 없게 하는 것이 왕도정치[11]

---

9 둥둥둥 … 어떻습니까 : '그게 그것'이라는 말로 흔히 쓰는 '오십보 백보'의 출처이다.

10 농사철을 … 것입니다 : 농사지을 시기에 징병이나 징용을 하지 않고, 물고기 잡는 그물에 일정한 치수를 정하여 촘촘한 그물로 치어까지 잡지 못하도록 하고, 나무가 자라는 봄과 여름에는 벌채를 금지하여 보호해야 한다는 것이다. 일차적으로 자연자원을 잘 관리해야 함을 강조했다.

11 왕도정치 : 어진 덕을 기본으로 천하를 다스리는 것이다. 무력으로 다스리는 패도覇道 정치에 대한 상대적인 의미로 사용되었다. 맹자가 주장하는 이상적인 통치의 대명사로 자주 등장하며, 이후 '왕 노릇'이라는 말로 번역되는 모든 부분은 바로 이 '왕도정치'를 의미한다.

의 시작입니다.

5묘畝[12]의 집 둘레에 뽕나무를 심으면 50세 된 자가 비단옷을 입을 수 있습니다. 닭과 돼지와 개를 기르면서 새끼 칠 시기를 놓치지 않게 하면 70세 된 자가 고기를 먹을 수 있습니다. 100묘의 토지에 농사지을 시기를 빼앗지 않는다면 몇 식구의 집안에 굶주림이 없을 것입니다. 상서庠序[13]의 교육을 엄격하게 시행하여 부모에게 효도하고 어른을 공경하는 도리를 자세하게 가르친다면, 백발의 노인이 길에서 짐을 지거나 머리에 이고 다니는 일이 없을 것입니다. 70세 된 노인이 비단옷을 입고 고기를 먹으며, 젊은이가 굶주리거나 추위에 떨지 않게 하고서 왕 노릇 하지 못하는 이는 없습니다.

개와 돼지가 사람이 먹을 식량을 먹는데도 단속할 줄 모르며, 길에 굶어 죽은 시신이 있어도 창고를 열어 구원할 줄 모르고, 사람들이 굶어 죽어도 '내가 그렇게 한 것이 아니다. 흉년 때문이다.'라고 한다면, 이것은 사람을 찔러 죽이고서 '내가 죽인 것이 아니다. 칼이 죽인 것이다.'라고 말하는 것과 무엇이 다르겠습니까? 왕께서 백성을 굶어죽게 한 죄를 흉년에 돌리지 않으면 천하의 백성이 왕께로 달려올 것입니다.'"

---

12 묘畝 : 고대에 땅의 넓이를 헤아리는 단위이다. 주周나라 때는 6자尺를 '보步'라 하고 100보를 '묘畝'라고 하였다. 진秦나라 때에는 보步는 5자, 묘畝는 240보로 하는 등 시대에 따라서 단위가 변화하였다.

13 상서庠序 : 상庠과 서序는 지방의 교육시설이다.

梁惠王曰:"寡人之於國也, 盡心焉耳矣. 河內凶, 則移其民於河東, 移其粟於河內. 河東凶亦然. 察隣國之政, 無如寡人之用心者, 隣國之民不加少, 寡人之民不加多, 何也?"

孟子對曰:"王好戰, 請以戰喩. 塡然鼓之, 兵刃旣接, 棄甲曳兵而走, 或百步而後止, 或五十步而後止. 以五十步, 笑百步, 則何如?"

曰:"不可. 直不百步耳, 是亦走也."

曰:"王如知此, 則無望民之多於隣國也. 不違農時, 穀不可勝食也; 數罟(촉고) 不入洿池, 魚鼈不可勝食也; 斧斤以時入山林, 材木不可勝用也. 穀與魚鼈不可勝食, 材木不可勝用, 是使民養生喪死無憾也. 養生喪死無憾, 王道之始也.

五畝之宅, 樹之以桑, 五十者可以衣帛矣. 鷄豚狗彘之畜(혹), 無失其時, 七十者可以食肉矣. 百畝之田, 勿奪其時, 數口之家可以無飢矣. 謹庠序之敎, 申之以孝悌之義, 頒白者不負戴於道路矣. 七十者衣帛食肉, 黎民不飢不寒, 然而不王者, 未之有也.

狗彘食人食而不知檢, 塗有餓莩而不知發, 人死, 則曰, '非我也, 歲也.' 是何異於刺(척)人而殺之, 曰, '非我也, 兵也.' 王無罪歲, 斯天下之民至焉."

4

양혜왕이 말하였다.

"과인이 기쁜 마음으로 가르침을 받들겠습니다."

맹자가 응대하여 말하였다.

"사람을 몽둥이로 죽이는 것과 칼로 죽이는 것이 차이가 있습니까?"

"차이가 없습니다."

"칼로 죽이는 것과 정치로 죽이는 것은 차이가 있습니까?"

"차이가 없습니다."

"군주의 주방에는 살진 고기가 있고, 마구간에는 살찐 말이 있는데도 백성들은 굶주린 기색이 있고, 들에 굶어 죽은 시신이 있다면, 이것은 짐승을 몰아서 사람을 잡아먹게 한 것입니다. 짐승끼리 서로 잡아먹는 것도 사람들은 미워하는데, 백성의 부모가 되어 정치를 하면서 짐승을 몰아 사람을 먹게 함을 면치 못한다면 백성의 부모 된 것이 어디에 있습니까? 중니仲尼, 공자 께서 말씀하시기를 '순장殉葬에 사용하는 허수아비를 처음 만든 자는 그 후손이 없을 것이다!' 하셨으니, 이는 사람의 모습을 만들어 장례에 사용하였기 때문입니다. 어떻게 백성들을 굶주려 죽게 할 수 있겠습니까?"

梁惠王曰: "寡人願安承敎."

孟子對曰: "殺人以梃與刃, 有以異乎?"

曰: "無以異也."

"以刃與政, 有以異乎?"

曰: "無以異也."

曰: "庖有肥肉, 廐有肥馬, 民有飢色, 野有餓莩, 此率獸而食人也. 獸相食, 且人惡(오)之, 爲民父母行政, 不免於率獸而食人, 惡(오)在其爲民父母也? 仲尼曰: '始作俑者, 其無後乎!' 爲其象人而用之也. 如之何其使斯民飢而死也?"

5

양혜왕이 말하였다.

"우리 진晉나라[14]가 천하에 막강함은 선생께서도 아시는 바입니다. 그러나 과인에 이르러 동쪽으로 제齊나라에 패전하여 큰아들이 전사하였고, 서쪽으로는 진秦나라에 땅을 700리나 잃었고, 남쪽으로는 초楚나라에 모욕을 당하였습니다. 과인이 이를 수치스럽게 여겨 전사한 자를 위해서 한번 설욕

---

14 진晉나라 : 위魏나라는 본래 진나라 대부인 위사魏斯가 한씨韓氏·조씨趙氏와 함께 진나라를 셋으로 나누어 차지하여서 '삼진三晉'이라 불렸다. 그래서 혜왕惠王이 아직도 자기 나라를 '진晉'이라고 한 것이다.

하고자 합니다. 어떻게 하면 되겠습니까?"

맹자가 대답하였다.

"사방 100리의 작은 나라로도 왕 노릇을 할 수 있습니다. 왕께서 백성에게 어진 정치를 펼쳐 형벌을 가볍게 하고 세금을 적게 거둔다면, 백성들은 밭을 깊이 갈고 김을 잘 맬 것입니다. 장성한 자들은 여가를 이용하여 효제와 충신의 도리를 잘 익혀 집에 들어가서는 부형을 섬기고 밖에 나가서는 윗사람을 섬길 것입니다. 이러한 사람들이라면 몽둥이만 가지고도 견고한 갑옷과 예리한 무기를 가진 진나라와 초나라의 군사들을 격퇴할 수 있을 것입니다.

저 나라의 군주들이 백성들로 하여금 제철에 농사지을 수 없게 하여 부모를 봉양하지 못하게 하면 부모가 얼고 굶주리며, 형제와 처자가 뿔뿔이 헤어지게 될 것입니다. 저 나라의 군주들이 자기 백성을 함정에 빠뜨리고 도탄에 빠뜨릴 때 왕께서 가서 바로잡으신다면 누가 왕을 대적하겠습니까? 그러기에 '인자仁者는 대적할 자가 없다.'라고 한 것이니, 왕은 제 말을 의심하지 마십시오."

梁惠王曰;"晉國天下莫强焉, 叟之所知也. 及寡人之身, 東敗於齊, 長子死焉; 西喪地於秦七百里; 南辱於楚. 寡人恥之, 願比死者一洒之. 如之何則可?"

孟子對曰:"地方百里而可以王. 王如施仁政於民, 省(생)刑

罰, 薄稅斂, 深耕易(이)耨. 壯者以暇日修其孝悌忠信, 入以事其父兄, 出以事其長上, 可使制梃以撻秦楚之堅甲利兵矣.

彼奪其民時, 使不得耕耨以養其父母. 父母凍餓, 兄弟妻子離散. 彼陷溺其民, 王往而征之, 夫誰與王敵? 故曰: '仁者無敵.' 王請勿疑."

6

맹자가 양양왕梁襄王[15]을 만나고 나와서 사람들에게 말하였다.

"멀리서 바라볼 때에도 군주답지 않고 가까이에서 보아도 위엄이 없었는데, 갑자기 '어떻게 해야 천하가 안정되겠습니까?'라고 물어서, 내가 '하나로 통일된 다음에야 안정될 것입니다.'라고 하였다. '누가 통일시킬 수 있겠습니까?'라고 물어서, '사람 죽이기를 좋아하지 않는 자가 통일시킬 수 있습니다.'라고 대답하였다.

또 '누가 그에게 돌아가겠습니까?'라고 물어서, '천하에 돌아가지 않는 이가 없을 것입니다. 왕은 벼의 싹에 대해 아십

---

15 양양왕梁襄王 : 양혜왕의 아들로, 이름은 혁赫이다.

니까? 7, 8월 사이에 날씨가 가물면 벼 싹이 말라 시들어 가다가, 하늘에 뭉게뭉게 구름이 일어나 쏴하고 세차게 비가 내리면 벼 싹이 힘차게 살아나 자랍니다. 형세가 그와 같으면 누가 이를 막겠습니까? 지금 천하의 군주들이 사람 죽이기를 좋아하지 않는 자가 없으니, 만일 사람 죽이기를 좋아하지 않는 자가 있으면 천하의 백성들이 모두 목을 늘이고 바라볼 것입니다. 진정 이와 같다면 백성들이 그에게 돌아가는 것은 물이 아래로 내려가는 것과 같을 것이니, 세차게 쏟아지는 듯한 형세를 누가 막을 수 있겠습니까?'라고 하였다."

孟子見梁襄王, 出, 語人曰: "望之不似人君, 就之而不見所畏焉, 卒然問曰: '天下惡(오)乎定?' 對曰: '定于一.' '孰能一之?' 對曰: '不嗜殺人者能一之.'
'孰能與之?' 對曰: '天下莫不與也. 王知夫苗乎? 七八月之間旱, 則苗槁矣, 天油然作雲, 沛然下雨, 則苗浡然興之矣. 其如是, 孰能禦之? 今夫天下之人牧, 未有不嗜殺人者也. 如有不嗜殺人者, 則天下之民, 皆引領而望之矣. 誠如是也, 民歸之, 由水之就下, 沛然誰能禦之?'"

7

제선왕齊宣王[16]이 물었다.

"제환공齊桓公과 진문공晉文公[17]의 일을 들려주시겠습니까?"

맹자가 대답하였다.

"공자의 제자들 가운데 제환공과 진문공의 일을 말한 이가 없었습니다. 이 때문에 후세에 전하는 것이 없어 제가 들어보지 못하였습니다. 굳이 말하라 하신다면 왕도王道에 대하여 말하겠습니다."

왕이 물었다.

"덕이 어떠하면 왕도정치를 할 수 있습니까?"

맹자가 답하였다.

"백성을 잘 보호하면서 왕 노릇 하면 이를 막을 자가 없습니다."

"과인과 같은 자도 백성을 보호할 수 있습니까?"

---

16 제선왕齊宣王 : 이름은 벽강辟疆으로, 제나라 위왕威王의 아들이다. 맹자가 왕도정치에 대하여 가장 관심이 높고 실천 가능성이 높은 왕으로 평가하고, 심혈을 기울여 왕도정치를 설명하는 부분이다.

17 제환공齊桓公과 진문공晉文公 : 제나라 환공과 진나라 문공은 춘추 시기 제후 중에 패권을 잡았던 군주들로, 소위 '오패五霸'의 우두머리 군주들이었다.

"가능합니다."

"무슨 이유로 나의 가능함을 아십니까?"

"제가 호흘胡齕에게 들었습니다. 왕께서 당 위에 앉아 계시는데, 소를 끌고 당 아래로 지나가는 자가 있었습니다. 왕께서 이를 보시고 '어디로 가는 소인가?'라고 묻자 '흔종釁鍾[18]에 사용하려고 합니다.'라고 하였습니다. 왕께서 '놓아주어라. 두려워 벌벌 떨며 죄없이 죽을 곳으로 가는 것을 차마 볼수가 없구나.' 하자, '그러면 흔종을 그만둘까요?' 하니, '어찌 그만둘 수 있겠는가? 양으로 바꾸어라!' 하셨다고 합니다. 그러한 일이 있었습니까?"

"그러한 일이 있었습니다."

"그 마음이면 충분히 왕 노릇 하실 수 있습니다. 백성들은 모두 왕이 재물이 아까워서 그랬다고 하지만, 저는 진실로 왕의 차마 하지 못하는 마음을 잘 압니다."

왕이 말하였다.

"그렇습니다. 참으로 그런 비난을 하는 백성이 있었습니다. 그러나 제나라가 아무리 작다고 한들 내 어찌 소 한 마리를 아까워하겠습니까? 무서워 벌벌 떨며 죄 없이 죽을 곳으

18　흔종釁鍾 : 주자朱子는 새로 주조한 종에 소의 피를 바르는 것이라 하였고, 중국 청대淸代의 경학자 왕부지王夫之는 주요 기물器物이 완성되면 짐승을 잡아 지내는 혈제血祭라고 하였다.

로 가는 것을 차마 볼 수 없어서였습니다. 그래서 양으로 바꾸라 한 것입니다."

맹자가 말하였다.

"왕께서는 백성들이 왕더러 재물이 아까워서였다고 비난하는 것을 이상하게 여기지 마십시오. 큰 소를 작은 양으로 바꾸었으니, 저들이 어찌 그 마음을 알겠습니까? 그런데 왕께서 죄 없이 죽을 곳으로 가는 것이 불쌍하였다면 소와 양을 왜 차별하셨습니까?"

왕이 웃으며 말하였다.

"참으로 무슨 마음이었던가? 내가 재물이 아까워서 양으로 바꾸라 한 것은 아니건마는, 백성들이 나더러 재물이 아까워서였다고 하는 게 당연하겠군요."

맹자가 말하였다.

"걱정할 필요가 없습니다. 그것이 바로 인仁을 하는 방법입니다. 소는 불쌍한 모습을 보았지만 양은 아직 보지 못하였기 때문입니다. 군자는 짐승의 산 것은 보지만 죽는 것은 차마 보지 못하며, 죽으면서 애처롭게 울부짖는 소리를 듣고는 차마 그 고기를 먹지 못합니다. 이 때문에 군자는 푸줏간을 멀리하는 것입니다."

왕이 기뻐하며 말하였다.

"『시경』「소아小雅 교언巧言」에 '남의 마음을 내가 헤아린다.'라고 하였는데, 선생을 두고 한 말입니다. 내가 행동하고 그 이유를 돌이켜 찾았지만 내 마음을 몰랐는데, 선생께서 말씀해 주시니 내 마음에 와닿습니다. 그런데 그 마음이 왕도王道에 부합되는 까닭은 무엇입니까?"

맹자가 말하였다.

"가령 어떤 자가 왕께 말하기를 '내 힘이 충분히 100균鈞[19]을 들 수 있는데 깃털 하나는 들 수 없다, 내 시력은 깃털의 끝도 살필 수 있는데 수레에 가득 실은 땔감은 볼 수 없다.'라고 한다면 왕은 이것을 인정하시겠습니까?"

"아닙니다."

"그렇다면 지금 은혜가 짐승에게는 미치면서 백성에게는 미치지 않으니 어째서입니까? 깃털을 들지 못함은 힘을 쓰지 않기 때문이며, 수레의 땔감을 보지 못함은 시력을 쓰지 않기 때문입니다. 백성들이 보호를 받지 못하는 것은 은혜를 쓰지 않기 때문입니다. 왕께서 왕 노릇 하지 못한다 함은, 하지 않는 것이지 할 수 없는 것이 아닙니다."

왕이 말하였다.

"하지 않는 것과 할 수 없는 것이 어떻게 다릅니까?"

맹자가 대답하였다.

"태산太山을 옆에 끼고 북해北海를 뛰어넘는 것을 '할 수 없

---

19 100균鈞 : 1균은 30근이니 3천 근을 말한다. 매우 무거움을 표현한 말이다.

다.'고 한다면, 이것은 진실로 할 수 없는 것입니다. 어른을 위하여 나뭇가지 꺾어 드리는 것을 '할 수 없다.'고 한다면, 이것은 하지 않는 것이지 할 수 없는 것이 아닙니다. 그러므로 왕께서 왕 노릇 하지 않는 것은 태산을 끼고 북해를 뛰어넘는 종류가 아닙니다. 왕께서 왕 노릇 하지 않는 것은 바로 나뭇가지를 꺾는 것과 같은 종류입니다.

내 집안의 노인을 잘 섬기고 나서 남의 집안 노인까지 잘 섬기고, 내 집안의 어린이를 사랑하고 나서 남의 집안 어린이까지 사랑한다면, 천하를 다스리는 것은 손바닥 위에 놓고 움직이듯 쉽습니다. 『시경』「대아大雅 사제思齊」에 '아내에게 모범이 되고 이어서 형제에게 모범이 되고, 이를 미루어 집과 나라를 다스린다.'[20]라고 하였으니, 이쪽에 사용한 마음을 저쪽에도 사용할 뿐임을 말한 것입니다. 그러므로 은혜 베푸는 마음을 미루어 넓혀 가면 사해四海[21]를 충분히 보호할 수 있고, 미루어 넓혀 가지 못하면 자신의 아내와 자식마저도 보호할 수 없습니다. 옛날의 성현이 일반인보다 크게 뛰어난 것은 특별한 것이 있어서가 아니라, 자신의 행동을 잘 미루어 나아갔기 때문입니다. 그런데 지금 왕의 은혜가 짐승에까지 미쳤

---

20 아내에게 … 다스린다 : 원문의 과처寡妻는 '덕이 부족한 사람의 아내寡德之妻'라는 뜻으로, 자신의 아내를 겸손하게 표현한 말이다.

21 사해四海 : '천하天下'라는 말과 같은 의미로 사용한 것이다. 고대에는 대륙의 사면이 바다에 둘러싸여 있다고 인식했다.

는데 그 효과가 백성들에게 이르지 않음은 어째서입니까?

저울로 달아본 뒤에야 무게를 알며, 자로 재어 본 뒤에야 길이를 알 수 있습니다. 모든 사물이 다 그렇지만 그중에도 마음이 유독 더 알기 어려우니, 왕께서는 이 점을 헤아려 보십시오. 왕은 전쟁을 일으켜 군사와 신하를 위태롭게 하고 다른 제후들과 원한을 맺은 뒤에야 마음이 통쾌하시겠습니까?"

왕이 말하였다.

"아닙니다! 내 어찌 그것을 통쾌하게 여기겠습니까? 나의 큰 욕망을 추구하려고 해서입니다."

맹자가 말하였다.

"왕의 큰 욕망을 들려주시겠습니까?"

왕이 웃으면서 말하지 않자, 맹자가 말하였다.

"살지고 맛있는 음식이 부족해서입니까? 가볍고 따뜻한 옷이 부족해서입니까? 아니면 눈으로 감상할 아름다운 것들이 부족해서입니까? 귀로 들을 아름다운 음악이 부족해서입니까? 앞에서 시중 드는 능숙한 사람들이 부족해서입니까? 이런 것들은 왕의 신하들이 모두 충분히 제공하고 있으니, 어찌 이 때문이겠습니까?"

왕이 말하였다.

"아닙니다! 그런 것 때문이 아닙니다."

맹자가 말하였다.

"그렇다면 왕의 큰 욕망을 알 수 있겠습니다. 국토를 넓히며, 진秦나라와 초楚나라에게 조회를 받고 중국의 맹주盟主가 되어서 사방의 오랑캐를 어루만지고자 하는 것입니다. 그런데 이러한 방법으로 그와 같은 욕망을 추구한다면 나무에 올라가서 물고기를 잡으려는 것과 같습니다.[22]"

왕이 말하였다.

"그처럼 심합니까?"

맹자가 말하였다.

"그보다도 더 심합니다. 나무에 올라가 물고기를 잡으려는 것은 비록 고기를 못 잡아도 뒤에 재앙은 없지만, 그와 같은 방법으로 그와 같은 욕망을 추구한다면 마음과 힘을 다하더라도 뒤에 반드시 재앙이 있을 것입니다."

왕이 물었다.

"들려주시겠습니까?"

맹자가 말하였다.

"추鄒나라가 초나라와 싸운다면 왕은 누가 이길 것이라고 생각하십니까?"

"초나라가 이길 것입니다."

"그렇다면 작은 나라는 본디 큰 나라를 대적할 수 없고, 적은 사람은 본디 많은 사람을 대적할 수 없으며, 약한 자는 본

---

22 나무에 … 같습니다 : 결과를 기대할 수 없는 엉뚱한 방법으로 일을 추진하는 것을 빗대어 하는 말로 사용하는 '연목구어緣木求魚'의 출처이다.

디 강한 자를 대적할 수 없는 것입니다. 해내海內의 땅에 사방 천 리 되는 나라가 아홉인데, 제齊나라는 전체 중에 하나를 소유하였습니다. 하나를 가지고 여덟을 복종시키는 것이 추나라가 초나라를 대적하는 것과 무엇이 다르겠습니까? 역시 그 근본으로 돌아가야 합니다.

지금 왕께서 어진 정치를 하시어 천하의 벼슬하는 자들이 모두 왕의 조정에서 벼슬하고 싶게 하고, 농사짓는 자들이 모두 왕의 농지에서 농사짓고 싶게 하며, 장사꾼들이 모두 왕의 시장에 물건을 쌓아놓고 싶게 하며, 여행하는 자들이 모두 왕의 도로에서 걷고 싶게 한다면, 자신의 군주를 미워하는 천하 사람들이 모두 왕에게 달려와 하소연하려 할 것입니다. 이렇게 되면 누가 이를 막겠습니까?"

왕이 말하였다.

"내가 정신이 혼란하여 인정仁政을 추진할 수가 없으니, 선생께서는 나의 뜻을 도와 밝게 가르쳐 주십시오. 내 비록 영민하지 못하지만 시험해 보겠습니다."

맹자가 말하였다.

"안정된 생업恒産이 없으면서도 안정된 마음恒心을 지니는 것은 오직 선비만이 가능합니다. 일반 백성은 안정된 생업이 없으면 안정된 마음을 지니지 못합니다. 안정된 마음이 없으면 방탕하고 사악한 행동을 거리낌없이 할 것입니다. 그렇게 하여 범죄에 빠진 뒤 형벌을 가한다면, 이는 백성을 그물질[23]

하는 것입니다. 어진 이가 군주의 지위에 있으면서 어떻게 백성을 그물질할 수 있겠습니까?

그러므로 현명한 군주는 백성의 생업을 제정해 주어서 반드시 위로는 충분히 부모를 섬길 수 있게 하며, 아래로는 충분히 아내와 자식을 부양할 수 있게 하여 풍년에는 내내 배부르고 흉년에는 죽음을 면하게 합니다. 그런 뒤에야 백성들을 착한 길로 가도록 하니 백성들이 쉬이 명령을 따릅니다.

지금은 백성의 생업을 마련해 준다 해도 위로는 부모를 섬기기에 부족하며, 아래로는 아내와 자식을 부양할 수가 없어서 풍년에는 내내 고생하고 흉년에는 죽음을 면치 못합니다. 자신의 생명을 지키기도 어려운데 어느 겨를에 예의를 배우겠습니까?

왕께서 어진 정치를 시행하고자 하신다면 어찌 돌이켜 그 근본을 시행하지 않을 수 있겠습니까? 5묘畝의 집 둘레에 뽕나무를 심으면 50세 된 자가 비단옷을 입을 수 있습니다. 닭과 돼지와 개를 기르면서 새끼 칠 시기를 놓치지 않게 하면 70세 된 자가 고기를 먹을 수 있습니다. 100묘의 토지에 농사지을 시기를 빼앗지 않는다면 여덟 식구의 집안에 굶주림

---

23 백성을 그물질 : 상대가 모르게 속여서 잡는 것을 말하는 것으로, 정치를 잘못하여 백성들이 죄를 범하게 된 뒤에 형벌을 시행하는 것을 말한다. 최악의 정치를 빗대어 말하는 '망민罔民'의 출처이다.

이 없을 것입니다. 상서庠序의 교육을 엄격하게 시행하여 부
모에게 효도하고 어른을 공경하는 도리를 자세하게 가르친
다면, 백발의 노인이 길에서 짐을 지거나 머리에 이고 다니는
일이 없을 것입니다. 늙은이가 비단옷을 입고 고기를 먹으며,
젊은 이가 굶주리거나 추위에 떨지 않게 하고서 왕 노릇 하지
못하는 이는 없습니다."

齊宣王問曰: "齊桓晉文之事, 可得聞乎?"
孟子對曰: "仲尼之徒, 無道桓文之事者. 是以後世無傳焉,
臣未之聞也. 無以則王乎."
曰: "德何如則可以王矣?"
曰: "保民而王, 莫之能禦也."
曰: "若寡人者, 可以保民乎哉?"
曰: "可."
曰: "何由知吾可也?"
曰: "臣聞之胡齕. 曰, 王坐於堂上, 有牽牛而過堂下者. 王見
之, 曰: '牛何之?' 對曰: '將以釁鍾.' 王曰: '舍之! 吾不忍其
觳觫, 若無罪而就死地.' 對曰: '然則廢釁鍾與?' 曰: '何可廢
也? 以羊易之!' 不識有諸?"
曰: "有之."
曰: "是心足以王矣. 百姓皆以王爲愛也, 臣固知王之不忍
也."

王曰: "然. 誠有百姓者. 齊國雖褊小, 吾何愛一牛? 即不忍其觳觫, 若無罪而就死地. 故以羊易之也."

曰: "王無異於百姓之以王爲愛也. 以小易大, 彼惡(오)知之? 王若隱其無罪而就死地, 則牛羊何擇焉?"

王笑曰: "是誠何心哉? 我非愛其財而易之以羊也, 宜乎百姓之謂我愛也."

曰: "無傷也. 是乃仁術也. 見牛未見羊也. 君子之於禽獸也, 見其生, 不忍見其死; 聞其聲, 不忍食其肉. 是以君子遠庖廚也."

王說曰: "詩云: '他人有心, 予忖度(탁)之.' 夫子之謂也. 夫我乃行之, 反而求之, 不得吾心, 夫子言之, 於我心有戚戚焉. 此心之所以合於王者, 何也?"

曰: "有復於王者曰: '吾力足以擧百鈞, 而不足以擧一羽; 明足以察秋毫之末, 而不見輿薪.' 則王許之乎?"

曰: "否."

"今恩足以及禽獸, 而功不至於百姓者, 獨何與? 然則一羽之不擧, 爲不用力焉; 輿薪之不見, 爲不用明焉. 百姓之不見保, 爲不用恩焉. 故王之不王, 不爲也, 非不能也."

曰: "不爲者與不能者之形, 何以異?"

曰: "挾太山以超北海, 語人曰: '我不能.' 是誠不能也. 爲長者折枝, 語人曰: '我不能.' 是不爲也, 非不能也. 故王之不王, 非挾太山以超北海之類也. 王之不王, 是折枝之類也.

老吾老, 以及人之老; 幼吾幼, 以及人之幼, 天下可運於掌.
詩云:'刑于寡妻, 至于兄弟, 以御于家邦.'言舉斯心, 加諸
彼而已. 故推恩足以保四海, 不推恩無以保妻子. 古之人所
以大過人者, 無他焉, 善推其所爲而已矣. 今恩足以及禽獸,
而功不至於百姓者, 獨何與?

權然後知輕重; 度然後知長短. 物皆然, 心爲甚, 王請度(탁)
之. 抑王興甲兵, 危士臣, 構怨於諸侯, 然後快於心與?"

王曰:"否! 吾何快於是? 將以求吾所大欲也."

曰:"王之所大欲, 可得聞與?"

王笑而不言, 曰:"爲肥甘不足於口與? 輕煖不足於體與? 抑
爲采色不足視於目與? 聲音不足聽於耳與? 便嬖不足使令
於前與? 王之諸臣, 皆足以供之, 而王豈爲是哉?"

曰:"否! 吾不爲是也."

曰:"然則王之所大欲, 可知已. 欲辟土地, 朝秦楚, 莅中國而
撫四夷也. 以若所爲求若所欲, 猶緣木而求魚也."

王曰:"若是其甚與?"

曰:"殆有甚焉. 緣木求魚, 雖不得魚, 無後災, 以若所爲求若
所欲, 盡心力而爲之, 後必有災."

曰:"可得聞與?"

曰:"鄒人與楚人戰, 則王以爲孰勝?"

曰:"楚人勝."

曰:"然則小固不可以敵大; 寡固不可以敵衆; 弱固不可以

敵强. 海內之地, 方千里者九, 齊集有其一. 以一服八, 何以異於鄒敵楚哉? 蓋亦反其本矣.

今王發政施仁, 使天下仕者, 皆欲立於王之朝; 耕者皆欲耕於王之野; 商賈(고)皆欲藏於王之市; 行旅皆欲出於王之途, 天下之欲疾其君者, 皆欲赴愬於王. 其如是, 孰能禦之?"

王曰: "吾惛不能進於是矣, 願夫子輔吾志, 明以敎我. 我雖不敏, 請嘗試之."

曰: "無恒產而有恒心者, 惟士爲能. 若民, 則無恒產, 因無恒心. 苟無恒心, 放辟邪侈, 無不爲已. 及陷於罪, 然後從而刑之, 是罔民也. 焉有仁人在位, 罔民而可爲也?

是故明君制民之產, 必使仰足以事父母, 俯足以畜(혹)妻子, 樂歲終身飽, 凶年免於死亡. 然後驅而之善, 故民之從之也輕.

今也制民之產, 仰不足以事父母, 俯不足以畜妻子, 樂歲終身苦, 凶年不免於死亡. 此惟救死而恐不贍, 奚暇治禮義哉?

王欲行之, 則盍反其本矣? 五畝之宅, 樹之以桑, 五十者可以衣帛矣. 鷄豚狗彘之畜(혹), 無失其時, 七十者可以食肉矣. 百畝之田, 勿奪其時, 八口之家可以無飢矣. 謹庠序之敎, 申之以孝悌之義, 頒白者不負戴於道路矣. 老者衣帛食肉, 黎民不飢不寒, 然而不王者, 未之有也."

양혜왕 하

梁惠王 下

이 편은 16장으로 이루어져 있다. 제나라 선공과의 대화가 11장이고, 추나라 목공과의 대화가 1장, 등나라 문공과의 대화가 3장이다. 마지막 1장은 노나라 평공과의 만남이 소인배의 저지로 이루어지지 않자 자존심이 상한 맹자가 변론을 펼치는 내용이다.

맹자는 군주가 즐거움도 괴로움도 백성들과 함께하며, 현사를 신하로 등용하고, 가장 취약한 백성들부터 보살피고, 이웃 나라와의 교제도 백성들을 먼저 배려하는 것이 왕도정치 실행의 기본이라고 역설하였다. 그러면 나라의 크고 작은 것이 전혀 문제가 되지 않는다고 주장하였다.

1

장포莊暴가 맹자를 찾아와 말하였다.

"내가 왕을 뵈었는데, 왕께서 음악을 좋아한다고 하셨으나 저는 제대로 대답하지 못하였습니다. 음악을 좋아한다는 것은 어떤 것입니까?"

맹자가 말하였다.

"왕께서 음악을 매우 좋아하면 제나라는 잘 다스려질 희망이 있습니다."

얼마 후에 맹자가 왕을 만나 말하였다.

"왕께서 장자莊子, 장포에게 음악을 좋아한다고 하셨다는데, 그런 일이 있었습니까?"

왕이 부끄러운 표정을 지으며 말하였다.

"과인은 선왕 시대의 음악을 좋아하는 것이 아니라 세속의 유행 음악을 좋아할 뿐입니다."

맹자가 말하였다.

"왕께서 음악을 매우 좋아하시면 제나라는 다스려질 희망이 있습니다. 지금의 음악이나 옛 음악이나 같습니다."

"말씀해 주시겠습니까?"

"혼자서 즐기는 음악과 다른 사람과 같이 즐기는 음악 중 어느 것이 더 즐겁습니까?"

"남과 같이 즐기는 것이 더 즐겁습니다."

"적은 사람과 즐기는 음악과 많은 사람과 즐기는 음악 중 어느 것이 더 즐겁습니까?"

"많은 사람과 즐기는 것이 더 즐겁습니다."

"제가 왕을 위하여 음악에 대하여 말씀드리겠습니다. 왕께서 이곳에서 음악을 연주하실 때 백성들이 종소리, 북소리와 피리 소리, 젓대 소리를 듣고는 모두 머리 아파하고 이마를 찌푸리며 서로 말하기를 '우리 왕께서 음악연주를 좋아하심이여! 어찌 우리를 이처럼 곤궁한 지경에 이르게 하였는가? 아비와 자식이 서로 만나지 못하며, 형제와 처자를 뿔뿔이 헤어지게 하는가?'라고 하며, 왕이 사냥을 하실 때 백성들이 왕의 수레 소리, 말 소리를 들으며 깃과 들소 꼬리로 만든 아름다운 깃발들을 보고는 모두 머리 아파하고 이마를 찌푸리며 서로 말하기를 '우리 왕께서 사냥을 좋아하심이여! 어찌 우리를 이처럼 곤궁한 지경에 이르게 하였는가? 아비와 자식이 서로 만나지 못하며, 형제와 처자를 뿔뿔이 헤어지게 하였네.'라고 한다면, 이는 다름이 아니라 임금께서 백성과 함께 즐기지 않기 때문입니다.

왕이 이곳에서 음악을 연주하실 때 백성들이 종소리, 북소리와 피리 소리, 젓대 소리를 듣고는 모두 미소 짓고 기뻐하며 서로 말하기를 '우리 왕께서 다행히도 질병이 없으신가? 어찌 저리도 음악을 잘 연주하시는가?' 하며, 왕이 사냥을 하실 때 백성들이 왕의 수레 소리, 말 소리를 들으며 깃과 들소 꼬리로 만든 아름다운 깃발을 보고는 모두 미소 짓고 기뻐하며 서로 말하기를 '우리 왕이 다행히도 질병이 없으신가? 어찌 저렇게 사냥을 잘 하시는가?' 한다면, 이는 다름이 아니라 백성과 함께 즐기기 때문입니다. 지금 왕께서 백성과 함께 즐기시면 왕 노릇을 잘 하실 것입니다."

莊暴見孟子, 曰: "暴見(현)於王, 王語暴以好樂(악), 暴未有以對也. 曰好樂何如?"

孟子曰: "王之好樂甚, 則齊國其庶幾乎."

他日見於王曰: "王嘗語莊子以好樂, 有諸?"

王變乎色曰: "寡人非能好先王之樂也, 直好世俗之樂耳."

曰: "王之好樂甚, 則齊其庶幾乎. 今之樂由(猶)古之樂也."

曰: "可得聞與?"

曰: "獨樂(악)樂, 與人樂(악)樂, 孰樂?"

曰: "不若與人."

曰: "與少樂(악)樂, 與衆樂(악)樂, 孰樂?"

曰: "不若與衆."

"臣請爲王言樂. 今王鼓樂於此, 百姓聞王鍾鼓之聲, 管籥之音, 舉疾首蹙頞而相告曰: '吾王之好鼓樂! 夫何使我至於此極也? 父子不相見, 兄弟妻子離散?' 今王田獵於此, 百姓聞王車馬之音, 見羽旄之美, 舉疾首蹙頞而相告曰: '吾王之好田獵! 夫何使我至於此極也? 父子不相見, 兄弟妻子離散.'

此無他, 不與民同樂也.

今王鼓樂於此, 百姓聞王鍾鼓之聲, 管籥之音, 舉欣欣然有
喜色而相告曰: '吾王庶幾無疾病與? 何以能鼓樂也?' 今王
田獵於此, 百姓聞王車馬之音, 見羽旄之美, 舉欣欣然有喜
色而相告曰: '吾王庶幾無疾病與? 何以能田獵也?' 此無他,
與民同樂也. 今王與百姓同樂, 則王矣."

2

제선왕이 물었다.

"문왕의 사냥터가 사방 70리라 하던데, 사실입니까?"

맹자가 대답하였다.

"전하는 역사에 그런 내용이 있습니다."

"그렇게 컸습니까?"

"백성들은 오히려 작다고 여겼습니다."

"과인의 사냥터는 사방 40리인데, 백성들이 오히려 크다고
합니다. 어째서입니까?"

맹자가 대답하였다.

"문왕의 사냥터 사방 70리에는 꼴 베고 나무하는 자들도
들어가고, 꿩 잡고 토끼 잡는 자들도 들어가서 백성들과 함께
하였습니다. 그러니 백성들이 작다고 하는 것이 당연하지 않

습니까? 제가 처음 국경에 이르러 제나라에서 크게 금지하는 것을 물은 뒤에야 감히 들어왔습니다. 그때 들으니, 교외 국경 지역 안 사냥터 사방 40리 안에 있는 사슴을 죽이는 자는 살인죄로 다스린다고 하였습니다. 이는 사방 40리 땅으로 나라 가운데에 함정을 만든 것입니다. 백성들이 크다고 하는 것이 당연하지 않습니까?"

齊宣王問曰: "文王之囿方七十里, 有諸?"
孟子對曰: "於傳有之."
曰: "若是其大乎?"
曰: "民猶以爲小也."
曰: "寡人之囿方四十里, 民猶以爲大, 何也?"
曰: "文王之囿方七十里, 芻蕘者往焉, 雉兔者往焉, 與民同之. 民以爲小, 不亦宜乎? 臣始至於境, 問國之大禁, 然後敢入. 臣聞, 郊關之內, 有囿方四十里, 殺其麋鹿者, 如殺人之罪. 則是方四十里, 爲阱於國中. 民以爲大, 不亦宜乎?"

3

제선왕이 물었다.
"이웃 나라와 사귀는 도리가 있습니까?"

맹자가 대답하였다.

"있습니다. 오직 인애로운 사람만이 큰 나라를 지니고서 작은 나라를 섬깁니다. 그러므로 탕왕湯王이 갈葛나라를 섬겼고,[1] 문왕文王이 곤이를 섬긴 것입니다.[2] 오직 슬기로운 사람만이 작은 나라를 지니고서 큰 나라를 섬깁니다. 그러므로 태왕大王이 훈육獯鬻을 섬기고,[3] 구천句踐이 오나라를 섬긴 것입니다.[4] 큰 나라로서 작은 나라를 섬기는 사람은 천리天理를 즐기는 사람이고, 작은 나라로서 큰 나라를 섬기는 사람은 천리를 두려워하는 사람입니다. 천리를 즐기는 사람은 천하를 보전하고, 천리를 두려워하는 사람은 자기 나라를 보전합니다.

『시경詩經』「주송周頌 아장我將」에 '하늘의 위엄을 두려워하여 나라를 잘 보전한다.'라고 하였습니다."

---

1 탕왕湯王이 갈葛나라를 섬겼고 : 이 내용은 「등문공」하편에 자세하게 나온다.

2 문왕文王이 … 것입니다 : 곤이昆夷는 주나라 초기 서쪽에 있던 융족戎族을 말한다. 문왕이 곤이를 섬긴 일에 대해 맹자 이후에는 언급한 사람이 없다.

3 태왕大王이 훈육獯鬻을 섬기고 : 훈육은 곧 험윤獫狁으로, 북방의 소수민족이다. 이 내용에 대해서는 이 편의 15장에 자세하게 나온다.

4 구천句踐이 … 것입니다 : 구천은 월越나라 왕의 이름이다. 오吳나라 왕 부차夫差에게 대패하여 치욕을 참고 '와신상담臥薪嘗膽'하면서 국력을 길러 복수한 고사를 말한다. 『국어國語』의 「월어越語」와 「오어吳語」에 자세하게 나온다.

왕이 말하였다.

"훌륭합니다, 선생의 말씀이여! 과인에게 병통이 있으니, 과인은 용맹을 좋아합니다."

맹자가 대답하였다.

"왕께서는 작은 용맹을 좋아하지 마십시오. 칼을 어루만지면서 상대방을 노려보며 '네가 어찌 감히 나를 당하겠는가?' 하면, 이것은 필부의 용맹이라 겨우 한 사람을 상대하는 것입니다. 왕께서는 큰 용맹을 가지십시오. 『시경』「대아大雅 황의皇矣」에 '왕께서 분연히 노해서 군대를 정돈해 침략하러 가는 무리를 막아 주周나라의 복을 돈독히 하여 천하에 보답하였다.'라고 하였습니다. 이는 문왕의 용맹이니, 문왕이 한 번 노하여 천하의 백성을 편안히 한 것입니다.

『서경書經』「주서周書 태서泰誓」에 '하늘이 일반 백성을 내리고 그들에게 군주와 스승을 두었으니, 백성을 사랑하는 상제上帝를 돕기 위해서이다.[5] 사방 나라에 죄가 있건 죄가 없건 그 책임은 나에게 있다. 천하에 어찌 감히 하늘의 뜻을 어기는 자가 있겠는가?'라고 하였습니다. 한 사람 주紂가 천하

---

5 백성을 … 위해서이다 : 이 부분은 원문의 구두를 '惟曰其助上帝, 寵之四方.'으로 해석하는 경우 '상제를 돕기에 사방에서 총애해서이다.'로 해석한다. 이 경우 '상제를 돕는 군주이기에 사방 군주 중에서 하늘이 특별히 총애한다.'는 의미로 이해된다. 여기서는 하늘이 총애하는 대상이 '백성'이고 그 백성을 돕는 책임이 군주에게 있다는 의미로 해석하였다.

에 멋대로 행동하니 무왕이 이것을 부끄러워하였습니다. 이것이 무왕의 용맹입니다. 무왕 역시 한 번 노하여 천하의 백성을 편안히 하였습니다. 지금 왕께서도 한 번 노하여 천하의 백성을 편안하게 한다면, 백성들은 행여 왕께서 용맹을 좋아하지 않을까 걱정할 것입니다."

齊宣王問曰: "交鄰國有道乎?"

孟子對曰: "有. 惟仁者爲能以大事小. 是故湯事葛, 文王事昆夷. 惟智者爲能以小事大. 故大(태)王事獯鬻, 句踐事吳. 以大事小者樂天者也.; 以小事大者畏天者也. 樂天者保天下, 畏天者保其國. 詩云: '畏天之威, 于時保之.'"

王曰: "大哉言矣! 寡人有疾, 寡人好勇."

對曰: "王請無好小勇. 夫撫劍疾視曰: '彼惡(오)敢當我哉?' 此匹夫之勇, 敵一人者也. 王請大之. 詩云: '王赫斯怒, 爰整其旅, 以遏徂莒, 以篤周祜, 以對于天下.' 此文王之勇也, 文王一怒而安天下之民.

書曰: '天降下民, 作之君, 作之師, 惟曰, 其助上帝寵之. 四方有罪無罪惟我在. 天下曷敢有越厥志?' 一人衡(橫)行於天下, 武王恥之. 此武王之勇也. 而武王亦一怒而安天下之民. 今王亦一怒而安天下之民, 民惟恐王之不好勇也."

4

제선왕이 맹자를 설궁雪宮[6]에서 만났다. 왕이 말했다.

"현자도 이러한 즐거움이 있습니까?"

맹자가 대답하였다.

"있습니다. 사람들은 그런 즐거움을 얻지 못하면 윗사람을 비난합니다. 즐거움을 얻지 못했다 하여 윗사람을 비난하는 이도 잘못이고, 백성의 윗사람이 되어서 백성과 즐거움을 함께하지 않는 이도 잘못입니다. 백성의 즐거움을 같이 즐거워하는 이는 백성도 그 군주의 즐거움을 즐거워하고, 백성의 근심을 같이 근심하는 이는 백성도 그 군주의 근심을 근심합니다. 천하의 백성들과 즐거움을 같이하며, 천하의 백성들과 근심을 함께하고서도 왕 노릇 하지 못하는 이는 없습니다.

옛적에 제경공齊景公이 안자晏子[7]에게 물었습니다. '내가 전부산과 조무산을 구경하고 바닷가를 따라 남쪽으로 가서 낭야琅邪[8]까지 가려고 하는데, 어떻게 해야 훌륭한 선왕의 유람에 견줄 수 있겠는가?' 안자가 이렇게 대답하였습니다. '좋

---

6 설궁雪宮 : 제선왕의 별궁別宮 이름이다.

7 제경공齊景公이 안자晏子 : 제경공은 춘추시대 제나라의 군주이고, 안자는 제나라의 현신賢臣 안영晏嬰이다.

8 낭야琅邪 : 제나라 동남 지역에 있는 읍 이름이다.

은 질문입니다. 천자가 제후국에 가는 것을 순수巡狩라 하니, 순수란 제후가 지키는 경내를 순행한다는 뜻입니다. 제후가 천자에게 조회 가는 것을 술직述職이라 하니, 술직이란 자기가 맡은 임무를 보고하는 것입니다. 이 모두가 정치 아닌 것이 없습니다. 그리고 봄에는 나가서 경작하는 상태를 살펴서 부족한 것을 보충해 주며, 가을에는 수확하는 상태를 살펴서 부족한 것을 도와줍니다. 하夏나라 속담에 「우리 임금님이 유람하지 않으면 우리가 어떻게 쉬겠는가? 우리 임금님이 즐기지 않으면 우리가 어떻게 도움을 받겠는가? 한 번 유람하고 한 번 즐김이 제후들의 법도가 된다.」라고 하였습니다.

지금의 왕은 그렇지 못합니다. 군대를 몰고 다니면서 양식을 먹어 버려 굶주린 백성들이 먹지 못하고, 수고하는 백성들이 쉬지 못합니다. 그러니 서로 눈을 흘겨보며 비방하다가 마침내 나쁜 짓을 하게 됩니다. 왕이 하늘의 명을 거역하여 백성들을 학대하며 술 마시고 음식 먹는 것을 마치 물 흘리듯 낭비하며, 유련流連하고 황망荒亡해서 제후들의 걱정거리가 되고 있습니다. 뱃놀이를 하면서 물길을 따라 아래로 내려가 돌아올 줄 모르는 것을 유流라 하고, 물길을 거슬러 위로 올라가서 돌아올 줄 모르는 것을 연連이라 하고, 사냥에 빠져 그칠 줄 모르는 것을 황荒이라 하고, 술을 즐겨 그칠 줄 모르는 것을 망亡이라 합니다. 선왕은 유련의 즐거움과 황망한 행동이 없었습니다. 오직 군주께서 어떻게 행하시느냐에 달려

있습니다.'

제경공이 기뻐하며 나라 안에 대대적인 명령을 내리고, 교외로 나가 머물면서 비로소 국가의 창고를 열어 부족한 백성들을 보충해 주었습니다. 음악을 담당하는 태사에게 '나를 위하여 군주와 신하가 서로 기뻐하는 음악을 지으라!' 하였으니, 지금의 치소徵招와 각소角招[9]가 그것입니다. 그 가사에 '군주의 욕심을 막음이 무슨 잘못이랴?' 하였으니, 군주의 욕심을 막은 것은 군주를 사랑한 것입니다."

齊宣王見孟子於雪宮. 王曰: "賢者亦有此樂乎?"

孟子對曰: "有. 人不得, 則非其上矣. 不得而非其上者, 非也; 爲民上而不與民同樂者, 亦非也. 樂民之樂者, 民亦樂其樂; 憂民之憂者, 民亦憂其憂. 樂以天下, 憂以天下, 然而不王者, 未之有也.

昔者齊景公問於晏子曰: '吾欲觀於轉附朝儛, 遵海而南, 放于琅邪, 吾何修而可以比於先王觀也?' 晏子對曰: '善哉問也. 天子適諸侯曰巡狩, 巡狩者, 巡所守也. 諸侯朝於天子曰述職, 述職者, 述所職也. 無非事者. 春省耕而補不足, 秋

---

9 치소徵招와 각소角招 : 음악에 궁宮·상商·각角·치徵·우羽 오성五聲이 있다. 세 번째 각角은 '백성民'을 상징하는 음계이고 네 번째 치徵는 '일事'을 상징하는 음계이다. '소招'는 소韶와 통용하는 글자로, 순舜 시대의 음악 이름이다.

省斂而助不給. 夏諺曰:「吾王不遊, 吾何以休? 吾王不豫,
吾何以助? 一遊一豫, 爲諸侯度.」

今也不然. 師行而糧食, 飢者弗食, 勞者弗息. 睊睊胥讒, 民
乃作慝. 方命虐民, 飮食若流, 流連荒亡, 爲諸侯憂. 從流下
而忘反謂之流; 從流上而忘反謂之連; 從獸無厭謂之荒; 樂
酒無厭謂之亡. 先王無流連之樂, 荒亡之行. 惟君所行也.'
景公說(열), 大戒於國, 出舍於郊, 於是始興發補不足. 召大
(太)師曰: ‘爲我作君臣相說(열)之樂(악)!’ 蓋徵招角招是也.
其詩曰: ‘畜君何尤?’ 畜君者, 好君也.”

5

제선왕이 물었다.

“사람들이 모두 나에게 명당明堂10을 철거하라 하는데, 철
거할까요? 그냥 둘까요?”

맹자가 대답하였다.

“명당이란 왕자王者의 당堂입니다. 왕께서 왕정을 행하고

10 명당明堂 : 고대 제왕이 정사와 교화를 펴던 곳이다. 조기趙岐는 “주
周나라 천자天子가 동쪽 지방을 순수巡守하면서 제후諸侯들에게 조회 받
던 곳이다.”라고 하였다. 주희朱熹는 “한漢나라 때까지도 유지遺址가 남
아 있었다.”라고 하였다.

자 하시면 철거하지 마십시오."

왕이 말하였다.

"왕정에 대하여 말씀해 주시겠습니까?"

맹자가 대답하였다.

"옛적에 문왕이 기주岐周[11]를 다스릴 적에 경작하는 이들에게 9분의 1 세금을 받았고, 벼슬하는 자들에게는 대대로 녹祿을 주었습니다. 관문關門과 시장은 관리만 하고 세금을 징수하지 않았고, 물고기 잡는 것을 금하지 않았으며, 죄인을 처벌하되 아내와 자식에게까지 연좌제를 시행하지 않았습니다. 늙어서 아내가 없는 것을 환鰥, 홀아비 이라 하고, 늙어서 남편이 없는 것을 과寡, 과부 라 하고, 늙어서 자식이 없는 것을 독獨, 무의탁자 이라 하고, 어려서 부모가 없는 것을 고孤, 고아 라고 합니다. 이 네 가지는 천하의 곤궁한 백성으로서 하소연할 곳이 없는 사람들입니다. 문왕은 어진 정치를 시행하면서 반드시 이 네 부류의 사람들을 우선으로 돌보았습니다. 『시경』「소아小雅 정월正月」에 '부자들은 괜찮지만 이 곤궁한 이들이 가엾다.'라고 하였습니다."

왕이 말하였다.

"매우 좋은 말씀입니다!"

---

11 기주岐周 : 기산岐山 아래 주周나라를 처음 세운 옛 도읍으로, 현재 섬서성陝西省 기산현岐山縣 지역이다.

맹자가 말하였다.

"왕께서 좋게 여기신다면 어찌하여 실행하지 않습니까?"

왕이 말하였다.

"과인은 병통이 있으니, 과인은 재물을 좋아합니다."

맹자가 대답하였다.

"옛적에 공유公劉[12]가 재물을 좋아하였습니다. 『시경』「대아大雅 공유公劉」에 '노적 쌓고 창고에 쌓았네, 전대며 자루에다 마른 곡식 담았네. 백성을 편케 하고 나라를 빛내려 활과 화살 준비하고 창과 방패 도끼 메고 비로소 길을 나섰네.' 라고 하였습니다. 이와 같이 집에 있는 이들은 노적과 창고가 있고, 길 떠나는 이들은 휴대할 양식이 있어야 비로소 길을 떠날 수 있다는 것입니다. 왕께서 재물을 좋아해도 백성과 함께 좋아하신다면 왕 노릇 하는 데 무슨 어려움이 있겠습니까?"

왕이 말하였다.

"과인은 병통이 있으니, 과인은 여색을 좋아합니다."

맹자가 대답하였다.

"옛적에 태왕이 여색을 좋아하여 그 후비를 사랑하였습니다. 『시경』「대아大雅 면지綿之」에 '고공단보태왕 께서 아침나절 말 달려와 서쪽 물가 따라 기산 아래 이르러 강씨 아내와

12　공유公劉 : 후직后稷의 후손으로, 주나라를 창업한 시조이다.

같이 집터를 보시니라.' 하였습니다. 이때에는 집안에 남편이 떠나 원망하는 여인이 없고, 밖에는 홀아비가 없었습니다. 왕께서 여색을 좋아해도 백성과 함께 좋아하신다면 왕 노릇 하는 데 무슨 어려움이 있겠습니까?"

齊宣王問曰:"人皆謂我毀明堂, 毀諸? 已乎?"

孟子對曰:"夫明堂者, 王者之堂也. 王欲行王政, 則勿毀之矣."

王曰:"王政可得聞與?"

對曰:"昔者文王之治岐也, 耕者九一, 仕者世祿. 關市譏而不征, 澤梁無禁, 罪人不孥. 老而無妻曰鰥, 老而無夫曰寡, 老而無子曰獨, 幼而無父曰孤. 此四者, 天下之窮民而無告者. 文王發政施仁, 必先斯四者. 詩云:'哿矣富人, 哀此煢獨.'"

王曰:"善哉言乎!"

曰:"王如善之, 則何爲不行?"

王曰:"寡人有疾, 寡人好貨."

對曰:"昔者公劉好貨. 詩云:'乃積乃倉, 乃裹餱糧, 于橐于囊. 思戢用光, 弓矢斯張, 干戈戚揚, 爰方啓行.' 故居者有積倉, 行者有裹糧也然後, 可以爰方啓行. 王如好貨, 與百姓同之, 於王何有?"

王曰:"寡人有疾, 寡人好色."

對曰:"昔者 大(태)王好色, 愛厥妃. 詩云: '古公亶父, 來朝走馬, 率西水滸, 至于岐下, 爰及姜女, 聿來胥宇.' 當是時也, 內無怨女, 外無曠夫. 王如好色, 與百姓同之, 於王何有?"

6

맹자가 제선왕에게 말하였다.

"왕의 신하 중에 아내와 자식을 친구에게 부탁하고 초나라로 여행을 떠난 자가 있는데, 돌아와 보니 아내와 자식이 추위에 떨고 굶주리고 있다면 그 친구를 어떻게 하시겠습니까?"

왕이 말하였다.

"절교하겠습니다."

"사사士師[13]가 사士를 다스리지 못하면 어떻게 하시겠습니까?"

왕이 말하였다.

"그만두게 하겠습니다."

---

13 사사士師 : 고대의 사법관司法官이다. 『주례周禮』에는 사사 아래 '향사鄕士'와 '수사遂士'가 있다. '불능치사不能治士'의 '사士'는 '향사'와 '수사'를 의미하는 것으로 보인다.

"국가가 잘 다스려지지 않으면 어떻게 하시겠습니까?"

왕이 주위를 돌아보며 다른 말을 하였다.

孟子謂齊宣王曰: "王之臣, 有託其妻子於其友而之楚遊者,
比其反也, 則凍餒其妻子, 則如之何?"

王曰: "棄之."

曰: "士師不能治士, 則如之何?"

王曰: "已之."

曰: "四境之內不治, 則如之何?"

王顧左右而言他.

7

맹자가 제선왕을 만나 말하였다.

"고국故國이라는 말은 그 나라에 오래된 큰 나무喬木가 있
어서 그렇게 말하는 것이 아니고, 대를 이어 공을 세워 녹을
받는 신하世臣가 있음을 말하는 것입니다. 그런데 왕은 당장
친한 신하도 없습니다. 지난날 등용한 사람이 지금은 떠나서
자리에 없는 것조차도 모릅니다."

왕이 말하였다.

"내가 어떻게 재능이 없다는 것을 미리 알아서 등용하지

않을 수 있겠습니까?"[14]

맹자가 말하였다.

"나라의 군주가 어진 이를 새로 등용할 적에는 어쩔 수 없이 하는 듯해야 합니다. 지위가 낮은 자를 높은 지위에 있는 자보다 더 위에 두며, 관계가 소원한 자를 친척을 넘어 더 친애하는 것이니 어떻게 신중하게 하지 않을 수 있겠습니까? 가까운 신하들이 모두 어질다고 해도 허락하지 말고, 대부들이 모두 어질다고 해도 허락하지 말고, 온 나라 사람들이 모두 어질다고 한 뒤에 직접 살펴서, 어짊을 발견한 뒤에 등용해야 합니다. 가까운 신하들이 모두 안 된다고 해도 듣지 말고, 대부들이 모두 안 된다고 해도 듣지 말고, 온 나라 사람이 모두 안 된다고 말한 뒤에 직접 살펴서 안 되는 점을 발견한 뒤에 버려야 합니다. 가까운 신하들이 모두 죽여야 한다고 해도 듣지 말고, 대부들이 모두 죽여야 한다고 해도 듣지 말고, 온 나라 사람들이 모두 죽여야 한다고 말한 뒤에 직접 살펴서 죽일 만한 점을 발견한 뒤에 죽여야 합니다. 그러기에 '온 나라 사람이 죽인 것'이라고 말하는 것입니다. 이와 같이 한 뒤에야 백성의 부모라고 할 수 있습니다."

---

14 내가 … 있겠습니까 : 이 질문은 떠나간 신하들이 재능이 없어서 떠나간 것으로, 자신이 잘 몰라서 등용한 것이라 여긴 말이다. 맹자가 말하는 인재 등용과 그들을 관리하는 것에 대한 문제의식과는 다른 생각을 한 것이다.

孟子見齊宣王曰:"所謂故國者,非謂有喬木之謂也,有世臣之謂也. 王無親臣矣. 昔者所進, 今日不知其亡也."

王曰:"吾何以識其不才而舍之?"

曰:"國君進賢, 如不得已. 將使卑踰尊, 疏踰戚, 可不愼與? 左右皆曰賢, 未可也; 諸大夫皆曰賢, 未可也; 國人皆曰賢, 然後察之, 見賢焉然後用之. 左右皆曰不可, 勿聽; 諸大夫皆曰不可, 勿聽; 國人皆曰不可, 然後察之; 見不可焉, 然後去之. 左右皆曰可殺, 勿聽; 諸大夫皆曰可殺, 勿聽; 國人皆曰可殺, 然後察之; 見可殺焉, 然後殺之. 故曰:'國人殺之也.' 如此, 然後可以爲民父母."

8

제선왕이 물었다.

"탕왕이 걸왕을 유배 보내고 무왕이 주왕을 주벌誅伐하였다 하는데, 그러한 일이 있었습니까?"

맹자가 대답하였다.

"전하는 기록에 있습니다."

"신하가 그 군주를 시해해도 됩니까?"

"인仁을 해치는 자를 '적賊'이라 하고, 의義를 해치는 자를 '잔殘'이라 하고, 잔적殘賊한 사람을 '일부一夫'라 합니다. 일

부인 주紂를 처벌하였다는 말은 들었지만, 군주를 시해하였
다는 말은 들어보지 못하였습니다."

齊宣王問曰: "湯放桀, 武王伐紂, 有諸?"
孟子對曰: "於傳有之."
曰: "臣弑其君, 可乎?"
曰: "賊仁者謂之'賊'; 賊義者謂之'殘'; 殘賊之人謂之'一夫.'
聞誅一夫紂矣, 未聞弑君也."

9

맹자가 제선왕을 만나 말하였다.

"왕께서 큰 궁궐을 지으려면 반드시 도편수工師[15]를 시켜
큰 재목을 구하도록 할 것입니다. 도편수가 큰 재목을 구해
오면 왕은 기뻐하며 임무를 잘 수행했다고 여길 것입니다. 그
런데 목수匠人가 이 목재를 깎아서 작게 만들어 버리면 왕은
노하여 임무를 감당하지 못했다고 여길 것입니다. 사람이 어

---

[15] 도편수工師 : '공사工師'는 건축 관련 업무를 관장하고 아래 장인匠人
들을 지도하는 고대의 관직이다. 우리나라에서는 건축 총감독을 '도편수'
라고 하므로 그에 따라 번역하였다.

려서 배우는 것은 장성해서 그것을 실행하고자 해서인데, 왕께서 '우선 네가 배운 것을 놔두고 내 말을 따르라.'고 한다면 어떻게 되겠습니까? 가령 여기에 박옥璞玉[16]이 있다면 아무리 값비싼 큰 옥이라 할지라도 반드시 전문 기술자玉人를 시켜서 다듬게 할 것입니다. 그런데 국가를 다스리면서는 '우선 그대가 배운 것을 놔두고 내 말을 따르라.'고 한다면, 옥을 다루는 기술자에게 옥 다듬는 것을 가르치려는 것과 무엇이 다르겠습니까?"

孟子見齊宣王曰:"爲巨室, 則必使工師求大木. 工師得大木, 則王喜, 以爲能勝其任也. 匠人斲而小之, 則王怒, 以爲不勝其任矣. 夫人幼而學之, 壯而欲行之, 王曰: '姑舍女所學而從我.' 則何如? 今有璞玉於此, 雖萬鎰, 必使玉人彫琢之. 至於治國家, 則曰: '姑舍女所學而從我.' 則何以異於敎玉人彫琢玉哉?"

16　박옥璞玉 : 돌 속에 들어 있는 옥玉을 말한다.

10

제나라가 연나라를 쳐서 승리하였다.[17]

선왕이 물었다.

"어떤 이는 과인에게 차지하지 말라 하고, 어떤 이는 과인에게 차지하라 합니다. 만승의 나라인 제나라를 가지고 만승의 나라인 연나라를 정벌하였는데 50일 만에 완전히 함락하였으니, 인력으로는 이렇게 하지 못합니다. 차지하지 않는다면 반드시 하늘의 재앙이 있을 것입니다. 차지하는 것이 어떻겠습니까?"

맹자가 대답하였다.

"차지해서 연나라 백성들이 기뻐하거든 차지하십시오. 옛사람 중에 그렇게 한 분이 있으니, 무왕이 바로 그런 분입니다. 차지해서 연나라 백성들이 기뻐하지 않으면 차지하지 마십시오. 옛사람 중에 그렇게 한 분이 있으니, 문왕이 바로 그런 분입니다. 만승의 나라를 가지고 만승의 나라를 정벌하였는데, 백성들이 바구니에 밥을 담고 병에 마실 것을 담아 왕

17　제나라가 … 승리하였다 : 주희의 주석에 "『사기史記』를 살펴보면, 연왕燕王 쾌噲가 정승인 자지子之에게 나라를 넘겨주자 연燕나라가 크게 혼란하였다. 제齊나라가 이 틈을 타 정벌하니, 연나라 사졸士卒들은 싸우지도 않고 성문을 닫지도 않았다. 그래서 마침내 연나라를 크게 이기게 되었다."라고 하였다.

의 군대를 환영한 것이 어찌 다른 이유 때문이겠습니까? 물
과 불 같은 어려움을 피하기 위해서입니다. 그런데 만일 물이
더 깊고 불이 더 뜨겁다면 백성들의 마음은 역시 다른 곳으로
옮겨갈 뿐입니다."

齊人伐燕, 勝之. 宣王問曰: "或謂寡人勿取, 或謂寡人取之.
以萬乘之國伐萬乘之國, 五旬而擧之, 人力不至於此. 不取,
必有天殃. 取之, 何如?"
孟子對曰: "取之而燕民悅, 則取之. 古之人有行之者, 武王
是也. 取之而燕民不悅, 則勿取. 古之人有行之者, 文王是
也. 以萬乘之國伐萬乘之國, 簞食(사)壺漿 以迎王師, 豈有
他哉? 避水火也. 如水益深, 如火益熱, 亦運而已矣."

11

　제나라가 연나라를 정벌하여 차지하자, 제후들이 연나라
를 구원할 것을 도모하였다. 선왕이 말하였다.
　"과인을 정벌할 것을 도모하는 제후들이 많은데, 저들을
어떻게 대처해야 합니까?"
　맹자가 대답하였다.
　"제가 듣건대 사방 70리里의 작은 영토로도 천하에 정치

를 펼친 이가 있으니, 탕왕이 바로 그런 분입니다. 천 리의 큰 영토를 가지고 남을 두려워한 이는 들어보지 못하였습니다. 『서경』[18] 「중훼지고仲虺之誥」에 '탕왕이 첫 번째 정벌을 갈葛나라로부터 시작하자 천하가 믿어서 동쪽을 향하여 정벌하면 서쪽 오랑캐가 원망하며, 남쪽을 향하여 정벌하면 북쪽 오랑캐가 원망하며 어찌하여 우리에게 먼저 오지 않는가? 하였습니다. 백성들은 탕왕의 정벌을 마치 큰 가뭄에 구름과 무지개를 바라듯이 기다렸습니다. 시장 가는 사람들은 발길을 멈추지 않았고, 농사짓는 사람들은 변함없이 밭 갈기를 하였습니다. 포악한 군주를 주벌誅罰하고 백성들을 위로하니, 단비가 내린 듯이 백성들이 크게 기뻐했다.'라고 하였습니다. 『서경』에 '우리 임금님을 기다리노라, 임금님이 오시면 소생하리라.'라고 하였습니다.

지금 연나라가 백성들에게 포학한 정치를 하였기 때문에 왕께서 정벌하자 그 백성들이 자기들을 물과 불 속에서 구원해 줄 것이라고 여겨 바구니에 밥을 담고 병에 마실 것을 담아 왕의 군대를 환영한 것입니다. 그런데 만일 그들의 부형을 죽이고 자제들을 구속하며 종묘宗廟를 부수고 중요한 기물器物들을 옮겨 간다면 어찌 되겠습니까? 천하가 본래 제齊나라

---

18 『서경』: 이 장에서 인용한 『서경』 부분은 현재 전하는 『서경』의 내용과 조금 다르다.

의 강함을 꺼리고 있는데, 지금 또다시 땅을 갑절로 확장하고 어진 정치를 행하지 않는다면 이는 천하의 군대를 움직이게 하는 것입니다. 왕께서 속히 명령을 내려 노약자를 돌려보내고, 중요한 기물 옮기던 것을 중지하고, 연나라 민중들과 도모해서 군주를 세워 준 뒤 떠나오시면, 그나마 전란이 일어나기 전에 중지시킬 수 있을 것입니다."

齊人伐燕, 取之, 諸侯將謀救燕. 宣王曰: "諸侯多謀伐寡人者, 何以待之?"

孟子對曰: "臣聞七十里爲政於天下者, 湯是也. 未聞以千里畏人者也. 書曰: '湯一征, 自葛始, 天下信之, 東面而征, 西夷怨, 南面而征, 北狄怨, 曰奚爲後我? 民望之, 若大旱之望雲霓也. 歸市者不止, 耕者不變. 誅其君而弔其民, 若時雨降, 民大悅.' 書曰: '徯我后, 后來其蘇.'

今燕虐其民, 王往而征之, 民以爲將拯己於水火之中也, 簞食壺漿以迎王師. 若殺其父兄, 係累其子弟, 毀其宗廟, 遷其重器, 如之何其可也? 天下固畏齊之彊也, 今又倍地而不行仁政, 是動天下之兵也. 王速出令, 反其旄倪, 止其重器, 謀於燕衆, 置君而後去之, 則猶可及止也."

12

추鄒나라와 노魯나라 사이에 충돌이 있었다. 추나라 목공
穆公이 물었다.

"나의 담당 관리有司는 33명이나 죽었는데 백성 중에는 죽
은 자가 없습니다. 그들을 모두 죽이자니 이루 다 죽일 수 없
고, 죽이지 않자니 윗사람長上이 죽는 것을 노려보면서 구원
하지 않은 경우이니, 어찌하면 좋겠습니까?"

맹자가 대답하였다.

"흉년이 들어 굶주리던 해에 군주의 백성들 중 굶어 죽은
노약자들의 시신이 구렁텅이에 나뒹굴고, 뿔뿔이 사방으로
흩어진 젊은이가 몇천 명이나 됩니다. 그런데 군주의 창고에
는 곡식이 꽉 차 있고, 저장고에는 재물 보화가 가득한데 담
당 관리 중에 구제를 아뢴 자가 없었습니다. 이는 윗사람이
태만해서 아랫사람을 잔학하게 해친 것입니다. 증자께서 '경
계하고 경계하라! 너에게서 나온 것이 너에게로 되돌아간
다.'라고 하였습니다. 백성들이 지금에서야 되갚음을 한 것이
니, 군주께서는 그들을 허물하지 마십시오. 군주께서 어진 정
치를 시행하면 이 백성들이 윗사람을 친애하고, 윗사람을 위
해서 목숨을 바칠 것입니다."

鄒與魯鬨. 穆公問曰: "吾有司死者三十三人, 而民莫之死

也. 誅之, 則不可勝誅; 不誅, 則疾視其長上之死而不救, 如
之何, 則可也?"

孟子對曰: "凶年饑歲, 君之民老弱轉乎溝壑, 壯者散而之四
方者, 幾千人矣. 而君之倉廩實, 府庫充, 有司莫以告. 是上
慢而殘下也. 曾子曰: '戒之戒之! 出乎爾者, 反乎爾者也.'
夫民今而後得反之也, 君無尤焉. 君行仁政, 斯民親其上,
死其長矣."

13

등문공이 물었다.

"등나라는 작은 나라로서 제나라와 초나라 사이에 끼여 있
습니다. 제나라를 섬겨야 합니까? 초나라를 섬겨야 합니까?"[19]

맹자가 대답하였다.

"이 문제는 내가 해결할 수 없습니다. 그러나 꼭 말하라고
하신다면 한 가지 방법이 있습니다. 못을 깊이 파고 성을 높
이 쌓아 백성들과 함께 지켜서 백성들이 죽음을 무릅쓰고 떠
나가지 않는다면 해볼 만합니다."

---

19 등나라는 … 합니까 : 중간에 끼여서 처신하기 어려운 경우를 빗대어
사용하는 말인 '간어제초間於齊楚'의 출처이다.

滕文公問曰: "滕小國也, 間於齊楚. 事齊乎? 事楚乎?"

孟子對曰: "是謀非吾所能及也. 無已, 則有一焉. 鑿斯池也,
築斯城也, 與民守之, 效死而民弗去, 則是可爲也."

14

등문공이 물었다.

"제나라가 설薛[20] 땅에 성을 쌓으려고 하여 매우 두렵습니
다. 어찌하면 좋겠습니까?"

맹자가 대답하였다.

"옛적에 태왕大王이 빈邠 땅에 거주할 적에 적인狄人이 침
범해 오자 그곳을 떠나 기산岐山[21] 아래에 거주하였습니다.
그곳이 좋아서 선택한 것이 아니라 부득이해서였습니다. 만
일 선정善政을 시행하면 후세의 자손 중에 반드시 왕 노릇 할
자가 있을 것입니다. 군자는 왕업의 기초를 세워 대대로 자손
에게 이어가게 할 뿐입니다. 성공하느냐 못 하느냐는 하늘의

---

20 설薛 : 주周나라 초기부터 작은 나라로 독립한 국가인데 이때에 제나
라가 멸망시키고 그곳에 성을 쌓았다. 지금의 산동성山東省 등현滕縣 동
남 지역에 고성古城이 있다고 전한다.

21 기산岐山 : 지금의 섬서성陝西省 기산현岐山縣 동북 지역에 있는 산
이름이다.

운명에 달렸습니다. 군주께서 저들을 어떻게 하시겠습니까? 선정에 힘쓸 뿐입니다."

滕文公問曰: "齊人將築薛, 吾甚恐. 如之何, 則可?"
孟子對曰: "昔者大王居邠, 狄人侵之, 去之岐山之下居焉. 非擇而取之, 不得已也. 苟爲善, 後世子孫, 必有王者矣. 君子創業垂統, 爲可繼也. 若夫成功, 則天也. 君如彼何哉? 彊爲善而已矣."

15

등문공이 물었다.

"우리 등나라는 작은 나라여서 힘을 다하여 큰 나라를 섬기더라도 화를 면할 수 없습니다. 어찌하면 좋겠습니까?"

맹자가 대답하였다.

"옛적에 태왕大王이 빈邠 땅에 거주할 적에 적인狄人이 침범하였습니다. 태왕이 그들을 가죽과 비단으로 섬겨도 화를 면치 못하였고, 개와 말을 바쳐 섬겨도 화를 면치 못하였고, 주옥珠玉으로 섬겨도 화를 면치 못하였습니다. 그러자 빈 땅의 어른들을 모아놓고 말했습니다. '적인이 원하는 것은 우리의 토지이다. 내가 들으니 군자는 사람을 기르는 토지를 가지

고 사람을 해치지 않는다고 하였다. 여러분에게 군주가 없는
것이 무슨 걱정이겠는가? 내가 이곳을 떠나겠다.'

　태왕은 빈 땅을 떠나 양산梁山을 넘어 기산岐山 아래에 도
읍 터를 만들고 살았습니다. 빈 땅의 사람들은 '어진 사람이
다. 놓쳐서는 안 된다.' 하며 시장으로 몰려가듯 뒤따라갔습
니다. 어떤 사람은 '대대로 지켜오는 터전이라 내 마음대로
할 수 없다. 목숨을 바쳐서라도 떠나지 말아야 한다.'라고 하
였습니다. 군주는 이 두 가지 중에서 선택하십시오."

滕文公問曰: "滕小國也, 竭力以事大國, 則不得免焉. 如之
何則可?"

孟子對曰: "昔者大(태)王居邠, 狄人侵之, 事之以皮幣, 不得
免焉; 事之以犬馬, 不得免焉; 事之以珠玉, 不得免焉. 乃屬
(촉)其耆老而告之曰: '狄人之所欲者, 吾土地也. 吾聞之也,
君子不以其所以養人者害人. 二三子何患乎無君? 我將去
之.' 去邠, 踰梁山, 邑于岐山之下居焉. 邠人曰: '仁人也라
不可失也.' 從之者如歸市. 或曰: '世守也, 非身之所能爲也.
效死勿去.' 君請擇於斯二者."

16

노나라 평공이 외출하려는데 폐인嬖人[22] 장창臧倉이 간청했다.

"지난날에는 군주께서 외출하려면 반드시 담당 관리에게 가려는 곳에 대하여 말씀하셨습니다. 오늘은 수레를 대기하였는데도 담당 관리가 행선지를 모르니, 감히 청하옵니다."

평공이 말하였다.

"맹자를 만나려고 한다."

"군주께서 몸을 가벼이 하여 일개 평민에게 먼저 예를 차리는 까닭은 그가 어질다고 해서입니까? 예의는 현자에게서 나오는 것인데, 맹자는 어머니 장례를 아버지 장례[23]보다 더 후하게 치렀습니다. 군주께서는 그를 만나지 마십시오."

평공이 말하였다.

"그렇겠다."

악정자樂正子가 들어가 평공을 뵙고 말하였다.

"군주께서는 왜 맹가孟軻를 만나보지 않으셨습니까?"

---

22 폐인嬖人 : 총애를 받는 사람이란 뜻으로, 주로 빈첩嬪妾을 이르는 말로 사용한다. 여기서는 총애받는 측근 관리를 말한다.

23 어머니 … 장례 : 원문의 '후상後喪과 전상前喪'은 맹자의 어머니가 아버지보다 뒤에 사망하였음을 표현한 것이다. 후일 모친상을 '후상' 부친상을 '전상'이라 칭하는 전거가 되었다.

"어떤 사람이 과인에게 '맹자의 어머니 장례가 아버지 장례보다 후하였다.'라고 하였다. 그래서 만나러 가지 않았다."

"군주께서 후하다는 것은 무엇을 말하는 것입니까? 아버지 장례는 사士의 예로 하고 어머니는 대부의 예로 하였으며, 아버지 장례에는 삼정三鼎을 사용하고 어머니는 오정五鼎[24]을 사용한 것을 말씀하십니까?"

"아니다. 관곽棺槨과 의금衣衾[25]의 아름다움을 말한 것이다."

"그것은 후한 것이 아니라, 당시의 빈부貧富[26]가 달랐기 때문입니다."

악정자가 맹자를 만나 말하였다.

"제가 군주에게 말했더니, 와서 뵈려고 하였는데 폐인 중에 장창이라는 자가 군주를 저지하였습니다. 그 때문에 끝내 오지 않은 것입니다."

---

24 삼정三鼎을…… 오정五鼎 : 정鼎은 고대 제사에 사용하던 그릇으로 동물의 생고기인 '희생犧牲'을 담는 데 사용한다. _『주례周禮』「장객掌客」. 신분에 따라서 천자는 9정九鼎, 제후는 7정七鼎, 경대부는 5정五鼎, 원사元士는 3정三鼎을 사용한다. _『예기禮記』「교특생郊特牲」

25 관곽棺槨과 의금衣衾 : '관곽'은 속의 관, '곽槨'은 겉의 관이다. '의금'은 염습斂襲에 사용한 옷가지와 이불 등을 말한다. 여기서는 장례에 사용하는 비품 중에 대표적인 것을 든 것이다.

26 당시의 빈부貧富 : 맹자가 부친이 사망하였을 때에는 사士의 신분이었고, 모친이 사망하였을 때는 대부大夫의 신분이었기 때문에 각기 당시의 신분에 맞게 장례하였음을 말한 것이다.

맹자가 말하였다.

"시켜서 갈 수도 있고, 말려서 멈출 수도 있다. 그러나 가고 멈추는 것은 자신이 하는 것이지 남이 하는 것이 아니다. 내가 노나라 군주를 만나지 못한 것은 하늘의 운명이다. 장씨臧氏의 아들이 어찌 나를 만나지 못하게 할 수 있겠는가?"

魯平公將出, 嬖人臧倉者請曰: "他日君出, 則必命有司所之. 今乘輿已駕矣, 有司未知所之, 敢請."

公曰: "將見孟子."

曰: "何哉? 君所爲輕身以先於匹夫者, 以爲賢乎? 禮義由賢者出, 而孟子之後喪踰前喪. 君無見焉!"

公曰: "諾."

樂正子入見(현)曰: "君奚爲不見孟軻也?"

曰: "或告寡人曰: '孟子之後喪踰前喪,' 是以不往見也."

曰: "何哉, 君所謂踰者? 前以士, 後以大夫; 前以三鼎, 而後以五鼎與?"

曰: "否. 謂棺槨衣衾之美也."

曰: "非所謂踰也, 貧富不同也."

樂正子見孟子曰: "克告於君, 君爲來見也. 嬖人有臧倉者沮君. 君是以不果來也."

曰: "行或使之, 止或尼之. 行止, 非人所能也. 吾之不遇魯侯, 天也. 臧氏之子, 焉能使予不遇哉?"

공손추 상

公孫丑 上

모두 9장이다. 공손추는 『맹자』에 등장하는 제자 중 존칭 없이 이름을 바로 쓴 것으로 보아 『맹자』를 편찬할 때 참여한 것으로 추정하는 인물이다. 맹자는 인간에게는 선천적으로 타고난 어진 마음이 있다고 말하며, 그것을 바탕으로 '측은지심, 수오지심, 사양지심, 시비지심' 등 네 가지 단서를 제시하였다. 이 마음을 확충하면 천하도 보존할 수 있지만 확충하지 못하면 자신의 부모도 섬기지 못한다고 갈파한다. 이러한 주장은 공자가 주장한 인仁에서 더 발전된 주장이다. 이 도덕적인 마음을 바탕으로 배양되는 기운이 '호연지기'이며, 호연지기의 발로는 어떠한 일을 만나도 마음이 흔들리지 않는 '부동심不動心'으로 나타난다. 고대 현자들이 추구했던 가치관에 따른 인물평도 지금 다시 음미해 볼 부분이다. 특히 '왕자王者'와 '패자霸者'에 대한 정의는 이전에 없던 명쾌한 분석이다.

공손추公孫丑[1]가 물었다.

"선생님께서 제나라에서 요직을 맡는다면 관중管仲과 안
자晏子[2] 같은 공을 다시 세울 수 있겠습니까?"

맹자가 대답하였다.

"그대는 영락없는 제나라 사람이다. 관중과 안자만 아는구
나. 어떤 사람이 증서曾西[3]에게 '그대를 자로子路와 비교하면
누가 더 어진가?' 하자, 증서가 불안해하면서 '자로는 우리 부
친도 두려워하신 분이다.' 하였다. '그러면 그대를 관중과 비
교하면 누가 더 어진가?' 하자, 증서가 발끈 불쾌한 표정을 지
으며 '네 어찌 나를 관중에게 비교하는가? 관중은 군주의 신
임을 독차지하고 국정을 오래 하였는데도 세운 공업이 그처
럼 낮은데, 네 어찌 나를 그 사람과 비교하는가?'라고 하였다.

---

1 공손추公孫丑 : 맹자의 제자로, 제나라 출신이다.

2 관중管仲과 안자晏子 : 관중의 이름은 '이오夷吾'이다. 제나라의 재상
으로 환공을 도와 40년간 패권을 잡도록 하였다. 안자의 이름은 '영嬰'이
다. 제나라 경공의 재상으로 훌륭한 보필을 하여 경공을 현군으로 이끌었
다. 『사기史記』 「관안열전管晏列傳」

3 증서曾西 : 조기趙岐는 '증자의 손자'라고 하였으나 이후의 모든 주석
가는 '증자의 아들'이라 하였다. 특히 당나라의 훈고학자 육덕명陸德明의
「경전석문經典釋文」에는 "증신曾申의 자는 자서子西이니 노나라 증삼曾
參의 아들이다."라고 하였다.

관중으로 말하자면 증서도 비교당하고 싶지 않은 사람인데, 그대가 나를 위해서 원한단 말인가?"

공손추가 말하였다.

"관중은 자신의 군주를 천하의 패권을 잡은 군주가 되게 하였습니다. 안자는 제후들 사이에서 군주의 이름을 드러나게 하였습니다. 관중과 안자의 업적이 부족합니까?"

맹자가 말하였다.

"제나라를 가지고 왕 노릇 하는 것은 손바닥을 뒤집는 것만큼이나 쉬운 일이다."

공손추가 말하였다.

"그렇다면 저의 의혹이 더욱 심해집니다. 문왕은 큰 덕을 지니고 100년 가까이 살았는데도 천하를 통일하지 못하였고, 무왕과 주공이 뒤를 이은 뒤에야 천하를 통일하였습니다. 그런데 지금 왕 노릇 하는 것이 쉬운 듯 말씀하시니, 그렇다면 문왕은 본받을 만하지 못합니까?"

맹자가 말하였다.

"문왕을 어찌 당할 수 있겠는가? 탕왕으로부터 무정武丁에 이르기까지 어질고 성인다운 군주가 6, 7명 나와서 천하가 은殷나라에 돌아간 지 오래되었으니, 오래되면 변동시키기 어려운 법이다. 무정이 제후들에게 조회 받고 천하 다스리기를 마치 손바닥 안에 두고 움직이듯이 하였다. 마지막 군주인 주왕紂王이 무정 시대와 그다지 멀지 않다. 그래서 나라에 공을 세운 대신의 가문과 좋은 풍속, 훌륭한 정치의 영향이 여전히 남아 있었다. 거기에다 미자微子·미중微仲과 왕자인 비간比干과 기자箕子·교격膠鬲[4]이 있었는데, 이들은 모두 현인이었다. 이들이 주왕을 보좌하였으므로 오랜 뒤에야 나라를 잃은 것이다. 한 치의 땅도 주왕의 소유가 아닌 것이 없고, 한 사람의 백성도 주왕의 신하가 아닌 이가 없었다. 문왕은 사방 100리의 영토로 시작하였기 때문에 어려웠던 것이다.

제나라의 속담에 '아무리 지혜가 있다 해도 형세를 타는 것만 못하며, 아무리 좋은 농기구가 있다 해도 때를 기다리는 것만 못하다.'라고 했다. 지금이 바로 그렇게 쉬운 때이다. 하후夏后와 은殷·주周의 전성기에도 땅이 천 리를 넘은 적이 없었는데 지금 제나라는 그렇게 넓은 영토를 소유하고 있다. 닭 우는 소리 개 짖는 소리가 수도에서 변방까지 이어질 정도로 많은 백성을 지니고 있다. 이제 땅을 더 넓히지 않고 백성을 더 모으지 않더라도 어진 정치를 시행하여 왕 노릇 한다면 이

---

4 미자微子 … 교격膠鬲 : 미자의 이름은 '계啓'로 주紂의 서형庶兄이다. 맹자는 「고자告子」에서 주의 숙부叔父라고 하였으나, 『춘추좌전』, 『여씨춘추』, 『사기』 등에서는 서형으로 주석하고 있어 이를 따른다. 미중微仲은 미자의 아우로 이름은 '연衍'이다. 왕자 비간比干은 주紂의 숙부로 주에게 여러 번 간언을 하다가 주에게 피살되었다. 기자箕子도 주의 숙부이다. 비간이 살해되는 것을 보고 거짓으로 미친 척하다가 잡혀서 갇혀 있다가 무왕에 의해 석방되었다. 교격膠鬲은 주왕의 신하이다. _『사기史記』 「은본기殷本紀」, 『여씨춘추呂氏春秋』

를 막을 자가 없을 것이다.

그리고 왕도정치를 하는 군주가 나오지 않은 지 지금보다 더 오래된 적이 없고, 백성들이 학정虐政에 시달린 것이 지금보다 더 심한 적이 없다. 굶주린 자는 먹는 밥을 가리지 않고, 목마른 자는 마실 것을 가리지 않는 법이다. 공자께서 '덕德의 흐름은 파발마로 명령을 전달하는 것보다 빠르다.'라고 했다. 지금 만승萬乘의 나라가 어진 정치를 시행한다면 백성들은 마치 거꾸로 매달린 것을 풀어 준 것처럼 기뻐할 것이다. 그러기 때문에 일은 옛사람의 반만 하고서도 효과는 반드시 옛사람의 갑절[5]이 될 것이다. 바로 지금이 그러한 때이다."

公孫丑問曰: "夫子當路於齊, 管仲·晏子之功, 可復(부)許乎?"

孟子曰: "子誠齊人也. 知管仲·晏子而已矣. 或問乎曾西曰: '吾子與子路孰賢?' 曾西蹵然曰: '吾先子之所畏也.' 曰: '然則吾子與管仲孰賢?' 曾西艴然不悅, 曰: '爾何曾比予於管仲? 管仲得君如彼其專也, 行乎國政如彼其久也, 功烈如彼其卑也, 爾何曾比予於是?' 曰管仲, 曾西之所不爲也, 而子爲我願之乎?"

---

5 일은 … 갑절 : 이 말은 노력은 적게 들이고 효과는 갑절이나 되는 일을 빗대어 사용하는 '사반공배事半功倍'라는 용어의 출처이다.

曰: "管仲以其君霸, 晏子以其君顯. 管仲·晏子猶不足爲
與?"

曰: "以齊王, 由反手也."

曰: "若是, 則弟子之惑滋甚. 且以文王之德, 百年而後崩, 猶
未洽於天下; 武王·周公繼之, 然後大行. 今言王若易(이)然,
則文王不足法與?"

曰: "文王何可當也? 由湯至於武丁, 賢聖之君六七作, 天下
歸殷久矣, 久則難變也. 武丁朝諸侯, 有天下, 猶運之掌也.
紂之去武丁未久也. 其故家遺俗, 流風善政, 猶有存者. 又
有微子·微仲·王子比干·箕子·膠鬲, 皆賢人也. 相與輔相
之, 故久而後失之也. 尺地, 莫非其有也; 一民, 莫非其臣也.
然而文王猶方百里起, 是以難也.

齊人有言曰: '雖有知慧, 不如乘勢; 雖有鎡基, 不如待時.'
今時則易(이)然也. 夏后·殷·周之盛, 地未有過千里者也, 而
齊有其地矣. 雞鳴狗吠相聞, 而達乎四境, 而齊有其民矣.
地不改辟矣, 民不改聚矣, 行仁政而王, 莫之能禦也.

且王者之不作, 未有疏於此時者也; 民之憔悴於虐政, 未有
甚於此時者也. 飢者易爲食, 渴者易爲飲. 孔子曰: '德之流
行, 速於置郵而傳命.' 當今之時, 萬乘之國行仁政, 民之悅
之, 猶解倒懸也. 故事半古之人, 功必倍之, 惟此時爲然."

2

공손추가 물었다.

"선생님께서 제나라 재상의 지위에 올라 지니신 도道를 실행할 수 있다면, 그로 말미암아 패업霸業을 이루거나 왕업王業을 이루더라도 이상하지 않습니다. 그렇게 되어도 마음이 동요되지 않으시겠습니까?"

맹자가 말하였다.

"아니다. 나는 40세 이후로는 마음이 동요하지 않았다."

공손추가 말하였다.

"그렇다면 선생님께서는 맹분孟賁[6]보다 훨씬 뛰어납니다."

맹자가 말하였다.

"그것은 어렵지 않다. 고자告子[7]도 나보다 먼저 마음을 동요하지 않았다."

공손추가 말하였다.

"마음을 동요하지 않게 하는 방법이 있습니까?"

맹자가 말하였다.

---

6 맹분孟賁 : 고대의 '용사勇士'로 알려져 있는데, 위衛나라 사람이라는 설도 있고 제齊나라 사람이라는 설도 있다.

7 고자告子 : 이름은 '불해不害'이다. 『묵자墨子』「공맹公孟」에 묵자가 고자에 대하여 평하는 내용이 나오는 것으로 보아 묵자의 제자인 것으로 추정되며, 맹자보다 선배인 것으로 파악된다.

"있다. 북궁유北宮黝[8]가 용기를 배양하는 방법은 피부를 찔려도 꿈쩍하지 않고, 눈을 찔려도 눈동자를 피하지 않는 것이다. 털끝만큼이라도 남에게 모욕을 당하면 마치 사람 많은 저잣거리에서 종아리를 맞는 것처럼 여겼다. 신분이 천한 자들[9]에게도 모욕을 당하지 않았지만, 만승의 군주에게도 모욕을 당하지 않았다. 만승의 군주 찌르는 것을 비천한 자를 찔러 죽이는 것처럼 생각하였다. 제후도 무서워하지 않아 험담하는 소리가 들리면 반드시 보복하였다.

맹시사孟施舍[10]의 용기를 기르는 방법은 '나는 이기지 못할 적을 보아도 이길 것처럼 여긴다. 적의 전력을 헤아린 뒤에 전진하며, 승패를 따져 본 뒤에 교전한다면 이는 적의 삼군三軍을 두려워하는 것이다. 내 어찌 꼭 이기기만 하겠는가? 두려움이 없을 뿐이다.'라는 것이다.

맹시사는 증자와 유사하고, 북궁유는 자하子夏[11]와 유사하

---

8 북궁유北宮黝: 북궁北宮은 성이고 유黝는 이름인데, 상고할 만한 자료가 없다. 다만 『회남자淮南子』「주술훈主術訓」에 나오는 '북궁자北宮子'에 대한 주석에서 "제나라 사람이고 맹자가 말한 북궁유이다."라고 하였다.

9 신분이 천한 자들: 원문 '갈관박褐寬博'의 갈褐은 모포毛布이고, 관박寬博은 넓고 크다는 의미이다. 즉, '모포로 만든 헐렁한 옷을 걸친 사람'이란 뜻으로, 신분이 비천함을 표현한 것이다.

10 맹시사孟施舍: 조기趙岐의 주석에 따르면, 맹孟은 성이고 사舍는 이름이며 '시施'는 발어사이다. '맹시'는 성이고 '사'는 이름이라는 설과 '맹'은 성이고 '시사'는 이름이라는 설도 있으나 분명한 근거가 없다.

다. 이 두 사람의 용기 중 누가 더 강한지 모르겠지만 맹시사의 요령이 더 간단하다.

옛적에 증자가 자양子襄[12]에게 '그대는 용기를 좋아하는가? 내 일찍이 큰 용기에 대하여 선생님께 들었는데, 스스로 돌이켜 보아 정직하지 못하면 아무리 비천한 사람일지라도 두려움을 느끼게 될 것이다. 그러나 스스로 돌이켜 보아 정직하다면 비록 천만 명이 있더라도 내가 가서 대적할 수 있다.'라고 하였다. 맹시사가 지키는 기氣보다는 증자가 지키는 요령이 더 낫다."

공손추가 말하였다.

"감히 묻겠습니다. 선생님의 부동심不動心과 고자의 부동심에 대하여 들을 수 있겠습니까?"

맹자가 말하였다.

"고자가 '말을 이해하지 못하였으면 더 알려고 마음 쓰지 말고, 마음으로 이해하지 못하였으면 행동하려고 기氣를 사용하지 말라.'고 하였다. 마음으로 이해하지 못하였으면 행동하려고 기를 사용하지 말라는 것은 그래도 틀린 말이 아니지만, 말을 이해하지 못하였으면 더 알려고 마음 쓰지 말라는 것은 옳지 않다. 마음心志은 기氣를 거느리는 장수이고, 기는

11 자하子夏 : 공자의 제자 복상卜商이다.
12 자양子襄 : 조기趙岐의 주석에 따르면, 증자의 제자이다.

몸에 가득 차 있는 것이다. 마음이 우선이고 기가 그다음이다. 그러기 때문에 '마음을 잘 지키고 기를 함부로 사용하지 말라.'고 한 것이다."

공손추가 말하였다.

"'마음이 우선이고 기가 그다음이다.' 하시고, 또 '마음을 잘 지키고 기를 함부로 사용하지 말라.'는 것은 무슨 의미입니까?"

맹자가 말하였다.

"마음이 한결같으면 기를 움직이고 기가 한결같으면 마음을 움직이는 것이다. 뛰고 달리는 것은 기이지만, 그로 인하여 도리어 마음이 동요하게 되는 것이다."

공손추가 말하였다.

"감히 여쭙겠습니다. 선생님은 어디에 장점이 있으십니까?"

맹자가 말하였다.

"나는 다른 사람의 말을 잘 이해하고知言, 또 나의 호연지기浩然之氣를 잘 기른다네."

공손추가 말하였다.

"감히 여쭙겠습니다. 무엇을 호연지기라 합니까?"

맹자가 말하였다.

"말로 설명하기가 어렵다. 기氣는 지극히 크고 지극히 강한데, 정직함으로써 잘 기르고 해치는 일이 없으면 이 호연지기가 천지 사이에 가득 차게 된다. 그리고 그 기는 의義와 도

道에 배합이 되는데, 이 도와 의가 없으면 호연지기가 줄어들게 된다. 이 호연지기는 의로운 행동이 많이 쌓여 생겨나는 것이지 하루아침에 갑자기 의로운 행동을 한 번 했다 해서 생기는 것이 아니다. 행동하고서 자신의 마음에 께름칙하게 여기는 바가 있으면 호연지기가 줄어들게 된다. 내가 고자는 의를 알지 못한다고 한 것은 고자가 의를 마음 밖의 것이라고 하기 때문이다.

호연지기를 배양하면서 그 효과를 미리 정하지 말고, 잠시도 마음에 잊지 말고, 억지로 조장하지도 말아야 한다. 송宋나라의 어떤 사람처럼 하면 안 된다. 송나라의 어떤 사람이 벼가 잘 자라지 않는 것을 안타깝게 여겨 벼 싹을 뽑아 올렸다 그가 지쳐서 정신없이 돌아와서는 집안사람들에게 '오늘 매우 피곤하다. 내가 벼 싹이 자라도록 도와주고 왔다.'라고 하였다. 그 아들이 달려가 보니 벼 싹이 다 말라 있었다. 천하에는 벼 싹이 자라도록 억지로 조장하지 않는 자가 적다. 유익함이 없다 해서 버려 두는 자는 비유하면 김을 매 주지 않는 자이고, 억지로 조장하는 자는 벼 싹을 뽑아 올리는 자이다. 이는 유익함이 없을 뿐만 아니라 도리어 해치는 것이다."

공손추가 물었다.

"다른 사람의 말을 잘 이해한다는 것은 어떤 것입니까?"

맹자가 말하였다.

"한편으로 치우친 말에 대하여 무엇에 가려져서 그런지를 알고, 분수에 넘치는 말에 대하여 무엇에 빠져서 그런지를 알고, 올바르지 못한 말에 대하여 어디서부터 잘못된 것인지를 알고, 핵심을 피하는 말에 대하여 궁색한 논리가 무엇인지를 안다. 이 네 종류의 말은 마음에서 생겨나 필연적으로 정치에 해를 끼치니, 정치에 적용되면 국가 일에 해를 끼친다. 성인이 다시 나와도 반드시 내 말을 인정할 것이다."

공손추가 말하였다.

"재아宰我와 자공子貢은 말을 잘 하였고, 염우冉牛, 민자閔子, 안연顏淵[13]은 덕행에 대해 잘 말하였습니다. 공자께서는 이 둘을 겸했지만 '나는 사명辭命[14]에 능하지 못하다.'라고 하였습니다. 그렇다면 선생님께서는 이미 성인입니다."

맹자가 말하였다.

"아! 이 웬 말인가? 옛적에 자공이 공자께 '선생님께서는 성인입니다.'라고 하자, 공자께서 '성인은 되지 못하였지만 나는 배우기를 싫어하지 않고 가르치기를 게을리하지 않는다.'라고 하였다. 자공이 '배우기를 싫어하지 않음은 지智이고, 가르치기를 게을리하지 않음은 인仁입니다. 지혜롭고 어지시니 선생님께서는 이미 성인입니다.'라고 하였다. 성인은

---

13 재아宰我와 … 안연顏淵 : 다섯 사람 모두 공자의 제자이다.

14 사명辭命 : 사령辭令과 같은 말로, 상호간에 대화하며 응대應對하는 것을 말한다.

공자께서도 자처하지 않았는데, 이 웬 말인가!"

공손추가 말하였다.

"옛적에 제가 들으니 '자하子夏·자유子游·자장子張[15]은 모두 성인의 장점 한 부분씩을 지녔다. 염우·민자·안연은 성인의 대체는 갖추었으나 조금 부족하다.'라고 하였습니다. 감히 여쭙는데, 선생님은 어느 경우에 해당됩니까?"

맹자가 말하였다.

"그 문제는 우선 접어 두자."

공손추가 말하였다.

"백이伯夷와 이윤伊尹[16]은 어떻습니까?"

맹자가 말하였다.

"실행한 도道가 서로 다르다. 섬길 만한 군주가 아니면 섬기지 않고, 부릴 만한 백성이 아니면 부리지 않으며, 세상이 태평하면 나가서 벼슬하고 혼란하면 물러나 은거한 이는 백이였다. 누구를 섬긴들 나의 군주가 아니며, 누구를 부린들

15 자하子夏·자유子游·자장子張 : 모두 공자의 제자이다.

16 백이伯夷와 이윤伊尹 : 백이는 아우 숙제叔齊와 같이 고죽군孤竹君의 두 아들이다. 서로 왕위를 사양하다가 도망을 쳐 은둔했다가 주나라 무왕이 주紂를 정벌하려 하자 말머리를 붙들고 신하로서 군주를 정벌하는 것이 의롭지 못하다는 간언을 하였다. 무왕이 듣지 않자 수양산에 은둔하다가 의리상 주나라 곡식을 먹을 수 없다 하여 굶어죽은 고사가 있다. 이윤은 상商나라 탕왕湯王 때의 재상으로, 『맹자』에 자주 거론되는 인물이다.

내 백성이 아니겠는가 하며 세상이 태평해도 나가서 벼슬하고, 혼란해도 나가서 벼슬한 이는 이윤이었다. 벼슬할 만하면 하고 그만둘 만하면 그만두며, 오래 머무를 만하면 오래 머물고 빨리 떠날 만하면 빨리 떠난 이는 공자이다. 세 분 모두 옛 성인이다. 나는 그리 실행하지는 못하였지만 공자를 배우는 것이 소원이다."

공손추가 말하였다.

"백이와 이윤이 그처럼 공자와 대등합니까?"

맹자가 말하였다.

"아니다. 사람이 생겨난 이래로 공자 같은 분은 없다."

공손추가 말하였다.

"그러면 공통점이 있습니까?"

맹자가 말하였다.

"있다. 사방 100리의 작은 땅을 얻어서 군주 노릇을 하면 모두 제후들의 조회를 받고 천하를 소유할 수 있지만, 한 가지 불의를 행하고 죄 없는 한 사람을 죽이고서 천하를 얻는 일은 모두 하지 않을 것이다. 이것이 공통점이다."

공손추가 말하였다.

"감히 그분들의 다른 점을 여쭙겠습니다."

맹자가 말하였다.

"재아宰我와 자공子貢과 유약有若은 충분히 성인을 알 만한 지혜가 있다. 그들은 설령 지혜가 부족하다 해도 좋아하는 사람에게 아첨하는 데는 이르지 않을 것이다. 재아는 '내가 선생님을 살펴보니 요순보다 훨씬 훌륭하다.'라고 하였다. 자공은 '그 나라의 예를 보면 그 나라의 정치 수준을 알 수 있고, 그 나라에서 연주하는 음악을 들으면 덕으로 교화하는 그 나라 군주의 수준을 알 수 있다. 100년의 세대가 지나 100년 뒤의 왕들을 평가해 보아도 이 기준을 벗어날 수가 없다. 인류가 생겨난 이래로 선생님 같은 분은 없었다.'라고 하였다. 유약은 '어찌 사람만 그렇겠는가? 짐승 중에 기린, 새 중에 봉황, 언덕 중에 태산, 웅덩이 중에 바다 등은 같은 종류에서 특출난 것이다. 일반인 중에 성인도 마찬가지이다. 같은 종류 중에서 빼어나고, 무리 중에서 높이 솟아, 인류가 생겨난 이래로 공자보다 더 훌륭한 분은 없었다.'라고 하였다."

公孫丑問曰: "夫子加齊之卿相, 得行道焉, 雖由此霸王, 不異矣. 如此, 則動心否乎?"

孟子曰: "否. 我四十不動心."

曰: "若是, 則夫子過孟賁遠矣."

曰: "是不難. 告子先我不動心."

曰: "不動心, 有道乎?"

曰: "有. 北宮黝之養勇也, 不膚撓, 不目逃. 思以一毫挫於人, 若撻之於市朝. 不受於褐寬博, 亦不受於萬乘之君. 視刺萬乘之君, 若刺褐夫. 無嚴諸侯, 惡聲至, 必反之.

孟施舍之所養勇也, 曰:'視不勝, 猶勝也. 量敵而後進, 慮勝而後會, 是畏三軍者也. 舍豈能爲必勝哉? 能無懼而已矣.'孟施舍似曾子, 北宮黝似子夏. 夫二子之勇, 未知其孰賢, 然而孟施舍守約也.

昔者曾子謂子襄曰:'子好勇乎? 吾嘗聞大勇於夫子矣, 自反而不縮, 雖褐寬博, 吾不惴焉. 自反而縮, 雖千萬人, 吾往矣.'孟施舍之守氣, 又不如曾子之守約也."

曰:"敢問, 夫子之不動心, 與告子之不動心, 可得聞與?"

"告子曰:'不得於言, 勿求於心; 不得於心, 勿求於氣.'不得於心, 勿求於氣, 可; 不得於言, 勿求於心, 不可. 夫志, 氣之帥也; 氣, 體之充也. 夫志至焉, 氣次焉. 故曰:'持其志, 無暴其氣.'"

"旣曰:'志至焉, 氣次焉.'又曰:'持其志, 無暴其氣者.'何也?"

曰:"志壹則動氣, 氣壹則動志也. 今夫蹶者趨者, 是氣也, 而反動其心."

"敢問, 夫子惡(오)乎長?"

曰:"我知言, 我善養吾浩然之氣."

"敢問, 何謂浩然之氣.?"

曰:"難言也. 其爲氣也, 至大至剛, 以直養而無害, 則塞于天地之間. 其爲氣也, 配義與道, 無是, 餒也. 是集義所生者, 非義襲而取之也. 行有不慊於心, 則餒矣. 我故曰, 告子未嘗知義, 以其外之也.

必有事焉, 而勿正, 心勿忘, 勿助長也. 無若宋人然. 宋人有閔其苗之不長, 而揠之者. 芒芒然歸, 謂其人曰: '今日病矣. 予助苗長矣.' 其子趨而往視之, 苗則槁矣. 天下之不助苗長者, 寡矣. 以爲無益而舍之者, 不耘苗者也; 助之長者, 揠苗者也. 非徒無益, 而又害之."

"何謂知言?"

曰: "詖辭知其所蔽, 淫辭知其所陷, 邪辭知其所離, 遁辭知其所窮. 生於其心, 害於其政; 發於其政, 害於其事. 聖人復起, 必從吾言矣."

"宰我·子貢善爲說辭, 冉牛·閔子·顏淵善言德行. 孔子兼之, 曰'我於辭命, 則不能也,' 然則夫子旣聖矣乎."

曰: "惡(오)! 是何言也? 昔者, 子貢問於孔子曰: '夫子聖矣乎.' 孔子曰: '聖則吾不能, 我學不厭, 而教不倦也.' 子貢曰: '學不厭, 智也; 教不倦, 仁也. 仁且智, 夫子旣聖矣.' 夫聖, 孔子不居, 是何言也?"

"昔者, 竊聞之, 子夏·子游·子張皆有聖人之一體. 冉牛·閔子·顏淵則具體而微. 敢問所安."

曰: "姑舍是."

曰: "伯夷·伊尹何如?"

曰: "不同道. 非其君不事, 非其民不使; 治則進, 亂則退, 伯夷也. 何事非君, 何使非民; 治亦進, 亂亦進, 伊尹也. 可以

仕則仕, 可以止則止; 可以久則久, 可以速則速, 孔子也. 皆
古聖人也. 吾未能有行焉, 乃所願, 則學孔子也."

"伯夷·伊尹於孔子, 若是班乎?"

曰: "否. 自有生民以來, 未有孔子也."

曰: "然則有同與?"

曰: "有. 得百里之地而君之, 皆能以朝諸侯有天下; 行一不
義, 殺一不辜, 而得天下, 皆不爲也. 是則同."

曰: "敢問其所以異."

曰: "宰我·子貢·有若, 智足以知聖人. 汚不至阿其所好. 宰
我曰: '以予觀於夫子, 賢於堯·舜遠矣.' 子貢曰: '見其禮而
知其政, 聞其樂而知其德. 由百世之後, 等百世之王, 莫之
能違也. 自生民以來, 未有夫子也.' 有若曰: '豈惟民哉? 麒
麟之於走獸, 鳳凰之於飛鳥, 泰山之於丘垤, 河海之於行潦,
類也. 聖人之於民, 亦類也. 出於其類, 拔乎其萃, 自生民以
來, 未有盛於孔子也.'"

3

맹자가 말하였다.

"힘으로 제압하면서 인仁의 명분을 내세우는 자는 패覇이
니, 패자覇者는 반드시 큰 나라를 소유하여야 한다. 덕을 지니

고 어진 정치를 행하는 자는 왕王이니, 왕자王者는 꼭 큰 나라가 있어야 하는 것은 아니다. 탕왕은 70리 영토를 가지고 시작하였고, 문왕은 100리의 영토를 가지고 시작하였다. 힘으로 남을 복종시키는 자에게는 진심으로 복종하는 것이 아니라 힘이 부족해서이다. 덕으로 남을 복종시키는 자에게는 속마음으로 기뻐하여 진실로 복종하는 것이니, 마치 70인의 제자가 공자에게 진심으로 복종한 것과 같다. 『시경』「대아大雅 문왕유성文王有聲」에 '서쪽에서 동쪽에서 남쪽에서 북쪽에서 복종하지 않는 이가 없다.'라고 하였는데, 이를 말한 것이다."

孟子曰: "以力假仁者霸, 霸必有大國. 以德行仁者王, 王不待大. 湯以七十里, 文王以百里. 以力服人者, 非心服也, 力不贍也. 以德服人者, 中心悅而誠服也, 如七十子之服孔子也. 詩云: '自西自東, 自南自北, 無思不服.' 此之謂也."

4

맹자가 말하였다.

"어진 정치를 행하면 영화롭고, 어진 정치를 하지 못하면 굴욕을 당하는 법이다. 그런데 지금 굴욕을 싫어하면서도 어질지 못한 짓을 하는 것은, 마치 젖는 것을 싫어하면서도 낮은 곳에 있는 것과 같다. 굴욕을 싫어한다면 덕을 소중하게 여기고 선비를 존중하는 것보다 더 좋은 방도가 없다. 현자가 지위에 있고 재능 있는 자가 직책을 맡아 국가가 안정되면, 바로 그때를 이용하여 나라의 정령政令과 형법刑法을 잘 밝혀야 한다. 그러면 비록 이웃 강대국이라도 반드시 그 나라를 두려워할 것이다. 『시경』「빈풍豳風 치효鴟鴞」에 '하늘이 비를 내리기 전에 뽕나무 뿌리 가져다가 꽁꽁 집단속을 한다면 이제 아래 있는 사람들이 누군들 감히 날 업신여기랴?'[17] 하였는데, 공자께서 '이 시를 지은 이는 도를 안다. 국가를 잘 다스린다면 누가 감히 업신여기겠는가?'라고 하였다.

그런데 지금은 국가가 안정되면 바로 그때를 이용하여 즐기고 태만하며 오만한 짓을 하니, 이는 스스로 화를 부르는 짓이다. 화와 복은 모두 자기 자신이 부르는 것이다. 『시경』「대아大雅 문왕文王」에 '길이 천명天命에 맞게 함이 스스로 복을 구함이니라.' 하였다. 『서경』「태갑太甲」에 '하늘이 내리는 재앙은 그래도 피할 수 있지만, 스스로 지은 재앙은 살 길이 없다.'라고 하였으니, 이를 두고 한 말이다."

孟子曰: "仁則榮, 不仁則辱. 今惡(오)辱而居不仁, 是猶惡

---

17 하늘이 … 업신여기랴 : 나무 위에 집 짓고 사는 새가 하는 말로 비유한 것이다.

濕而居下也. 如惡之, 莫如貴德而尊士. 賢者在位, 能者在
職, 國家閒暇, 及是時, 明其政刑. 雖大國, 必畏之矣. 詩云:
'迨天之未陰雨, 徹彼桑土(두), 綢繆牖戶, 今此下民, 或敢侮
予?' 孔子曰: '爲此詩者, 其知道乎. 能治其國家, 誰敢侮之?'
今國家閒暇, 及是時, 般樂怠敖, 是自求禍也. 禍福無不自
己求之者. 詩云: '永言配命, 自求多福.' 太甲曰: '天作孽, 猶
可違, 自作孽, 不可活.' 此之謂也."

5

맹자가 말하였다.

"현자를 존중하고 능력 있는 자를 등용하여 뛰어난 인재들
이 관직에 있으면 천하의 선비들이 모두 기뻐하여 그 나라 조
정에서 벼슬하기를 원할 것이다. 시장에서 자릿세만 받고 세
금은 징수하지 않으며, 법대로 처리하기만 하고 자릿세를 받
지 않으면 천하의 상인들이 모두 기뻐하여 그 나라 시장에 상
품을 보관하고 장사하려 할 것이다. 국경의 관문關門에서 감
시하기만 하고 세금을 징수하지 않으면 천하의 여행자들이
모두 기뻐하여 그 나라에 여행하기를 원할 것이다. 농사짓는
자들에게 협력하여 공전公田[18]을 경작하게만 하고 별도의 세
금을 징수하지 않으면 천하의 농부들이 모두 기뻐하여 그 나

라 들판에서 농사짓기를 원할 것이다. 주거지塵 세금 외에 추가로 부과하는 부역세금夫布과 마을에 추가로 내는 세금里布[19]을 없애면 천하의 백성들이 모두 기뻐하여 그 나라의 백성 되기를 원할 것이다.

진실로 이 다섯 가지를 잘 시행하면 이웃 나라 백성들이 그를 부모처럼 우러러볼 것이다. 자식들을 거느리고 그 부모들을 공격하는 것은 인류가 생겨난 이래로 성공한 적이 없었다. 이렇게 되면 천하에는 대적할 자가 없을 것이다. 천하에 대적할 자가 없으면 하늘이 내린 통치자天吏이니, 이러고서 왕 노릇 하지 못한 사람은 없었다."

孟子曰: "尊賢使能, 俊傑在位, 則天下之士皆悅, 而願立於其朝矣. 市廛而不征, 法而不廛, 則天下之商皆悅, 而願藏於其市矣. 關譏而不征, 則天下之旅皆悅, 而願出於其路矣.

---

18 공전公田 : 공전은 사전私田의 상대 개념으로 국가 소유의 토지를 말한다. 「등문공滕文公」 정전법井田法 설명에 자세히 나온다.

19 부역세금夫布과…세금里布 : 『주례周禮』에 "집터 가에 뽕나무나 삼을 심지 않은 자는 벌금으로 한 마을에서 내는 만큼의 '베布'를 부과하였는데 이를 '이포里布'라 하고, 직업 없이 노는 백성에게는 벌금으로 장정한 사람이 내는 세금 외에 노동력 동원의 세금을 더 부과하였는데 이를 '부포夫布'라고 한다."라고 하였다. 전국시대戰國時代에는 저자나 주택지에 사는 백성들이 자릿세를 내고 있는데 또 이 '부포'와 '이포'의 세금을 내게 하였으므로 이를 지적한 것이다.

耕者助而不稅, 則天下之農皆悅, 而願耕於其野矣. 廛無夫
里之布, 則天下之民皆悅, 而願爲之氓矣.

信能行此五者, 則隣國之民, 仰之若父母矣. 率其子弟, 攻
其父母, 自生民以來, 未有能濟者也. 如此, 則無敵於天下.
無敵於天下者, 天吏也, 然而不王者, 未之有也."

6

맹자가 말하였다.

"사람은 모두 사람을 차마 해치지 못하는 어진 마음仁心을
가시고 있다. 선왕은 사람을 차마 해치지 못하는 마음을 가지
고 사람을 차마 해치지 못하는 어진 정치仁政를 시행하였다.
사람을 차마 해치지 못하는 마음으로 사람을 차마 해치지 못
하는 정사를 행한다면, 천하를 다스리는 것은 손바닥 위에 놓
고 움직이듯이 쉬운 것이다.

사람은 모두 사람을 차마 해치지 못하는 마음을 가지고 있
다고 말하는 이유는, 어린아이가 우물로 들어가려는 것을 보
는 순간 사람들은 모두 깜짝 놀라고 불쌍해하는 마음을 갖기
때문이다. 이는 어린아이의 부모와 교분을 맺으려 해서도 아
니고, 마을 친구들에게 명예를 바라서도 아니고, 나쁜 사람이
라는 소리를 들을까 봐 꺼려서 그런 것도 아니다. 이를 통해

살펴본다면, 불쌍하게 여기는 마음, 즉 측은지심惻隱之心이 없다면 사람이 아니고, 자신의 잘못을 부끄러워하고 남의 나쁜 점을 미워하는 마음, 즉 수오지심羞惡之心이 없으면 사람이 아니고, 나보다 남을 배려하는 마음, 즉 사양지심辭讓之心이 없으면 사람이 아니고, 옳고 그름을 판단하는 마음, 즉 시비지심是非之心이 없으면 사람이 아니다. 측은지심은 인仁의 단서端緒[20]이고, 수오지심은 의義의 단서이고, 사양지심은 예禮의 단서이고, 시비지심은 지智의 단서이다.

사람이 이 네 가지 단서四端를 지니고 있는 것은 몸에 사지四肢가 있는 것과 같다. 이 사단을 지니고 있으면서도 스스로 이를 실행할 수 없다고 하는 자는 자신을 해치는 자이고, 자기 군주가 이를 실행할 수 없다고 하는 자는 군주를 해치는 자이다. 나에게 있는 사단을 모두 확장하여 채울 줄 안다면, 불이 처음 타오르고 샘물이 처음 솟아오르는 것과 같을 것[21]

---

20 인仁의 단서端緒 : '단서'는 '실마리'라는 의미이다. 인간의 내면에는 누구나 타고난 '어진 품성仁性'이 있는데 그것을 알 수 있는 실마리로, 불쌍하고 위험한 상황을 만나면 따지고 계산할 겨를 없이 '측은한 마음'에 따라 행동하게 되는 것을 제시하고 있다. 이 논리로 사람의 타고난 품성에 인의예지仁義禮智가 내재하고 그것을 알 수 있는 실마리를 각각 제시하고 있는데 이를 '사단四端'이라 한다. 이 부분이 맹자가 주창한 '성선설性善說'의 핵심이다.

21 불이 … 것 : 불은 처음에 작게 시작하지만 결국은 활활 타올라 끌 수 없게 될 것이고, 샘은 처음에 작게 솟아 흐르지만 마침내 큰 바다에 이르

이다. 만일 이것을 잘 채운다면 충분히 사해四海를 보호할 수 있지만, 채우지 못하면 자신의 부모마저도 섬길 수 없다."

孟子曰: "人皆有不忍人之心. 先王有不忍人之心, 斯有不忍人之政矣. 以不忍人之心, 行不忍人之政, 治天下可運之掌上.

所以謂人皆有不忍人之心者, 今人乍見孺子將入於井, 皆有怵惕惻隱之心. 非所以內(납)交於孺子之父母也, 非所以要譽於鄕黨朋友也, 非惡其聲而然也. 由是觀之, 無惻隱之心, 非人也; 無羞惡之心, 非人也; 無辭讓之心, 非人也; 無是非之心, 非人也. 惻隱之心, 仁之端也; 羞惡之心, 義之端也; 辭讓之心, 禮之端也; 是非之心, 知之端也.

人之有是四端也, 猶其有四體也. 有是四端, 而自謂不能者, 自賊者也, 謂其君不能者, 賊其君者也. 凡有四端於我者, 知皆擴而充之矣, 若火之始然, 泉之始達. 苟能充之, 足以保四海, 苟不充之, 不足以事父母."

고 말 것이라는 의미로, 천하를 통일하는 결과를 얻게 될 것이라는 비유이다.

7

맹자가 말하였다.

"화살 만드는 사람이 어찌 갑옷 만드는 사람보다 어질지
못하겠는가마는, 화살 만드는 사람은 행여 사람을 다치게 하
지 못할까 걱정하고, 갑옷 만드는 사람은 행여 사람이 다칠까
를 걱정한다. 무당과 관 만드는 목수의 경우도 그러하다. 그
러기에 직업 선택을 신중하게 하지 않으면 안 된다.

공자께서 '어진 이가 사는 마을에 같이 사는 것이 좋다. 자
신이 선택하면서 어진 이와 함께하지 않는다면 어찌 슬기롭
다 하겠는가?'라고 했다. 인仁은 하늘의 가장 존귀한 관작官爵
이며, 사람의 가장 편안한 집[22]이다. 이것을 막는 이가 없는데
도 어질지 못하면 슬기롭지 못한 것이다.

어질지 못하고 지혜롭지 못하여 예가 없고 의가 없으면 남
에게 부림을 당한다. 남에게 부림을 당하면서 부림당하는 것
을 수치스럽게 여기는 것은, 활 만드는 사람이 활 만드는 것

---

22 인仁은 … 집 : 주자朱子는 주석에서, 인仁·의義·예禮·지智는 모두
하늘이 인간에게 준 진실로 소중한 것인데, 그중에서 인은 천지가 만물을
살리는 마음으로 가장 먼저 얻는 것이고, 나머지 의·예·지를 겸하여 통솔
하므로 가장 존귀한 존작尊爵이라고 해석하였다. 이 인仁이 사람에 있어
서는 본심本心의 전체 덕德이 되어서, 천리자연天理自然의 편안함이 있
고 인욕人慾에 빠지는 위태로움이 없으니 안택安宅이라 한 것이라고 설
명하였다.

을 수치스러워하고, 화살 만드는 사람이 화살 만드는 것을 수치스러워하는 것과 같다. 수치스럽게 여길 바엔 차라리 인仁을 행하는 것이 낫다. 인을 행하는 것은 활쏘기 하는 것과 같아서 활을 쏠 때는 자신의 자세를 바르게 한 뒤에 발사한다. 화살이 명중하지 않더라도 자신을 이긴 자를 원망하지 않고, 돌이켜서 자신의 자세에서 잘못을 찾는다."

孟子曰: "矢人豈不仁於函人哉, 矢人惟恐不傷人, 函人惟恐傷人. 巫匠亦然. 故術不可不愼也.
孔子曰: '里仁爲美. 擇不處仁, 焉得智?' 夫仁, 天之尊爵也, 人之安宅也. 莫之禦而不仁, 是不智也.
不仁不智, 無禮無義, 人役也. 人役而恥爲役, 由弓人而恥爲弓, 矢人而恥爲矢也. 如恥之, 莫如爲仁. 仁者如射, 射者正己而後發. 發而不中, 不怨勝己者, 反求諸己而已矣."

8

맹자가 말하였다.

"자로子路는 자신의 잘못을 지적해 주면 기뻐하였다. 우왕禹王[23]은 좋은 말을 해 주면 그 사람에게 절을 하였다. 대순大舜[24]은 이보다 더 위대하니, 남의 선행도 자신의 선행처럼 좋아하여, 자신의 잘못을 버리고 남의 선행을 따라 남의 선한 행동을 받아들여 행하는 것을 좋아하였다. 농사짓고 질그릇 굽고 고기 잡을 때부터 황제가 되기에 이르기까지 남의 좋은 점에서 얻지 않은 것이 없었다. 남의 좋은 점을 본받아 선을 행하는 것이야말로 남이 선을 행하도록 돕는 것이다. 그러므로 군자에게 남이 선을 하도록 돕는 것보다 더 훌륭한 일은 없다."

孟子曰: "子路, 人告之以有過, 則喜. 禹聞善言, 則拜. 大舜有大焉, 善與人同, 舍己從人, 樂取於人以爲善. 自耕稼陶漁以至爲帝, 無非取於人者. 取諸人以爲善, 是與人爲善者也. 故君子莫大乎與人爲善."

9

맹자가 말하였다.

"백이伯夷는 섬길 만한 군주가 아니면 섬기지 않았고, 벗할

23　우왕禹王: 하夏나라를 세운 왕으로, 홍수를 잘 다스려서 인민의 생활을 안정시킨 공로가 있다. 『상서尙書』「고요모皐陶謨」에 "우는 훌륭한 말에 절하였다.禹拜昌言"라는 구절이 있다.

24　대순大舜: 순제舜帝를 '위대한 순제'라는 의미로 사용하는 명칭이다.

만한 사람이 아니면 벗하지 않았다. 악한 사람의 조정에서 벼슬하지 않았으며, 악한 사람과 말하지 않았다. 악한 사람의 조정에서 벼슬하며 악한 사람과 말하는 것을 마치 조의朝衣와 조관朝冠[25]을 갖추고 진흙이나 숯 구덩이에 앉은 듯이 여겼다. 악을 미워하는 마음을 미루어서 생각하기를, 마을 사람과 같이 서 있을 때 그의 관冠이 바르지 못하면 깜짝 놀라 뒤도 돌아보지 않고 도망쳐서 마치 그가 자신을 더럽힐 듯이 여겼다. 이 때문에 당시의 군주들이 예를 잘 갖추어 초청하여도 받아들이지 않았다. 받아들이지 않은 것은 역시 벼슬에 나아가는 것을 좋게 여기지 않은 것이다.

유하혜柳下惠[26]는 올바르지 못한 군주 섬기는 것을 수치스럽게 여기지 않았으며, 하급 관직을 하찮게 여기지 않았다. 관직을 맡으면 자신의 능력을 숨기지 않고 반드시 그 도리를 다하였다. 관직에서 쫓겨나도 원망하지 않고 곤궁하여도 근심하지 않았다. 그는 '너는 너이고 나는 나이다. 네가 비록 내 곁에서 옷을 걷고 알몸을 드러낸들 어찌 나를 더럽힐 수 있겠는가?'라고 하며 아무렇지도 않게 그와 함께 있으면서 자신의 올바른 태도를 잃지 않았다. 떠나려고 하다가도 붙들면 멈

---

25 조의朝衣와 조관朝冠 : 군주의 조정에서 입는 예복과 예모禮帽이다.

26 유하혜柳下惠 : 노나라 대부 전금展禽이다. '유하柳下'를 채읍采邑으로 받았으며 '혜惠'는 시호이다.

추었으니, 붙들면 멈춘 것은 역시 떠나는 것을 좋지 않게 여겼기 때문이다."

맹자가 말하였다.

"백이는 도량이 좁고, 유하혜는 엄정하지 못하다. 군자는 좁은 것과 엄정하지 못함을 행하지 않는다."

孟子曰: "伯夷, 非其君不事, 非其友不友. 不立於惡人之朝, 不與惡人言. 立於惡人之朝, 與惡人言, 如以朝衣朝冠, 坐於塗炭. 推惡(오)惡之心, 思與鄉人立, 其冠不正, 望望然去之, 若將浼焉. 是故諸侯, 雖有善其辭命而至者, 不受也. 不受也者, 是亦不屑就已.

柳下惠不羞汚君, 不卑小官. 進不隱賢, 必以其道. 遺佚而不怨, 阨窮而不憫. 故曰: '爾爲爾, 我爲我. 雖袒裼裸裎於我側, 爾焉能浼我哉?' 故由由然與之偕, 而不自失焉. 援而止之而止, 援而止之而止者, 是亦不屑去已."

孟子曰: "伯夷隘, 柳下惠不恭. 隘與不恭, 君子不由也."

공손추 하

公孫丑 下

모두 14장이다. 이 편은 맹자가 가장 심혈을 기울여 왕도정치로 설득했던 제나라 군주가 더 이상 어진 이를 등용하여 인정을 실현할 의지가 없음을 확인하고 떠나는 장면을 기록한 내용이다. "하늘이 주는 시기는 지형의 이점만 못하고, 지형의 이점은 사람들의 화목만 못하다."는 유명한 말을 남기며 인화人和의 기초는 바로 '어진 정치'임을 강조한다. 제나라를 떠나면서 섭섭해하는 표정을 놓치지 않고 질문하는 제자에게 "500년이면 반드시 왕자王者가 나오는데, 그 사이에 반드시 왕을 보좌할 현자가 나온다. 지금 주周나라 이래로 700여 년이 되었으니 햇수로 따지면 500년이 지났고, 시대 상황으로 살펴보면 지금이 적기이다. 하늘이 천하를 태평하게 하고자 하지 않으면 모르지만 만일 천하를 태평하게 하고자 한다면, 지금 세상에 나를 놔두고 누구와 하겠는가?"라고 하며 자부심과 함께 자위하는 장면에서 맹자의 역사 인식과 소명의식을 엿볼 수 있다.

1

맹자가 말하였다.

"하늘이 주는 시기는 지형의 이점만 못하고, 지형의 이점은 사람들의 화목만 못하다.[1] 3리 되는 성城과 7리 되는 곽郭[2]을 포위해 공격해서 이기지 못하는 경우가 있다. 포위하여 공격하다 보면 필시 하늘이 주는 좋은 때를 만나기도 한다. 그런데도 승리하지 못하는 경우가 있으니, 하늘이 주는 시기가 지형의 이점만 못하기 때문이다. 성벽이 높고 성 아래 못도 깊으며, 군사들의 무기는 예리하고 갑옷은 견고하며 군량도 넉넉한데 모두 버리고 도망을 가기도 하니, 이는 지형의 이점이 사람들의 화목만 못하기 때문이다.

그러기에 '백성 구분을 국경의 경계로 하지 않고, 국가를 견고하게 하는 것을 험준한 산과 강으로 하지 않고, 천하에 위엄을 보이는 것을 예리한 병기로 하지 않는다.'[3]라고 한 것이다. 올바른 정치를 하는 자는 돕는 자가 많고, 올바른 정치

---

1   하늘이 … 못하다 : 하늘이 주는 시기는 전투하기에 알맞은 때를 말하고, 지형의 이점은 전투하기에 유리한 지물지형地物地形을 말하고, 사람들의 화목은 전투하는 병력의 단결력과 충성심을 말한다.

2   성城과 … 곽郭 : 성은 안쪽에 쌓은 내성內城이고, 곽은 내성을 에워싸는 외성外城이다. 3리의 내성과 7리의 외곽성은 규모가 작은 성곽을 지칭한 것이다.

를 못 하는 자는 돕는 자가 적다. 돕는 자가 극도로 적은 경우는 친척까지도 배반하고, 돕는 자가 극도로 많은 경우는 천하가 순종하게 된다. 천하가 순종하는 나라를 가지고 친척도 배반하는 나라를 공격하기에 군자는 잘 싸우지 않지만 싸우면 반드시 승리하는 것이다."

孟子曰: "天時不如地利, 地利不如人和. 三里之城, 七里之郭, 環而攻之而不勝. 夫環而攻之, 必有得天時者矣. 然而不勝者, 是天時不如地利也. 城非不高也, 池非不深也, 兵革非不堅利也, 米粟非不多也, 委而去之, 是地利不如人和也.

故曰: '域民不以封疆之界, 固國不以山谿之險, 威天下不以兵革之利.' 得道者多助, 失道者寡助. 寡助之至, 親戚畔之; 多助之至, 天下順之. 以天下之所順, 攻親戚之所畔, 故君子有不戰, 戰必勝矣."

3 백성 … 않는다 : 백성 구분에 국경이 의미가 없고, 국가를 견고히 하는 데 험준한 산과 강이 의미가 없고, 천하에 위엄을 보이는 데 예리한 병기가 의미가 없다. 충성심으로 뭉친 백성이 제일 중요하니, 어진 정치를 해서 돕는 백성이 많은 것이 가장 중요하다는 뜻이다.

2

맹자가 왕에게 조회하려던 참이었는데, 마침 왕이 사람을 보내 전하였다.

"과인이 찾아가 뵈려고 하였는데, 감기에 걸려서 바람을 쐴 수 없습니다. 아침에 조회하려는데 과인이 뵐 수 있겠습니까?"

맹자가 답하였다.

"저도 불행히 병이 있어서 조회에 나갈 수가 없습니다."

다음날 제나라 대부 동곽씨東郭氏 집에 조문하려고 외출 준비를 하였다. 공손추가 말하였다.

"어제 병이 있다 하여 조회 가는 것을 사양하고 오늘 조문을 가는 것은 옳지 못한 것이 아닌지요?"

맹자가 말하였다.

"어제의 병이 오늘 나았는데, 조문하는 것이 무슨 문제이겠는가?"

왕이 사람을 보내 문병하고 의원을 같이 보내왔다. 맹중자孟仲子[4]가 대답하였다.

"어제 왕명이 있었으나 병환이 있어 조회에 나가지 못하셨

4 맹중자孟仲子 : 조기趙岐의 주석에 의하면 맹자의 종곤제從昆弟로, 맹자에게 배웠다.

습니다. 오늘 병이 조금 나아 조정에 가셨는데 도착하셨는지 모르겠습니다."

이렇게 변명하고는 몇 사람을 시켜 길목에서 기다리게 하여 맹자를 만나 '집으로 돌아오지 말고 꼭 조정으로 가라.'고 하였다.

맹자는 부득이 제나라 대부 경추씨景丑氏의 집으로 가서 유숙하였다. 경추씨가 말하였다.

"집안에서는 아버지와 자식, 밖에서는 군주와 신하의 관계가 인간과 인간 사이의 가장 중요한 관계입니다. 아버지와 자식 사이는 자애로움을 위주로 하고, 군주와 신하 사이는 공경을 위주로 합니다. 나는 왕이 선생을 공경하는 모습은 보았는데, 선생이 왕을 공경하는 모습은 보지 못하였습니다."

맹자가 말하였다.

"아! 이 무슨 말인가? 제나라 사람 중에 인의仁義를 가지고 왕에게 말하는 이가 없는 것이 어찌 인의가 옳지 않다고 여겨서이겠는가? 그들 마음에 '이 군주하고 어떻게 인의를 말할 수 있겠는가?'라고 여겨서일 것이다. 그렇다면 이보다 더 큰 불경不敬은 없다. 나는 요순의 도가 아니면 감히 왕에게 말하지 않았으니, 그러기에 제나라 사람 중에 나보다 왕을 공경하는 이가 없다는 것이다."

경추씨가 말하였다.

"아닙니다. 그것을 말한 것이 아닙니다. 『예기』에 '아버지

가 부르면 느리게 대답하지 않으며, 군주가 명으로 부르면 수
레를 기다리지 않고 나선다.'라고 하였습니다. 선생께서 본디
조회에 참석하려다가 왕명을 듣고는 마침내 그만두었으니,
말씀하신 예와는 다른 듯합니다."

맹자가 말하였다.

"어찌 그것을 말한 것이겠는가? 증자께서 말씀하시기를
'진晉나라나 초楚나라의 부강함은 내가 미칠 수 없지만, 저들
이 그 부강함을 가지고 나를 대하면 나에게는 인仁이 있다.
저들이 벼슬을 가지고 대하면 나에게는 의義가 있다. 내 어찌
저들보다 못하겠는가?' 하였다. 어찌 증자가 의롭지 못한 말
씀을 하셨겠는가? 이것도 어쩌면 한 가지 도리일 것이다.

천하에 공통적으로 존귀하게 여기는 것이 세 가지가 있는
데, 벼슬이 그 하나이고, 나이가 그 하나이고, 덕德이 그 하나
이다. 조정에서는 벼슬만 한 것이 없고, 고을에서는 나이만
한 것이 없고, 세상을 돕고 백성을 다스리는 데는 덕만 한 것
이 없다. 어찌 그중에 벼슬 한 가지를 지니고 나이와 덕 두 가
지를 가진 사람을 소홀하게 대할 수 있단 말인가?

장차 큰 정치를 할 군주에게는 반드시 함부로 부르지 못하
는 신하가 있으니, 의논하고 싶은 일이 있으면 직접 찾아간
다. 덕을 존중하고 도를 좋아함이 이 정도가 아니면 함께 큰
일을 할 수가 없다. 탕왕湯王은 이윤伊尹에게 배운 뒤 그를 신
하로 삼았기 때문에 힘들이지 않고 왕 노릇 하였다. 환공桓公

은 관중管仲에게 배운 뒤 그를 신하로 삼았기 때문에 힘들이지 않고 패자霸者가 되었다.

지금 천하는 국토의 크기가 비슷하고 군주의 덕도 비슷해서 더 나은 이가 없는데, 이는 다른 이유가 아니다. 자기가 가르칠 수 있는 신하를 좋아하고 자기가 가르침을 받을 수 있는 신하를 좋아하지 않기 때문이다. 탕왕은 이윤을, 환공은 관중을 감히 부르지 못하였다. 관중도 오히려 부를 수 없었는데, 더구나 관중을 바라지 않는 나이겠는가?"

孟子將朝王, 王使人來曰: "寡人如就見者也, 有寒疾, 不可以風. 朝將視朝, 不識可使寡人得見乎?" 對曰: "不幸而有疾, 不能造朝."

明日, 出弔於東郭氏. 公孫丑曰: "昔者辭以病, 今日弔, 或者不可乎?" 曰: "昔者疾, 今日愈, 如之何不弔?"

王使人問疾, 醫來. 孟仲子對曰: "昔者有王命, 有采薪之憂, 不能造朝. 今病小愈, 趨造於朝, 我不識能至否乎." 使數人要於路, 曰: '請必無歸, 而造於朝.'

不得已而之景丑氏宿焉. 景子曰: "內則父子, 外則君臣, 人之大倫也. 父子主恩, 君臣主敬. 丑見王之敬子也, 未見所以敬王也."

曰: "惡(오)! 是何言也? 齊人無以仁義與王言者, 豈以仁義爲不美也? 其心曰: '是何足與言仁義也'云爾. 則不敬莫大

乎是. 我非堯舜之道, 不敢以陳於王前, 故齊人莫如我敬王也."

景子曰: "否. 非此之謂也. 禮曰: '父召, 無諾; 君命召, 不俟駕.' 固將朝也, 聞王命而遂不果, 宜與夫禮, 若不相似然."

曰: "豈謂是與? 曾子曰: '晉楚之富, 不可及也, 彼以其富, 我以吾仁. 彼以其爵, 我以吾義. 吾何慊乎哉?' 夫豈不義, 而曾子言之? 是或一道也.

天下有達尊三; 爵一, 齒一, 德一. 朝廷莫如爵, 鄕黨莫如齒, 輔世長民莫如德. 惡(오)得有其一以慢其二哉?

故將大有爲之君, 必有所不召之臣, 欲有謀焉, 則就之. 其尊德樂道, 不如是, 不足與有爲也. 故湯之於伊尹, 學焉而後臣之, 故不勞而王. 桓公之於管仲, 學焉而後臣之, 故不勞而霸.

今天下, 地醜德齊, 莫能相尙, 無他. 好臣其所敎, 而不好臣其所受敎. 湯之於伊伊, 桓公之於管仲, 則不敢召. 管仲且猶不可召, 而況不爲管仲者乎?"

3

진진陳臻[5]이 물었다.

"지난날 제나라에서 왕이 겸금兼金[6] 100일鎰[7]을 주자 받지 않았고, 송宋나라에서는 70일鎰을 주자 받았고, 설薛나라에서는 50일鎰을 주자 받았습니다. 지난날 받지 않은 것이 옳다면 오늘날 받은 것은 잘못일 테고, 오늘날 받은 것이 옳다면 지난날 받지 않은 것이 잘못일 것입니다. 선생님은 반드시 이 중 하나에 해당됩니다."

맹자가 말하였다.

"다 옳다. 송나라에서는 내가 먼 길을 떠나려 하였다. 먼 길을 떠나는 이에게는 반드시 노자를 주는데, '노자를 준다.'고 하니, 내 어찌 받지 않을 수 있었겠는가? 설나라에서는 내가 위험을 경계하는 마음이 있었다. '경계가 필요하다는 말을 들었기 때문에 무기 구입 경비를 드린다.' 하니, 내 어찌 받지 않을 수 있었겠는가? 제나라에서는 아무런 이유가 없었다. 아무런 이유 없이 준다면 이는 재물로 매수하는 것이다. 어찌 군자로서 재물에 매수되겠는가?"

陳臻問曰: "前日於齊, 王餽兼金一百, 而不受; 於宋, 餽七十鎰而受; 於薛, 餽五十鎰而受. 前日之不受是, 則今日之受

---

5 진진陳臻 : 조기의 주석에 따르면 맹자의 제자이다.

6 겸금兼金 : 상등품의 금이다. 보통 금보다 갑절이나 비싼 금이라는 의미로 사용한 것이다.

7 일鎰 : 1일鎰은 20냥兩에 해당하는 것으로, 금의 무게를 헤아리는 단위이다.

非也; 今日之受是, 則前日之不受非也. 夫子必居一於此矣."

孟子曰: "皆是也. 當在宋也, 予將有遠行. 行者必以贐, 辭曰: '餽贐.' 予何爲不受? 當在薛也, 予有戒心. 辭曰: '聞戒, 故爲兵餽之.' 予何爲不受? 若於齊, 則未有處也. 無處而餽之, 是貨之也. 焉有君子而可以貨取乎?"

4

맹자가 평륙平陸[8]에 가서 그곳의 대부大夫, 읍장에게 물었다.

"그대의 전사戰士가 하루에 세 번 대오를 이탈한다면 죽이겠는가? 그대로 두겠는가?"

대부 공거심孔距心이 대답하였다.

"세 번까지 기다리지 않겠습니다."

맹자가 말하였다.

"그렇다면 그대도 대오를 이탈한 적이 많다. 흉년에 그대의 백성 중에 굶어 죽어 구덩이에 나뒹군 노약자의 시신과 사방으로 흩어져 도망간 장정이 몇천 명이었는가?"

---

8 평륙平陸 : 제나라 변방 읍 이름으로, 지금의 산동山東 문상현汶上縣 북쪽이다.

대부가 대답하였다.

"그것은 제가 해결할 수 있는 바가 아닙니다."

맹자가 말하였다.

"지금 남의 소와 양을 받아다가 길러 주기로 한 자가 있다면, 그는 반드시 목장과 꼴을 구할 것이다. 목장과 꼴을 구하다가 얻지 못하면 그 주인에게 되돌려 주어야 하는가? 아니면 그대로 죽어 가는 것을 보고 있어야 하는가?"

대부가 말하였다.

"이는 저의 잘못입니다."

후일 맹자가 왕을 만나 말하였다.

"제가 왕의 도읍을 다스리는 다섯 사람을 알고 있는데, 자신의 잘못을 아는 자는 오직 공거심뿐입니다."

맹자가 앞서 나눈 대화를 전하였다. 왕이 말하였다.

"그것은 과인의 책임입니다."

孟子之平陸, 謂其大夫曰: "子之持戟之士, 一日而三失伍, 則去之否乎?"

曰: "不待三."

"然則子之失伍也亦多矣. 凶年饑歲, 子之民, 老羸轉於溝壑, 壯者散而之四方者, 幾千人矣?"

曰: "此非距心之所得爲也."

曰: "今有受人之牛羊, 而爲之牧之者, 則必爲之求牧與芻矣. 求牧與芻而不得, 則反諸其人乎? 抑亦立而視其死與?"

曰: "此則距心之罪也."

他日, 見於王曰: "王之爲都者, 臣知五人焉, 知其罪者, 惟孔距心." 爲王誦之.

王曰: "此則寡人之罪也."

5

맹자가 지와蚔鼃에게 말하였다.

"그대가 영구靈丘[9]의 읍재邑宰를 사양하고 사사士師[10]가 되기를 청한 것이 괜찮아 보였던 것은 왕에게 바른말을 할 수 있는 사람이기 때문이다. 이제 사사가 된 지 몇 개월이 지났는데 아직도 왕에게 말할 수 없는가?"

지와가 왕에게 간하였으나 받아들이지 않자 벼슬을 버리고 떠나갔다.

제나라 사람이 말하였다.

"지와를 위하여 한 말은 잘한 것이지만, 맹자 자신의 처신

---

9 영구靈丘 : 제나라의 변방 읍 이름이다. 지금의 위치에 대해서는 여러 설이 있지만 정확하지 않다.

10 사사士師 : 형옥刑獄을 관장하는 법관이다.

은 이해할 수 없다."

　공도자公都子[11]가 이 말을 전하자, 맹자가 말하였다.

　"나는 관직을 가진 자는 그 직책을 제대로 수행할 수 없으면 떠나고, 바른말을 할 책임을 진 관리는 바른말을 할 수 없으면 떠난다고 들었다. 그런데 나는 맡은 관직이 없고 바른말을 할 직책이 없다. 그러니 나의 행동이 어찌 여유만만하지 않겠는가?"

孟子謂蚔鼃曰:"子之辭靈丘而請士師, 似也, 爲其可以言也. 今旣數月矣, 未可以言與?"
蚔鼃諫於王而不用, 致爲臣而去.
齊人曰:"所以爲蚔鼃則善矣, 所以自爲, 則吾不知也."
公都子以告, 曰:"吾聞之也, 有官守者, 不得其職則去; 有言責者, 不得其言則去. 我無官守, 我無言責也. 則吾進退, 豈不綽綽然有餘裕哉?"

6

　맹자가 제나라의 경卿으로서 등滕나라로 조문을 갈 적에

11　공도자公都子 : 조기의 주석에 따르면 맹자의 제자이다.

왕이 합蓋 땅의 대부인 왕환王驩을 부사로 동행하게 하였다. 왕환이 아침저녁으로 찾아뵈었는데, 맹자는 제나라와 등나라의 길을 갔다가 돌아올 때까지 그와 조문 행사에 대하여 한 마디도 하지 않았다.

공손추가 말하였다.

"제나라 경대부의 지위가 낮지 않으며, 제나라와 등나라의 길이 가깝지 않습니다. 그런데 갔다가 돌아올 때까지 그와 조문 행사에 대하여 한마디 말도 하지 않은 것은 어째서입니까?"

맹자가 말하였다.

"그 사람이 알아서 하는데 내가 무엇을 말하겠는가?"[12]

孟子爲卿於齊, 出弔於滕, 王使蓋(합)大夫王驩爲輔行. 王驩朝暮見(현), 反齊滕之路, 未嘗與之言行事也.

公孫丑曰: "齊卿之位, 不爲小矣; 齊滕之路, 不爲近矣. 反之而未嘗與言行事, 何也?"

曰: "夫旣或治之, 予何言哉?"

12　그 사람이 … 말하겠는가 : 이 단락은 두 가지로 해석된다. 첫째는 왕환王驩이 일을 독단으로 처리함을 지적한 것이고, 둘째는 미워하지 않으면서 엄격하게 소인을 대하는 맹자의 태도를 보여 주는 것이라 해석한다.

7

맹자가 제나라에서 노魯나라로 가서 어머니 장례[13]를 모시고 제나라로 돌아오다가 영읍嬴邑[14]에 잠시 머물렀다. 충우充虞가 질문하였다.

"지난번 부족한 저에게 관곽棺槨[15] 제작의 일을 맡기셨습니다. 당시에는 상황이 하도 급하여 제가 감히 여쭙지 못했다가 이제사 여쭙는데, 관곽에 사용한 목재가 너무 아름다운 듯하였습니다."

맹자가 말하였다.

"상고 시대에는 관곽에 일정한 제도가 없었다. 중고中古[16]에 관은 두께가 7촌이고 곽은 관에 맞게 하여, 천자로부터 서인에까지 적용하였다. 이는 아름답게 보이기 위해서일 뿐 아니라, 그렇게 한 뒤에야 자식의 마음이 편하기 때문이었다.

---

13 어머니 장례 : 조기趙岐의 주석에, 이때 맹자가 제나라에서 벼슬을 하였고 당시 어머니도 같이 모시고 있다가 상을 당하여 고국인 노나라로 가서 장례를 모신 것으로 설명한다. 『열녀전列女傳』에도 제나라에서 벼슬할 때 모친과 나누는 대화가 실려 있다.

14 영읍嬴邑 : 제나라 남쪽 지역의 읍 이름이다. 지금의 내무현萊蕪縣 서북쪽 40리에 고성古城이 있다.

15 관곽棺槨 : 관棺은 내관內棺이고, 곽槨은 안의 관을 덮는 외관外棺이다.

16 중고中古 : 통상적으로 주공周公이 예禮를 제정한 이후를 의미한다.

제도에 따라 그렇게 할 수 없으면 흡족할 수 없고, 재력이 없
으면 기쁠 수가 없다. 제도에 따라 할 수 있고 재력도 있으면
옛사람이 모두 사용하였는데, 어떻게 나만 그리하지 않겠는
가? 그리고 죽은 이를 위하여 살갗에 흙이 닿지 않게 한다면,
살아 있는 사람의 마음이 흡족하지 않겠는가? 나는 군자는
천하의 어떤 이유로도 그 어버이를 소홀히 하지 않는다고 들
었다."

孟子自齊葬於魯, 反於齊, 止於嬴. 充虞請曰: "前日不知虞
之不肖, 使虞敦匠事. 嚴, 虞不敢請, 今願竊有請也, 木若以
美然."
曰: "古者棺槨無度. 中古棺七寸, 槨稱之, 自天子達於庶人.
非直爲觀美也, 然後盡於人心. 不得, 不可以爲悅; 無財, 不
可以爲悦. 得之爲有財, 古之人皆用之, 吾何爲獨不然? 且
比化者, 無使土親膚, 於人心獨無恔乎? 吾聞之也, 君子不
以天下儉其親."

8

심동沈同[17]이 개인적인 신분으로 와서 물었다.
"연燕나라를 정벌해도 됩니까?"

맹자가 말하였다

"정벌해도 된다. 자쾌子噲도 남에게 연나라를 넘겨줄 수 없으며, 자지子之도 자쾌에게서 연나라를 받아서는 안 된다.[18] 예를 들어 어떤 선비가 있는데 그대가 그를 좋아하여 왕에게 아뢰지 않고 개인적으로 그대의 작록을 주고, 그 선비도 왕명 없이 개인적으로 그대의 작록을 넘겨받는다면 되겠는가? 어찌 이와 다르겠는가?"

제나라가 연나라를 정벌하자, 어떤 이가 물었다.

"제나라에게 연나라를 치도록 권했다 하는데, 그런 일이 있었습니까?"

맹자가 말하였다.

"아니다. 심동이 '연나라를 정벌해도 됩니까?'라고 묻기에 내가 '된다.'고 했더니, 그가 그렇다고 여겨 정벌한 것이다. 그 사람이 만일 '누가 정벌해도 됩니까?'라고 물었다면, 나는 '천리天吏[19]라면 정벌해도 된다.'라고 하였을 것이다. 예를 들

---

17 심동沈同 : 제나라 대신大臣이다. '사문私問'은 대신의 신분이 아닌 개인적인 신분으로 찾아와 질문하였다는 뜻이다.

18 자쾌子噲도 … 안 된다 : 자쾌는 연나라의 왕이고 자지는 연나라의 신하이다. 왕 자쾌가 천자의 명을 받지 않고 연나라를 신하 자지에게 넘긴 것을 지적한 것이다.

19 천리天吏 : 하늘의 명을 받은 사람으로, 무도한 자를 주벌誅伐할 수 있는 권한을 가졌다는 뜻이다.

어 지금 살인한 자가 있는데, 어떤 이가 '그 사람을 죽여도 됩니까?'라고 물으면, 나는 '된다.'고 할 것이다. 그 사람이 다시 '누가 그를 죽여도 됩니까?'라고 물으면, 나는 '법을 집행하는 사사士師라면 죽여도 된다.'고 할 것이다. 지금의 경우는 연나라가 연나라를 정벌하는 격이니, 내 어찌 권하겠는가?"

沈同以其私問曰: "燕可伐與?"

孟子曰: "可. 子噲不得與人燕, 子之不得受燕於子噲. 有仕於此, 而子悅之, 不告於王, 而私與之吾子之祿爵; 夫士也, 亦無王命而私受之於子, 則可乎? 何以異於是?"

齊人伐燕. 或問曰: "勸齊伐燕, 有諸?"

曰: "未也. 沈同問: '燕可伐與?', 吾應之曰: '可', 彼然而伐之也. 彼如曰: '孰可以伐之?' 則將應之曰: '爲天吏, 則可以伐之.' 今有殺人者, 或問之曰: '人可殺與?' 則將應之曰: '可.' 彼如曰: '孰可以殺之?' 則將應之曰: '爲士師, 則可以殺之.' 今以燕伐燕, 何爲勸之哉?"

9

연나라 사람들이 배반[20]하자, 제나라 왕이 말하였다.
"나는 맹자에게 매우 부끄럽다."[21]

대부 진가陳賈가 말하였다.

"왕께서는 염려하지 마소서. 왕께서 스스로 생각하시기에 주공周公과 비교하여 누가 더 어질고 또 지혜롭다고 여기십니까?"

왕이 말하였다.

"아! 이 무슨 말인가?"

진가가 말하였다.

"주공이 관숙管叔을 시켜서 은殷나라를 감독하게 하자, 관숙이 은나라 유민을 거느리고 배반[22]하였습니다. 주공이 이럴 줄 알고 시켰다면 어질지 못한 것이고, 모르고 시켰다면 지혜롭지 못한 것입니다. 어질고 지혜로움에 있어서 주공도 완벽하지 못하였는데, 더구나 왕에게 있어서이겠습니까? 제

---

20 연나라 사람들이 배반 : 제나라가 연을 정복한 지 2년 만에 연나라 사람들이 다른 제후들의 협조를 얻어 태자 평平을 왕으로 옹립하고 제나라에 저항하였다.

21 나는 … 부끄럽다 : 연나라를 빼앗은 제나라에 대하여 제후들이 연맹하여 저항하려는 것에 대해 우려하는 제나라 선왕에게, 맹자가 다시 연나라를 돌려주고 물러나라는 조언을 하였는데 이를 듣지 않았음을 후회하는 말이다.

22 주공이 … 배반 : 무왕이 은나라를 정벌하여 주紂를 주벌誅伐한 후에 주의 아들 무경武庚을 왕으로 세우고 관숙과 채숙을 시켜서 은나라 유민을 관리감독하도록 하였는데, 무왕이 죽고 아들 성왕이 어린 나이에 뒤를 잇자 주공이 섭정攝政을 하였다. 이에 관숙과 채숙이 은나라 유민을 거느리고 반란을 일으키자 주공이 토벌하였다.

가 맹자를 뵙고 해명해 드리겠습니다.”

진가가 맹자를 뵙고 물었다.

“주공은 어떤 사람입니까?”

맹자가 답하였다.

“옛 성인이다.”

“관숙을 시켜서 은나라를 감독하게 하였는데, 관숙이 은나라 유민을 거느리고 배반했다 합니다. 그러한 일이 있었습니까?”

“그렇다.”

“주공이 배반할 것을 알면서 시켰습니까?”

“모르셨다.”

“그렇다면 성인도 과실이 있는 것입니까?”

“주공은 아우이고 관숙은 형이니, 주공의 과실이 당연하지 않은가?[23] 그리고 옛날의 군자는 과실이 있으면 고쳤는데, 지금의 군자는 과실이 있으면 그것을 완성시키는구나. 옛날의 군자는 과실이 일식·월식처럼 드러나 백성들이 그것을 다 알았고, 과실을 고치면 백성들이 모두 우러러보았다. 지금의 군자는 그 잘못을 완성시킬 뿐 아니라 변명까지 하는구나.”

---

23 주공은 … 않은가 : 아우로서 형을 믿는 것이 당연하고, 형이 배반할 것이라고 미리 추측하지 않는 것이 아우의 도리라는 말이다.

燕人畔, 王曰:“吾甚慙於孟子.”

陳賈曰:“王無患焉. 王自以爲與周公孰仁且智?”

王曰:“惡(오)! 是何言也!”

曰:“周公使管叔監殷, 管叔以殷畔. 知而使之, 是不仁也; 不知而使之, 是不智也. 仁智, 周公未之盡也, 而況於王乎? 賈請見而解之.”

見孟子, 問曰:“周公何人也?”

曰:“古聖人也.”

曰:“使管叔監殷, 管叔以殷畔也. 有諸?”

曰:“然.”

曰:“周公知其將畔而使之與?”

曰:“不知也.”

“然則聖人且有過與?”

曰:“周公, 弟也, 管叔, 兄也, 周公之過, 不亦宜乎? 且古之君子, 過則改之; 今之君子, 過則順之. 古之君子, 其過也, 如日月之食, 民皆見之; 及其更(경)也, 民皆仰之. 今之君子, 豈徒順之, 又從而爲之辭.”

10

맹자가 제나라에서 받은 관직을 내놓고 떠나려 할 적에 왕

이 맹자를 찾아와 말하였다.

"지난날 뵙기를 원했으나 뵐 수 없었는데, 같은 조정에 모시게 되어서 매우 기뻤습니다.[24] 그런데 이제 또다시 과인을 버리고 돌아가시니, 이 뒤로도 계속하여 선생을 뵐 수 있을까요?"

맹자가 대답하였다.

"감히 청하지는 못하지만 진실로 원하는 바입니다."[25]

얼마 후 왕이 시자時子에게 말하였다.

"도성 안에 맹자의 집을 지어 주고 만종萬鍾[26]의 곡식을 지원해 제자들을 양성하여, 대부들과 국민들이 존경하고 본받을 바가 있게 하려 한다. 그대는 어찌하여 나를 위해 말하지 않는가!"

---

24 같은 … 기뻤습니다 : 원문의 '得侍同朝, 甚喜'를 '得侍, 同朝甚喜'로 해석하면 '모시게 되자 같은 조정의 신하들이 매우 기뻐하였다.'로 해석된다. 그러나 여기서는 왕 자신의 입장을 말하는 것으로 보아 이렇게 해석하였다.

25 감히 … 바입니다 : 이 부분은 '마음으로는 바라지만 내색할 수 없는 일'을 상대방이 먼저 말했을 때 하는 말로, '불감청 고소원不敢請 固所願'의 출처이다.

26 만종萬鍾 : 『좌전左傳』「소공 3년昭公三年」에 "제나라에 옛 도량 법이 있는데, 두효·구區·부釜·종鍾 네 종류이다. 4되升가 1두이고, 4두가 1구이고, 4구가 1부이고, 10부가 1종이다."라고 하였다. '만종'은 경대부의 1년 녹봉에 해당된다는 설이 있다.

시자가 진자陳子[27]를 통하여 맹자에게 아뢰게 하였다. 진자가 시자의 말을 맹자에게 고하였다.

맹자가 말하였다.

"그렇다! 저 시자 같은 이가 어떻게 그것이 안 된다는 것을 알겠는가? 가령 내가 부자가 되고 싶었다면 10만 종을 사양하고 만종을 받게 되는 것인데, 이것이 부자가 되고자 하는 것인가? 계손씨가 말하기를 '괴이하다, 자숙의子叔疑여! 자기가 정사를 하다가 그 말이 받아들여지지 않으면 그만둘 뿐인데, 또 자기 자제를 경卿으로 삼게 하였다. 누구인들 부귀를 누리고 싶지 않겠는가? 그런데 부귀에 대하여 유독 사사로이 농단龍斷[28]을 하는 이가 있다.' 하였다. 옛날의 시장은 자기에게 있는 것을 없는 것과 서로 교환하는 장소였다. 시장을 관리하는 담당자는 분쟁을 다스릴 뿐이었다. 그런데 어떤 졸장부 한 사람이 나타나 높은 언덕에 올라가 이리저리 두리번거리며 시장의 이익을 독차지하자 사람들이 모두 비루하게 여겼다. 그리하여 그에게 세금을 징수하였으니, 상인에게 세금을 징수한 것은 이 졸장부로부터 비롯되었다."

---

27 진자陳子 : 맹자의 제자 진진陳臻으로 전한다.

28 농단龍斷 : '농단壟斷'과 같은 말이다. 농단은 '자그마한 높은 언덕'이라는 의미로, 이곳에 올라가 남보다 먼저 보고 판단하여 이익을 독점한다는 뜻으로 해석한다.

孟子致爲臣而歸, 王就見孟子曰: "前日願見而不可得, 得侍
同朝, 甚喜. 今又棄寡人而歸, 不識可以繼此而得見乎?"

對曰: "不敢請耳, 固所願也."

他日, 王謂時子曰: "我欲中國而授孟子室, 養弟子以萬鍾,
使諸大夫國人, 皆有所矜式. 子盍爲我言之!"

時子因陳子而以告孟子. 陳子以時子之言告孟子.

孟子曰: "然! 夫時子惡(오)知其不可也? 如使予欲富, 辭十
萬而受萬, 是爲欲富乎? 季孫曰: '異哉, 子叔疑! 使己爲政,
不用則亦已矣, 又使其子弟爲卿. 人亦孰不欲富貴? 而獨於
富貴之中, 有私龍斷焉.' 古之爲市也, 以其所有, 易其所無
者. 有司者, 治之耳. 有賤丈夫焉, 必求龍斷而登之, 以左右
望, 而罔市利, 人皆以爲賤. 故從而征之, 征商, 自此賤丈夫
始矣."

11

맹자가 제나라를 떠날 적에 주읍畫邑[29]에서 하루 묵었다.

---

29 주읍畫邑 : 조기趙岐의 주에 의하면, 제나라 수도 임치臨淄의 서남쪽
에 있는 읍이다. 맹자가 고향 추鄒로 왕래할 적에 경유하는 길목이라 전
한다.

왕을 위하여 맹자를 만류하는 자가 찾아와 공경히 앉아 말하였다. 맹자는 응대하지 않고 안석에 기대어 누워 있었다. 그러자 그 객客이 불쾌해하며 말하였다.

"제가 경건한 마음으로 하루를 지낸 다음 감히 말씀드렸는데, 선생께서는 누워 계신 채로 들어주지 않으십니다. 다시는 뵙지 말아야겠습니다."

맹자가 말하였다.

"앉으라! 내 그대에게 분명하게 말해 주겠다. 옛적에 노나라 목공繆公은 자사子思의 곁에 자신의 성의를 전달할 사람이 없으면 자사에 대하여 불안해하였다. 설류泄柳와 신상申詳은 목공 곁에 보좌할 만한 사람이 없으면 자신들이 불안해하였다.[30] 장자長者를 위한 그대의 염려가 목공이 자사를 대우한 것보다 못하니,[31] 자네가 장자를 거절한 것인가? 장자가 자네를 거절한 것인가?"

孟子去齊, 宿於晝. 有欲爲王留行者, 坐而言. 不應, 隱几而

---

30 설류泄柳와 … 불안해하였다 : 설류는 목공 시대의 현신賢臣이고, 신상은 공자의 제자인 자장子張의 아들이다. 군주인 목공繆公의 곁에 현자가 없으면 자신들의 임무를 다하지 못한 것으로 여겨 불안해하였다는 뜻이다.

31 그대의 … 못하니 : 맹자를 만류하기 전에 제나라 선왕을 만나 현자를 대하는 태도를 바꾸도록 권해야 하는데 그렇지 못함을 지적한 말이다.

臥. 客不悅曰: "弟子齊(재)宿而後敢言, 夫子臥而不聽. 請勿
復敢見矣."

曰: "坐! 我明語子. 昔者魯繆(목)公無人乎子思之側, 則不
能安子思. 泄柳·申詳無人乎繆公之側, 則不能安其身. 子爲
長者慮, 而不及子思, 子絶長者乎? 長者絶子乎?"

12

맹자가 제나라를 떠나자, 윤사尹士[32]가 사람들에게 말하였다.

"왕이 상나라 탕왕이나 주나라 무왕 같은 성군이 될 수 없
음을 모르고 왔다면 그것은 현명하지 못한 것이고, 불가능함
을 알고서도 왔다면 그것은 부귀를 탐한 것이다. 천리 먼 길
을 와서 왕을 만나 뜻이 맞지 않자 떠나면서 사흘을 묵은 뒤
에야 주읍을 떠나다니, 왜 그리 오랫동안 지체한단 말인가?
나는 그 점을 좋지 않게 여긴다."

고자高子[33]가 이 말을 고하자, 맹자가 말하였다.

"윤사가 어찌 나를 알겠는가? 천리 먼 길을 와서 왕을 만난
것은 내가 하고자 한 것이나, 뜻이 맞지 않아 떠나는 것이 어

32   윤사尹士 : 제나라 사람이다.
33   고자高子 : 제나라 사람으로, 맹자의 제자이다.

찌 내가 원하는 것이었겠는가? 부득이한 것이었다. 내가 사흘을 묵은 뒤에야 주읍을 출발하였지만 내 마음에는 오히려 빠르다고 여겼다. 나는 왕이 행여 태도를 바꾸기를 바랐다. 만일 왕이 바꾼다면 반드시 나의 발길을 돌리게 하였을 것이다. 주읍을 나가는데도 왕은 나를 뒤쫓아오지 않았다. 나는 그런 뒤에야 미련 없이 흔쾌히 돌아갈 생각을 하였다. 그렇기는 하지만 내가 어찌 왕을 포기하겠는가. 왕은 아직도 충분히 선정을 행할 만하다. 왕이 만일 나를 등용한다면 어찌 제나라 백성만 편안하겠는가? 천하의 백성이 모두 편안할 것이다. 왕이 행여 태도를 바꾸기를 나는 날마다 바랐다. 내가 어찌 졸장부처럼 군주에게 간하다가 받아주지 않으면 성내어 발끈 얼굴에 드러내고, 떠나면서 하루에 갈 수 있는 힘을 다 쓴 뒤에야 머물겠는가?"

윤사가 이 말을 듣고 말하였다.

"나는 참으로 소인이구나."

孟子去齊, 尹士語人曰: "不識王之不可以爲湯武, 則是不明也; 識其不可, 然且至, 則是干澤也. 千里而見王, 不遇故去, 三宿而後出晝, 是何濡滯也? 士則玆不悅."

高子以告, 曰: "夫尹士惡(오)知予哉? 千里而見王, 是予所欲也; 不遇故去, 豈予所欲哉? 予不得已也. 予三宿而出晝, 於予心猶以爲速. 王庶幾改之. 王如改諸, 則必反予. 夫出

晝, 而王不予追也. 予然後浩然有歸志. 予雖然, 豈舍王哉.
王由足用爲善. 王如用予, 則豈徒齊民安? 天下之民擧安.
王庶幾改之, 予日望之. 予豈若是小丈夫然哉, 諫於其君而
不受, 則怒, 悻悻然見(현)於其面, 去則窮日之力而後宿哉?"
尹士聞之, 曰: "士誠小人也."

13

　맹자가 제나라를 떠나는 도중에 충우充虞가 물었다.

　"선생님의 표정이 우울한 것 같습니다. 지난날 제가 선생
님께 들었는데 '군자는 하늘을 원망하지 않으며, 사람을 허물
하지 않는다.'고 하였습니다."

　맹자가 말하였다.

　"그때는 그때이고, 지금은 지금이다. 500년이면 반드시 왕
자王者가 나오고, 그 사이에 반드시 현자가 나온다. 지금 주周
나라 이래로 700여 년이 되었으니 연수로 따지면 500년이 지
났고, 시대 상황으로 살펴보면 지금이 적기이다. 하늘이 천하
를 태평하게 하고자 않는다면 모르지만 천하를 태평하게 하
고자 한다면, 지금 세상에 나를 놔두고 누구와 하겠는가? 그
러니 내가 어찌 기뻐하지 않겠느냐?"

孟子去齊, 充虞路問曰:"夫子若有不豫色然. 前日虞聞諸夫
子曰:'君子不怨天, 不尤人.'"

曰:"彼一時, 此一時也. 五百年必有王者興, 其間必有名世
者. 由周而來, 七百有餘歲矣, 以其數, 則過矣; 以其時考之,
則可矣. 夫天未欲平治天下也, 如欲平治天下, 當今之世,
舍我其誰也? 吾何爲不豫哉?"

14

맹자가 제나라를 떠나 휴읍休邑[34]에 머물고 있을 때, 공손추
가 물었다.

"벼슬하면서 녹祿을 받지 않는 것이 옛 법도입니까?"

맹자가 말하였다.

"아니다. 숭崇에서 왕을 만나보고 물러 나와 떠날 마음을
가졌는데, 그 마음이 바뀌지 않았기 때문에 녹을 받지 않은
것이다. 뒤이어 군대 동원 명령이 있어 떠날 것을 청할 수 없
었을 뿐이지, 제나라에 오랫동안 머무른 것은 나의 뜻이 아니

---

34 휴읍休邑 : 청대의 경학가 염약거閻若璩의 『사서석지四書釋地』에 따
르면 "고성古城이 등현滕縣 북쪽에 있는데 맹자의 집과는 약 100리 정도
의 거리이다."라고 하고, "숭崇은 지금은 상고할 수 없다."라고 하였다.

었다."

孟子去齊, 居休, 公孫丑問曰:"仕而不受祿, 古之道乎?"
曰:"非也. 於崇吾得見王, 退而有去志, 不欲變, 故不受也.
繼而有師命, 不可以請, 久於齊, 非我志也."

등문공 상

滕文公 上

이 편은 모두 5장이다. 등나라 문공은 맹자가 만난 군주 중에서 가장 작은 나라의 군주이다. 그런데 맹자의 가르침에 깊이 동조하고 인정仁政을 수행하고자 하는 순수함이 있었다. 맹자는 유가의 훌륭한 왕도정치 시대의 계통을 요·순·우·탕·문무·주공으로 설정하여 그들의 통치 유훈을 따를 것을 수상하였나. 딩시 유행하던 묵가의 '겸애주의'에 대하여, 친한 관계와 소원한 관계가 있을 수 밖에 없는 인간의 기본적인 도리를 들어 비판하였다. 통치자나 백성이나 평등하게 농사를 지으며 살아야 한다고 주장하는 '농가학파'에게, 정신노동과 육체노동의 분업화는 사회 구성의 필수조건임을 설명한다. 물가의 평준화를 주장하는 학파에게, 상품의 다양성에 따른 물가의 차등은 자연스러운 것인데, 이를 강제하여 통일하면 경제를 망친다고 일갈하는 맹자에게서 현대 시장경제 이론을 듣는다.

1

등문공이 세자로 있을 때 초楚나라로 가기 위하여 송宋나라를 지나다가 맹자를 찾아왔다. 맹자가 사람의 본성이 선량하다는 것을 말하면서 매번 요堯와 순舜을 거론하였다. 세자가 초나라에서 돌아가는 길에 다시 맹자를 찾아오자, 맹자가 말하였다.

"세자는 내 말을 의심합니까? 도道는 하나일 뿐입니다. 성간成覵[1]이 제나라 경공에게 '저도 한 사람의 장부이고 나도 한 사람의 장부인데, 내 어찌 저들을 두려워하겠습니까?'라고 하였습니다. 안연顏淵은 '순舜은 어떤 분이며 나는 어떤 사람인가? 순과 같은 일을 하면 역시 순과 같은 것이다.'라고 하였습니다. 공명의公明儀[2]는 '주공이 문왕은 나의 스승이라고 하였는데, 주공이 어찌 나를 속였겠는가?'라고 하였습니다. 이제 등나라의 긴 곳을 잘라 짧은 곳을 채워 보면,[3] 50리 되는 작은 나라지만, 그래도 선정을 할 수 있는 나라입니다. 『서

---

1 성간成覵 : 제나라 경공 시대에 용맹한 신하로 알려진 인물이다.

2 공명의公明儀 : 『예기禮記』 「단궁檀弓」과 「제의祭義」에 등장하는 인물이다. 조기趙岐의 주석에 의하면, 증자曾子의 제자이다.

3 긴 곳을 … 채워 보면 : 원문의 '절장보단絕長補短'은, 고대 토지 면적의 평균치를 의미할 때 사용하는 용어이다. 즉 가로세로가 일정하지 않지만 평균치를 내보면 대략 사방 50리는 될 것이라는 말이다.

경』에 '약藥이 독하여 정신이 어찔하지 않으면 그 병이 낫지 않는다.'[4]라고 하였습니다."

滕文公爲世子, 將之楚, 過宋而見孟子. 孟子道性善, 言必稱堯舜. 世子自楚反, 復見孟子. 孟子曰: "世子疑吾言乎? 夫道一而已矣. 成覸謂齊景公曰: '彼丈夫也; 我丈夫也, 吾何畏彼哉?' 顔淵曰: '舜何人也, 予何人也? 有爲者, 亦若是.' 公明儀曰: '文王我師也, 周公豈欺我哉?' 今滕絶長補短, 將五十里也, 猶可以爲善國. 書曰: '若藥不瞑眩, 厥疾不瘳.'"

2

등나라 정공이 죽자, 세자가 스승인 연우然友에게 말하였다.
"지난번 송나라에서 맹자와 말씀을 나눈 적이 있는데, 지금까지 마음에 잊히지 않습니다. 이제 불행히도 큰일을 당하였으니, 그대를 보내 맹자에게 물은 뒤 장례의 일을 행하고자 합니다."

---

4 약藥이 … 않는다 : 약이 병을 공격하여 정신이 어찔할 정도가 되어야 병이 낫는다는 뜻으로, 새로운 정치를 하려면 일정한 고통이 뒤따름을 각오해야 한다는 말이다.

연우가 추鄒에 가서 맹자에게 묻자, 맹자가 말하였다.

"역시 훌륭하지 않은가! 어버이상은 본디 자신의 진심을 다하는 것이다. 증자께서 '살아서는 예로 섬기며, 죽어서는 예로 장례하며, 예로 제사하면 효라고 할 수 있다.'라고 했다. 제후의 예는 내가 배우지 못했지만, 내 일찍이 들었다. 삼년 상에 거친 천으로 만든 상복을 입고 미음과 죽을 먹는 것은 천자로부터 일반 백성에 이르기까지 삼대三代: 하夏, 상商, 주周 가 공통이었다."

연우가 돌아와 아뢰자 삼년상을 치르기로 정하였다. 부형 과 백관이 모두 싫어하면서 말하였다.

"우리의 종주국인 노魯나라 선군께서도 삼년상을 거행하 지 않았고, 우리 선군께서도 거행하지 않았습니다. 그대에 이 르러 이를 뒤집는 것은 불가합니다. 또 옛 기록에 '상례喪禮와 제례祭禮는 선조를 따른다.'고 하였습니다. 우리에게는 전수 받은 법도가 있다는 말입니다."

세자가 연우에게 말하였다.

"나는 지난날 학문을 하지 않고 말 달리기와 칼 쓰기를 좋 아하였습니다. 지금 부형과 백관이 나를 만족스럽게 여기지 않아 큰일에 예를 다하지 못할까 염려스럽습니다. 그대는 나 를 위하여 맹자께 다시 물어보십시오."

연우가 다시 추로 가서 맹자에게 묻자, 맹자가 말하였다.

"그렇다! 다른 데서 찾을 것이 아니다. 공자께서 '임금이 죽으면 총재가 정사를 맡는다. 세자가 죽을 먹고 새까매진 얼굴로 상주의 자리에 나아가 곡을 하면 백관과 유사 중 감히 슬퍼하지 않을 사람이 없는 것은 윗사람이 솔선하였기 때문이다. 위에서 무엇을 좋아하면 아래에서는 반드시 그보다 더한다. 군자의 덕은 바람이고, 소인의 덕은 풀이다. 풀 위에 바람이 불면 반드시 쏠린다.'라고 했으니, 이번 일은 세자에게 달려 있다."

연우가 복명하자, 세자가 말하였다.

"그렇습니다! 이는 참으로 나에게 달려 있습니다."

세자는 5개월 동안 여막廬幕에 거처하며 명령이나 금령을 내리지 않았다. 이에 백관과 종족들이 찬성하며 예를 안다고 하였다.[5] 장례에 이르러 사방에서 와 예를 살폈는데, 슬픈 얼굴로 애통해하는 모습을 보고 조문하는 이들이 매우 흡족해하였다.

滕定公薨, 世子謂然友曰:"昔者, 孟子嘗與我言於宋, 於心終不忘. 今也不幸至於大故, 吾欲使子問於孟子, 然後行事."

---

5 백관과 … 하였다 : 원문의 '百官族人可, 謂曰知.'는 '百官族人, 可謂曰知.'로 해석하기도 한다. 주자는 '可謂曰知'로 해석하면서 "빠지거나 틀린 글자가 있는 듯하다."고 주석하였다.

然友之鄒, 問於孟子. 孟子曰:"不亦善乎! 親喪, 固所自盡也. 曾子曰:'生, 事之以禮; 死, 葬之以禮; 祭之以禮, 可謂孝矣.' 諸侯之禮, 吾未之學也, 雖然, 吾嘗聞之矣. 三年之喪, 齊(자)疏之服, 飦粥之食, 自天子達於庶人, 三代共之."

然友反命, 定爲三年之喪. 父兄百官, 皆不欲曰:"吾宗國魯先君莫之行, 吾先君亦莫之行也. 至於子之身而反之, 不可. 且志曰:'喪祭從先祖.' 曰吾有所受之也." 謂然友曰:"吾他日未嘗學問, 好馳馬試劍. 今也父兄百官, 不我足也, 恐其不能盡於大事. 子爲我問孟子."

然友復之鄒, 問孟子, 孟子曰:"然! 不以他求者也. 孔子曰:'君薨, 聽於冢宰. 歠粥, 面深墨, 卽位而哭, 百官有司, 莫敢不哀, 先之也. 上有好者, 下必有甚焉者矣. 君子之德, 風也; 小人之德, 草也. 草尙之風, 必偃.' 是在世子."

然友反命, 世子曰:"然! 是誠在我." 五月居廬, 未有命戒. 百官族人可, 謂曰知. 及至葬, 四方來觀之, 顏色之戚, 哭泣之哀, 弔者大悅.

3

등문공이 나라 다스림에 대하여 묻자, 맹자가 말하였다.

"농사農事[6]를 소홀히 해서는 안 됩니다. 『시경』「빈풍豳風

칠월七月」에 '낮에는 나가서 띠풀을 베어 오고 밤이면 새끼 꼬아서, 서둘러 지붕을 이어야 제때에 온갖 곡식을 심을 수 있다.'라고 하였습니다. 백성들이 살아가는 기본적인 태도는, 안정된 생업恒産이 있으면 안정된 마음恒心을 지니고, 안정된 생업이 없으면 안정된 마음을 지니지 못하는 것입니다. 안정된 마음이 없으면 방탕하고 사악한 행동을 거리낌없이 할 것입니다. 그렇게 하여 범죄에 빠진 뒤 형벌을 가한다면, 이는 백성을 그물질하는 것입니다. 어진 사람이 통치자로 있으면서 어떻게 백성을 그물질할 수 있겠습니까? 그렇기 때문에 현명한 군주는 반드시 공손하고 검소하여 아랫사람을 예우하며, 백성들에게 세금을 징수하는 데도 일정한 법도가 있는 것입니다. 양호陽虎[7]가 '부를 추구하면 어질지 못하고, 어짊을 추구하면 부자가 못 된다.'라고 하였습니다.

하후씨夏后氏는 한 가구당 50묘畝의 토지를 주어 공법貢法을 시행하였고, 은殷나라는 70묘 조법助法을 시행하였으며, 주周나라는 100묘 철법徹法을 시행하였습니다. 세법은 다르

---

6 농사農事 : 원문의 '민사民事'는 백성들이 가장 중요하게 여기는 것이 농사에 관한 일이기에 '농사'라는 말로 해석한다. 주희의 주석에서도 농사로 해석하였다.

7 양호陽虎 : 자字는 화貨이다. 당시 노나라 실세이던 계씨季氏의 세력을 믿고 국정을 전횡했지만 실패하여 망명하였다. 공자와 같은 시대 사람이다.

지만 실제 세율은 모두 10분의 1을 받은 것입니다. 철徹은 통한다는 뜻이고, 조助는 빌린다는 뜻입니다.

고대의 현인 용자龍子가 말하기를 '토지를 다스림은 조법보다 좋은 것이 없고, 공법보다 나쁜 것이 없다.'라고 하였습니다. 공貢이란 몇 년 치 수확의 평균을 내어 고정적으로 일정한 액수를 내게 하는 것입니다. 풍년에는 곡식이 넘쳐나 세금을 많이 징수해도 가혹하지 않은데 적게 징수하고, 흉년에는 다음 해에 농사지을 비용으로 쓰기에도 부족한데 반드시 일정액을 징수합니다. 군주는 백성의 부모인데, 백성들이 원망하며 일 년 내내 부지런히 노동해도 부모를 봉양할 수 없게 하고, 게다가 빚을 내어 보태서 세금을 내게 하며, 늙은이와 어린아이들이 죽어서 시신이 골짜기에 뒹군다면, 백성의 부모라는 의미가 어디에 있겠습니까?

세록世祿은 등나라도 이미 시행하고 있습니다.[8] 『시경』「소아小雅 대전大田」에 '우리 공전公田에 비를 내려 주고 이어서 우리 사전私田에도 비를 내려 주라.' 하였는데, 조법助法에만 공전이 있으니, 이를 통해 본다면 주周나라도 조법을 시행한 것입니다.

---

8 세록世祿은 … 있습니다 : '세록'은 높은 관작에 있는 사람의 자손들이 대를 이어서 받는 녹봉이다. 고관대작들은 대를 이어서 녹봉을 받는데 백성들에게는 왜 안정적인 수입을 보장하지 않느냐는 의미로 한 말이다.

상庠·서序·학學·교校를 설치하여 백성들을 가르쳐야 합니다. 상庠은 봉양한다는 뜻이고, 교校는 가르친다는 뜻이고, 서序는 활쏘기를 익힌다는 뜻입니다. 하夏나라에서는 교校라 하였고, 은殷나라에서는 서序라 하였고, 주周나라에서는 상庠이라 하였는데, 학學만은 하·은·주 3대三代가 이름이 같았습니다. 이는 모두 인륜人倫을 밝히는 것이었습니다. 윗사람들이 인륜에 밝으면 아래 백성들이 친해집니다. 왕도정치를 할 사람이 나오면 반드시 등나라에 와서 법을 배울 것이니, 이는 왕자王者의 스승이 되는 것입니다. 『시경』 「대아大雅 문왕文王」에 '주나라가 비록 오래된 나라지만, 그 명命은 새롭다.'라고 하였으니, 이는 문왕을 가리키는 것입니다. 그대가 힘써 행한다면 그대의 나라도 새롭게 할 수 있을 것입니다."

등문공이 신하 필전畢戰을 시켜 정전법井田法[9]에 대하여 물었다. 맹자가 대답하였다.

"그대의 군주가 어진 정치를 시행하고자 그대를 선택하여 보냈으니, 그대는 반드시 노력하도록 하라. 어진 정치는 반드시 토지의 경계를 잘 다스리는 것부터 시작된다. 경계가 바르지 못하면 정지井地가 고르지 못하고, 곡식을 나누는 것이 공

---

9 정전법井田法 : 900묘 넓이의 토지를 '정井'자 모양으로 경계를 구획한 뒤, 가운데 100묘를 '공전公田'이라 하여 8가구가 공동으로 경작하여 공전의 수확물만 세금으로 징수하던 제도이다. 둘레의 800묘는 8가구에 각 100묘씩 배분하여 경작하게 한다.

평하지 못하게 된다. 그러기 때문에 폭군暴君과 오리汚吏는 반드시 그 경계 다스리는 일을 게을리한다. 경계가 바르게 되면 토지를 나누어 주고 곡록 제정하는 일은 가만히 앉아서도 정할 수 있다.

등나라는 국토가 좁지만 관리도 있고 백성도 있다. 관리가 없으면 백성을 관리하지 못하고, 백성이 없으면 관리를 부양할 수 없다. 넓은 들에서는 9분의 1 조법助法을 적용하고, 도성 안에서는 10분의 1 세법貢을 적용하여 스스로 세금을 바치도록 하라. 경卿 이하의 관리에게는 반드시 제사를 받드는 규전圭田이 있으니, 규전은 50묘이다. 여부餘夫[10]는 25묘를 준다.

죽어서 장례를 치르거나 이사를 하여도 그 지역을 벗어나지 않고, 향리에서 정전井田을 같이 경작하는 사람들이 나들이할 때 서로 동반하며, 도둑을 지킬 때에도 서로 돕고, 질병이 있을 때 서로 돌보고 보살피면 백성들이 친애하고 화목하게 된다. 사방 1리의 토지가 하나의 정전이다. 1정井이 900묘인데, 가운데가 공전이다. 여덟 가구가 각각 100묘씩을 개인 경작지로 받는다. 공동으로 공전을 경작하고, 공전의 일을 끝마친 다음 개인 농지의 일을 하니, 이는 관리와 백성을 구별한 것이다. 이것이 정전법의 대략이다. 이를 알맞게 잘 조정

---

10 여부餘夫 : 100묘를 받는 가구에 미성년 아우가 있어 노동력이 있으면 이를 '여부'라 한다. 여부에게 별도로 25묘의 토지를 분배한다.

하고 정리하여 시행하는 것은 군주와 그대에게 달려 있다."

滕文公問爲國, 孟子曰:"民事不可緩也. 詩云:'晝爾于茅,
宵爾索綯, 亟其乘屋, 其始播百穀.' 民之爲道也, 有恒産者
有恒心, 無恒産者無恒心. 苟無恒心, 放辟邪侈, 無不爲已.
及陷乎罪, 然後從而刑之, 是罔民也. 焉有仁人在位, 罔民
而可爲也? 是故賢君必恭儉禮下, 取於民有制. 陽虎曰:'爲
富不仁矣, 爲仁不富矣.'

夏后氏五十而貢, 殷人七十而助, 周人百畝而徹. 其實皆什
一也. 徹者, 徹也; 助者, 藉也. 龍子曰:'治地莫善於助, 莫不
善於貢.' 貢者, 校數歲之中以爲常. 樂歲, 粒米狼戾, 多取之
而不爲虐, 則寡取之; 凶年, 糞其田而不足, 則必取盈焉. 爲
民父母, 使民盼盼然, 將終歲勤動, 不得以養其父母, 又稱
貸而益之, 使老稚轉乎溝壑, 惡(오)在其爲民父母也?

夫世祿, 滕固行之矣. 詩云:'雨我公田, 遂及我私.' 惟助爲
有公田, 由此觀之, 雖周亦助也.

設爲庠序學校以敎之. 庠者, 養也; 校者, 敎也; 序者, 射也.
夏曰校, 殷曰序, 周曰庠, 學則三代共之. 皆所以明人倫也.
人倫明於上, 小民親於下. 有王者起, 必來取法, 是爲王者
師也. 詩云:'周雖舊邦, 其命維新.' 文王之謂也. 子力行之,
亦以新子之國."

使畢戰問井地. 孟子曰:"子之君, 將行仁政, 選擇而使子, 子

必勉之. 夫仁政, 必自經界始. 經界不正, 井地不均, 穀祿不平. 是故暴君汙吏, 必慢其經界. 經界旣正, 分田制祿, 可坐而定也,

夫滕, 壤地褊小, 將爲君子焉, 將爲野人焉. 無君子, 莫治野人; 無野人, 莫養君子. 請野九一而助, 國中什一使自賦. 卿以下必有圭田, 圭田五十畝. 餘夫二十五畝.

死徙無出鄕, 鄕田同井, 出入相友, 守望相助, 疾病相扶持, 則百姓親睦. 方里而井. 井九百畝, 其中爲公田. 八家皆私百畝. 同養公田, 公事畢, 然後敢治私事, 所以別野人也. 此其大略也, 若夫潤澤之, 則在君與子矣."

4

신농神農[11]의 학설을 추종하는 허행許行이 초나라에서 등나라로 와서 문공을 찾아와 말하였다.

"먼 지방 사람이 군주께서 어진 정치를 행한다는 말을 들었습니다. 살 곳을 얻어 백성이 되기를 원합니다."

11 신농神農 : 상고시대의 인물로, 처음 농기구를 만들어 농사짓는 방법을 가르친 것으로 전한다. 후대에 농사를 중요시하는 학파를 '신농학파'라고 부른다. 복희伏羲, 수인燧人과 함께 '삼황三皇'으로 일컫는다.

문공이 그에게 거처할 곳을 주었다. 그 무리 수십 명이 모두 갈옷褐衣[12]을 입고 짚신을 만들고 자리를 짜서, 그것을 팔아 식량을 마련하였다.

진량陳良[13]의 제자인 진상陳相이 아우 신辛과 함께 쟁기를 짊어지고 송나라에서 등나라로 와서 말하였다.

"군주께서 성인의 정치를 행한다는 말을 들었습니다. 그러면 역시 성인이니, 성인의 백성이 되기를 원합니다."

진상이 허행을 만나본 뒤 매우 기뻐하면서 유학을 다 버리고 그에게 배웠다. 진상이 맹자를 찾아와 허행의 학설로 말하였다.

"등나라 군주는 참으로 현명한 군주입니다. 그러나 아직 올바른 도는 알지 못합니다. 현명한 이는 백성들과 함께 농사를 지어 먹으며, 직접 밥을 지어 먹으며 정치를 합니다. 그런데 지금 등나라에는 곡식 창고와 재물을 저장하는 창고가 있으니, 이는 백성을 괴롭혀서 자기를 봉양하는 것입니다. 어떻게 어질다 하겠습니까?"

맹자가 물었다.

"허자許子는 반드시 자신이 농사를 지어서 먹는가?"

---

12 갈옷褐衣 : 빈천貧賤한 사람들이 입던 옷으로, 거친 베로 만들었다. 이른 시기에는 칡넝쿨葛로 만들었고, 뒤에는 삼베大麻에 짐승의 솜털을 거칠게 가공해 만들었다. 빈천한 사람의 대명사로 사용한다.

13 진량陳良 : 초나라의 유학자儒學者이다.

"그렇습니다."

"허자는 반드시 자신이 베를 짜서 옷을 해 입는가?"

"아닙니다. 허자는 갈옷을 입습니다."

"허자는 관을 쓰는가?"

"관을 씁니다."

"무슨 관을 쓰는가?"

"흰 비단으로 관을 만듭니다."

"비단을 스스로 짜는가?"

"아닙니다. 곡식을 주고 바꿔 옵니다."

"허자는 어찌하여 스스로 짜지 않는가?"

"농사일에 방해가 되기 때문입니다."

"허자는 가마솥이나 시루로 밥을 지으며, 쇠붙이로 밭을 가는가?"

"그렇습니다."

"자신이 직접 만든 것인가?"

"아닙니다. 곡식을 주고 바꿔 옵니다."

"곡식을 기구로 바꾸는 것이 옹기장이나 대장장이를 해치는 일이 아니라면, 옹기장이나 대장장이가 그들이 만든 기구를 곡식과 바꾸는 것이 어찌 농부를 해치는 일이 되겠는가? 그리고 허자는 어찌하여 옹기나 농기구를 자신이 직접 만들고, 모든 것을 집 안에서 만들어 쓰지 않는가? 어찌하여 번거롭게 수많은 장인들과 교역하는가? 어찌하여 허자는 번거로움을 꺼리지 않는가?"

"장인들이 하는 일은 본디 농사를 지으면서 할 수 없습니다."

"그렇다면 천하를 다스리는 일은 농사를 지으면서 할 수 있단 말인가? 정치하는 사람의 일이 있고 백성의 일이 있다. 그리고 한 사람이 온갖 장인들이 하는 일을 갖추어 반드시 자기가 만든 뒤에야 사용한다면, 이는 천하 사람을 길로 내몰아 힘들게 하는 것이다. 그래서 정신노동을 하는 사람과 육체노동을 하는 사람이 있는 것이다. 정신노동자는 남을 다스리고, 육체노동자는 다스림을 받는다. 다스림을 받는 자는 남을 먹여 주고, 다스리는 자는 남에게 얻어먹는 것이 천하의 공통된 원칙이다.[14]

요堯의 시대에는 천하가 아직 안정되지 못했다. 큰물이 멋대로 흘러 온 나라에 범람하여 초목이 무성하고 짐승들이 번식하였다. 오곡이 자라지 못하고 짐승들이 사람을 위협하여, 나라 안 여기저기 짐승 발자국과 새 발자국이 어지러웠다. 요가 홀로 이를 걱정하여 순舜을 등용하여 다스리게 하였다. 순은 익益을 시켜서 불을 관장하게 하였다. 익이 산림과 늪지대에 불을 질러 태우자 짐승들이 도망하여 숨었다. 우禹는 구하九河[15]를 소통시키고, 제수濟水와 탑수漯水를 소통하여 바다

---

14 다스림을 … 원칙이다 : 통치자는 피통치자로부터 세금을 징수하고, 피통치자는 세금을 통치자에게 제공하는 상호작용을 설명한 것이다.

로 흘러 들어가게 하고, 여수汝水와 한수漢水의 막힌 곳을 준설하고, 회수淮水와 사수泗水를 파내어 장강으로 흘러가게 하였다.[16] 그런 뒤에야 중국中國이 곡식을 먹을 수 있었다. 이때에 우禹는 8년 동안 밖에 있으면서 세 번이나 자신의 집 문 앞을 지나면서도 들어가지 못하였다. 우가 농사를 짓고 싶어한들 가능했겠는가? 후직后稷[17]은 백성들에게 농사짓는 방법을 가르쳐서 오곡을 심고 가꾸게 하였다. 오곡이 익어 이윽고 백성들이 굶주림을 면하게 되었다.

인간에게는 인간답게 하는 도리가 있다. 배불리 먹고 따뜻한 옷을 입고 편안하게 살면서 가르침이 없으면 짐승에 가까워진다. 성인이 이를 염려하여 설契[18]을 사도司徒로 삼아, 사

---

15 구하九河 : 황하黃河의 9개 지류를 말한다. 육덕명陸德明의 「석문釋文」에 『이아爾雅』「석수釋水」를 인용하여 "구하는 1. 도해徒駭 2. 태사太史 3. 마협馬頰 4. 복부覆釜 5. 호소胡蘇 6. 간簡 7. 결潔 8. 구반鉤盤 9. 격진鬲津이다."라고 하였다.

16 여수汝水와 … 하였다 : 주희의 주석에 의하면 "『서경』「우공禹貢」과 지금의 물길을 근거해 보면 한수漢水만이 양자강揚子江으로 들어갈 뿐이고, 여수汝水와 사수泗水는 회수淮水로 들어가고, 회수가 바다로 들어가니, 여기에서 네 물이 모두 장강으로 들어간다고 말한 것은 기록한 자의 오류이다."라고 하였다.

17 후직后稷 : 요순 시대에 농사를 관장하던 관직 이름이다. 주周의 시조 기棄가 담당하였다. 후일 '후직'은 주나라의 시조 '기棄'의 대명사가 되었다.

18 설契 : 순舜의 신하로, 교육을 관장하는 사도司徒를 담당하였다. 은

람과 사람 사이에 있는 질서人倫를 가르치게 하였다. 그 내용은 부모와 자식 사이에는 친함이 있으며, 군주와 신하 사이에는 의리가 있으며, 남편과 아내 사이에는 분별이 있으며, 어른과 어린이 사이에는 순서가 있으며, 벗과 벗 사이에는 신뢰가 있다는 것이다.

방훈放勳[19]이 '힘든 자를 위로하고, 먼곳에 있는 사람을 오게 하며, 올바르지 못한 사람을 바로잡아 주고, 잘못된 사람을 올곧게 해 주며, 도와서 자립하게 하고 부축하여 행동하게 하여 스스로 터득하게 하고, 또 진작하고 은혜를 베풀어 준다.'라고 하였다. 성인이 백성을 걱정함이 이러한데 어느 겨를에 밭을 갈겠는가?

요堯는 순舜을 얻지 못함을 자신의 근심으로 삼았고, 순舜은 우禹와 고요皐陶를 얻지 못함을 자신의 근심으로 삼았다. 100묘가 다스려지지 못함을 자기의 근심으로 삼는 자는 농부이다. 남에게 재물을 나누어 주는 것을 혜惠라 이르고, 남에게 선善을 가르쳐 주는 것을 충忠이라 이르고, 천하 사람들을 위하여 인재를 얻음을 인仁이라 이른다. 그러므로 천하를 남에게 주기는 쉽고, 천하를 위하여 인재를 얻기는 어려운 것

殷나라의 선조先祖라고 전한다.

19 방훈放勳 : 주희의 주석에 "본래 사신史臣이 요堯를 칭찬한 말로 사용한 것인데, 맹자가 요堯의 호號로 삼은 것이다."라고 하였다.

이다. 공자께서 말씀하시기를 '위대하다, 요의 임금 노릇 하심이여! 오직 하늘이 위대하거늘 요임금이 이를 본받았도다. 넓고 커서 백성들이 더 이상 칭송할 이름을 찾을 수가 없도다. 인군답다, 순이여! 높고 커서 천하를 소유하고도 즐거워하지 않았다.'라고 하였다. 요와 순이 천하를 다스림에 어디엔들 그 마음을 쓰지 않았겠는가? 그러나 역시 밭 가는 데는 쓰지 않았다.

나는 중국의 문화로 오랑캐를 변화시켰다는 말은 들었지만, 오랑캐에게 변화당했다는 말은 듣지 못하였다. 진량陳良은 초楚나라 태생으로, 주공周公·중니仲尼의 도를 좋아하여 북쪽으로 중국에 가서 공부하였다. 북쪽의 학자들이 그보다 앞선 자가 없었으니, 저는 이른바 뛰어난 선비이다. 그대의 형제가 그를 수십 년 섬기다가 스승이 죽자 마침내 배반하였다. 옛적에 공자께서 별세하자 3년이 지난 다음 문인들이 짐을 챙겨 돌아가려 할 적에 들어가서 자공子貢에게 읍하고 서로 향하여 모두 목이 쉬도록 통곡한 뒤에 돌아갔다. 자공은 다시 돌아와 묘 앞에 움막을 짓고 홀로 3년을 거처한 뒤에 돌아갔다. 그 뒤에 자하·자장·자유가 유약有若이 공자와 유사하다 하여, 공자를 섬기던 예로 그를 섬기고자 하여 증자에게 강요하였다. 그러나 증자는 '그럴 수 없다. 선생님은 강한江漢의 물에 씻은 것과 같고, 가을볕에 쪼여 말린 것과 같아서 더할 나위 없이 참으로 깨끗했다.'라고 하였다.

지금 남쪽 오랑캐南蠻의 왜가리 소리를 하는 허행의 학설은 선왕의 도가 아니다. 그대가 스승을 배반하고 이를 배우다니 역시 증자와는 다르다. 나는 새가 깊은 골짜기에서 나와 높은 나무로 옮겨 간다[20]는 말은 들었지만, 높은 나무에서 내려와 깊은 골짜기로 들어간다는 말은 들어 보지 못하였다. 『시경』「노송魯頌」에 '융戎·적狄을 치니, 형荊·서舒[21]가 징계되었다.' 하였다. 주공도 이들을 응징했는데, 그대는 이를 배우니 역시 잘 변화하지 못한 것이다."

진상이 말하였다.

"허행의 학설을 따르면 시장의 물건값이 동일하여 온 나라가 속이는 일이 없으므로 비록 어린아이를 시장에 보내더라도 누구도 속이지 않을 것입니다. 베와 비단의 길이가 같으면 값이 서로 같고, 삼실과 비단실과 솜의 무게가 같으면 값이 서로 같고, 오곡의 부피가 같으면 값이 서로 같고, 신발의 크기가 같으면 값이 같을 것입니다."

맹자가 말하였다.

"모든 사물이 똑같지 않음은 사물의 자연스러운 실정이다. 값의 차이가 갑절이 넘거나 다섯 갑절이 되기도 하며, 때로는 서로 열 배가 되고 백 배가 되며, 혹은 서로 천 배가 되고 만

---

20   새가 … 옮겨 간다 :『시경』「소아小雅 벌목伐木」에 나오는 내용이다.
21   형荊·서舒 : 형은 초나라의 본래 이름이고, 서는 초나라 이웃 국가이다.

배가 된다. 그대는 이를 일률적으로 똑같게 하려 하니, 이는
천하를 혼란스럽게 하는 짓이다. 신발의 크기에 따라서만 값
이 같다면 누가 좋은 신발을 만들겠는가? 허자의 학설을 따
른다면 서로 이끌어 거짓을 행하는 것이니, 어떻게 국가를 다
스릴 수 있겠는가?"

有爲神農之言者許行, 自楚之滕, 踵門而告文公曰: "遠方之
人, 聞君行仁政. 願受一廛而爲氓." 文公與之處. 其徒數十
人, 皆衣褐, 捆屨, 織席以爲食.
陳良之徒陳相, 與其弟辛, 負耒耜, 而自宋之滕, 曰: "聞君行
聖人之政. 是亦聖人也, 願爲聖人氓." 陳相見許行而大悅,
盡棄其學而學焉. 陳相見孟子, 道許行之言曰: "滕君則誠賢
君也. 雖然, 未聞道也. 賢者與民竝耕而食, 饔飧而治. 今也
滕有倉廩府庫, 則是厲民而以自養也. 惡(오)得賢?"
孟子曰: "許子必種粟而後食乎?" 曰: "然." "許子必織布而
後衣乎?" 曰: "否. 許子衣褐." "許子冠乎?" 曰: "冠." 曰: "奚
冠?" 曰: "冠素." "自織之與?" 曰: "否. 以粟易之." 曰: "許
子奚爲不自織?" 曰: "害於耕." "許子以釜甑爨, 以鐵耕
乎?" 曰: "然." "自爲之與?" 曰: "否. 以粟易之." "以粟易械器
者, 不爲厲陶冶, 陶冶亦以其械器易粟者, 豈爲厲農夫哉?
且許子何不爲陶冶, 舍皆取諸其宮中而用之? 何爲紛紛然,
與百工交易? 何許子之不憚煩?" 曰: "百工之事, 固不可耕

且爲也.'"然則治天下獨可耕且爲與? 有大人之事, 有小人之事. 且一人之身, 而百工之所爲備, 如必自爲而後用之, 是率天下而路也. 故曰, 或勞心, 或勞力. 勞心者治人, 勞力者治於人. 治於人者食(사)人, 治人者食於人, 天下之通義也.

當堯之時, 天下猶未平. 洪水橫流, 氾濫於天下, 草木暢茂, 禽獸繁殖. 五穀不登, 禽獸偪人, 獸蹄鳥跡之道, 交於中國. 堯獨憂之, 擧舜而敷治焉. 舜使益掌火. 益烈山澤以焚之, 禽獸逃匿. 禹疏九河, 瀹濟漯而注諸海, 決汝漢, 排淮泗而注之江. 然後中國可得而食也. 當是時也, 禹八年於外, 三過其門而不入. 雖欲耕, 得乎? 后稷敎民稼穡, 樹藝五穀. 五穀熟而民人育.

人之有道也, 飽食煖衣逸居而無敎, 則近於禽獸. 聖人有憂之, 使契爲司徒, 敎以人倫. 父子有親, 君臣有義, 夫婦有別, 長幼有序, 朋友有信.

放勳曰: '勞之來之, 匡之直之, 輔之翼之, 使自得之, 又從而振德之.' 聖人之憂民如此, 而暇耕乎?

堯以不得舜爲己憂, 舜以不得禹皋陶爲己憂. 夫以百畝之不易(이)爲己憂者, 農夫也. 分人以財, 謂之惠; 敎人以善, 謂之忠; 爲天下得人者, 謂之仁. 是故以天下與人易, 爲天下得人難. 孔子曰: '大哉, 堯之爲君! 惟天爲大, 惟堯則(측)之. 蕩蕩乎民無能名焉. 君哉, 舜也! 巍巍乎有天下而不與

焉.' 堯舜之治天下, 豈無所用其心哉? 亦不用於耕耳.

吾聞用夏變夷者, 未聞變於夷者也. 陳良楚産也, 悅周公·仲尼之道, 北學於中國. 北方之學者, 未能或之先也, 彼所謂豪傑之士也. 子之兄弟, 事之數十年, 師死而遂倍之. 昔者, 孔子沒, 三年之外, 門人治任將歸, 入揖於子貢, 相嚮而哭, 皆失聲, 然後歸. 子貢反, 築室於場, 獨居三年, 然後歸. 他日, 子夏·子張·子游以有若似聖人, 欲以所事孔子事之, 彊曾子. 曾子曰: '不可. 江漢以濯之, 秋陽以暴之, 皜皜乎不可尙已.'

今也, 南蠻鴃舌之人, 非先王之道. 子倍子之師而學之, 亦異於曾子矣. 吾聞出於幽谷, 遷于喬木者, 未聞下喬木, 而入於幽谷者. 魯頌曰: '戎狄是膺, 荊舒是懲.' 周公方且膺之, 子是之學, 亦爲不善變矣."

"從許子之道, 則市賈不貳, 國中無僞, 雖使五尺之童適市, 莫之或欺. 布帛長短同, 則賈相若; 麻縷絲絮輕重同, 則賈相若; 五穀多寡同, 則賈相若; 屨大小同, 則賈相若."

曰: "夫物之不齊, 物之情也. 或相倍徙, 或相什百, 或相千萬. 子比而同之, 是 亂天下也. 巨屨小屨同賈, 人豈爲之哉? 從許子之道, 相率而爲僞者也, 惡(오)能治國家?"

묵자墨子의 학설을 추종하는 이지夷之가 맹자의 제자인 서벽徐辟을 통하여 뵙기를 요청하였다. 맹자가 말하였다.

"본디 만나고 싶었는데 지금은 내가 병중에 있다. 병이 낫거든 내가 찾아가서 만나볼 것이니, 이자는 올 것 없다."

얼마 후 또다시 맹자 뵙기를 요청하자, 맹자가 말하였다.

"지금은 만날 수 있다. 그런데 솔직하게 다 말하지 않으면 진실이 드러나지 않으니, 내가 우선 솔직하게 말하겠다. 내들으니, 이자夷子는 묵자의 학설을 추종한다 하던데, 묵자는 상喪을 박하게 치르는 것을 올바른 도로 여긴다. 이자는 그도로 온 천하의 풍속을 바꾸리라 생각할 터이니, 당연히 그도를 옳다고 여겨서 귀하게 여긴 것이다. 그런데도 이자는 자신의 어버이를 후하게 장례하였으니, 이는 자신이 천하게 여기는 도리로 어버이를 섬긴 것이다."

서자徐子가 이 말을 이자에게 전하자, 이자가 말하였다.

"유자儒者의 도에 '옛사람이 갓난아이를 보호하듯이 한다.'[22]라고 하였는데, 이 말은 무슨 뜻인가? 나는 사랑에는 차등이

---

22 옛사람이… 한다 : 『상서尙書』「강고康誥」에 "갓난아이 보살피듯 하면 백성들이 편안하게 다스려진다.若保赤子, 惟民康乂."라고 한 말에서 인용한 것이다.

없고, 실행하는 것은 어버이로부터 시작한다고 생각한다."

서자가 이 말을 맹자에게 고하였다. 맹자가 말하였다.

"이자는 참으로 형의 아들을 친애하는 것이 이웃집 갓난아이를 친애하는 것과 같다고 여기는가? 저 갓난아이를 보호하듯이 한다는 말은 별도로 가리키는 의미가 있다. 갓난아이가 기어서 우물로 빠져들어 가는 것은 갓난아이의 죄가 아니라는 것이다. 또 하늘이 사물을 낳고 기를 적에 그 근본이 하나인데, 이자는 근본을 둘로 여긴 것이다.

상고 시대에 어버이를 장례하지 않은 자가 있었다. 그자는 어버이가 죽자 들어다가 골짜기에다 버렸다. 얼마 후 그곳을 지나는데 여우와 삵쾡이가 시신을 파먹고 파리와 등에가 모여서 빨아먹는 것을 보았다. 그는 자신도 모르게 이마에 진땀이 나서 곁눈질하며 차마 똑바로 보지 못하였다. 진땀이 난 것은 남들이 볼까 싶어서가 아니라, 속마음의 괴로움이 얼굴에 드러난 것이다. 그는 집으로 돌아와 삼태기와 들것에 흙을 담아다 부어서 시신을 매장하였다. 시신을 매장한 것이 진실로 옳은 일이라면, 효자와 어진 사람이 그 어버이를 매장하는 데는 역시 올바른 도리가 있는 것이다."

서자가 이 말을 이자에게 전하니, 이자가 아무 말 없이 한동안 멍하니 있다가 말하였다.

"나를 가르쳐 주셨다."

墨者夷之, 因徐辟而求見孟子. 孟子曰: "吾固願見, 今吾尙病. 病愈, 我且往見, 夷子不來."

他日, 又求見孟子. 孟子曰: "吾今則可以見矣. 不直則道不見(현), 我且直之. 吾聞, 夷子墨者, 墨之治喪也, 以薄爲其道也. 夷子思以易天下, 豈以爲非是而不貴也. 然而夷子葬其親厚, 則是以所賤事親也."

徐子以告夷子, 夷子曰: "儒者之道, 古之人若保赤子, 此言何謂也? 之則以爲, 愛無差等, 施由親始."

徐子以告孟子. 孟子曰: "夫夷子信以爲人之親其兄之子, 爲若親其隣之赤子乎? 彼有取爾也. 赤子匍匐將入井, 非赤子之罪也. 且天之生物也, 使之一本, 而夷子二本故也.

蓋上世嘗有不葬其親者. 其親死, 則擧而委之於壑. 他日過之, 狐狸食之, 蠅蚋姑嘬之. 其顙有泚, 睨而不視. 夫泚也, 非爲人泚, 中心達於面目. 蓋歸, 反虆梩而掩之. 掩之誠是也, 則孝子仁人之掩其親, 亦必有道矣."

徐子以告夷子, 夷子憮然爲間曰: "命之矣."

등문공 하

滕文公 下

모두 10장이다. 이 편에는 등문공이 등장하지 않는다. 맹자의 제자나 당시 활동하던 사람들과의 대화를 통해 맹자의 사상을 엿볼 수 있다. 첫째, 학문을 하는 사대부는 강한 기개와 높은 절조가 있어야 한다. 둘째, 자신의 도를 실행할 수 있으면 관직에 나아가지만 그렇지 못하면 하루도 관직에 있어서는 안 된다. 셋째, 고대 탕왕이 작은 나라로 출발하여 천하를 통일한 고사를 들어 왕도정치의 위력은 나라의 크고 작음에 영향을 받지 않음을 강조하였다. 그리고 군주를 바른길로 인도하려면 주변에 어진 신하가 많아야 한다. 넷째, 당시 사람들이 맹자가 변론하기를 좋아한다고 비난한다는 제자의 말에, 세상이 한 번 다스려지면 한 번 혼란해지는 역사적인 사실을 들며, 다시 다스려지는 시기로 만드는 소임을 자신이 담당해야 한다고 설파하였다.

1

진대陳代[1]가 말하였다.

"제후들을 만나지 않는 것은 작은 데 구애받는 것처럼 보입니다. 이제 한 번 만나시면 크게는 왕자王者를 이루고, 작게는 패자覇者를 이룰 것입니다. 그리고 옛 기록에 '한 자를 굽혀서 한 길을 편다.'라고 하였으니, 해볼 만한 일인 듯합니다."

맹자가 말하였다.

"옛날에 제나라 경공齊景公이 사냥할 적에 사냥터 관리인인 우인虞人을 대부를 부를 때 사용하는 깃발인 정旌으로 불렀는데 오지 않자 그를 죽이려 했다. 이 사람을 두고 '원대한 뜻을 지닌 사람은 시신이 산골짜기에 버려질 것을 두려워하지 않고, 용기 있는 사람은 자기 머리 잃는 것을 두려워하지 않는다.'고 칭찬한 공자는 어떤 부분을 높이 평가한 것인가? 자기의 신분에 맞는 부름이 아니면 가지 않음을 높이 평가한 것이다. 그런데 내가 부름을 기다리지 않고 간다면 어떠하겠는가? 그리고 한 자를 굽혀서 한 길을 편다는 것은 이익을 추구하는 방법으로 말한 것이다. 만일 이익만 가지고 말한다면, 한 길을 굽혀서 한 자를 펴는 것도 이익이 있다면 하겠는가?

옛적에 조간자趙簡子가 왕량王良[2]을 시켜 총애하는 신하 해

---

1 진대陳代 : 조기의 주석에 의하면 맹자의 제자이다.

奚와 함께 수레를 타고 사냥하도록 하였는데, 종일토록 한 마리의 짐승도 잡지 못하였다. 사냥에서 돌아와 해가 보고하기를 '천하에 형편없는 마부였습니다.'라고 하였다. 어떤 자가 이 말을 왕량에게 전하였다. 왕량이 '다시 가자.'고 했지만 간청한 뒤에야 마지못해 승낙하였다. 이번에는 하루아침에 열 마리의 짐승을 잡았다. 해가 보고하기를 '천하에 뛰어난 마부였습니다.'라고 하였다. 간자가 '앞으로는 그를 너와 함께 수레를 타도록 하겠다.' 하고는 왕량에게 말하였다. 왕량이 안 된다고 하며 '그를 위해서 법대로 말을 몰았더니 종일토록 한 마리도 잡지 못하였습니다. 이번에는 속임수로 짐승을 만나게 하였더니 하루아침에 열 마리의 짐승을 잡았습니다. 『시경』「소아小雅 거공車攻」에「법대로 말을 모니 화살마다 적중하네.」라고 하였습니다. 나는 저런 소인과 함께 타는 것이 익숙하지 않으니 사양하겠습니다.'라고 말했다. 마부도 사수에게 아부하는 것을 수치스럽게 여겨 아부하여 잡은 짐승이 산처럼 쌓일지라도 하지 않는데, 자신의 도를 굽혀서 저들을 추종한다면 어떻다고 하겠는가? 그리고 자네가 틀렸다. 자신의 몸을 굽힌 자가 남을 바르게 하는 경우는 없다."

---

2 조간자趙簡子가 왕량王良 : 조간자는 진晉나라의 정경正卿 대부이고, 왕량은 춘추 말기에 말을 잘 몰던 마부이다.

陳代曰: "不見諸侯, 宜若小然. 今一見之, 大則以王, 小則以霸. 且志曰: '枉尺而直尋', 宜若可爲也."

孟子曰: "昔齊景公田, 招虞人以旌, 不至, 將殺之. '志士不忘在溝壑, 勇士不忘喪其元.' 孔子奚取焉? 取非其招不往也. 如不待其招而往, 何哉? 且夫枉尺而直尋者, 以利言也. 如以利, 則枉尋直尺而利, 亦可爲與?

昔者, 趙簡子使王良與嬖奚乘, 終日而不獲一禽. 嬖奚反命曰: '天下之賤工也.' 或以告王良. 良曰: '請復之.' 彊而後可. 一朝而獲十禽. 嬖奚反命曰: '天下之良工也.' 簡子曰: '我使掌與女乘.' 謂王良. 良不可, 曰: '吾爲之範我馳驅, 終日不獲一. 爲之詭遇, 一朝而獲十. 詩云:「不失其馳, 舍矢如破.」我不貫與小人乘, 請辭.' 御者且羞與射者比, 比而得禽獸, 雖若丘陵, 弗爲也, 如枉道而從彼, 何也? 且子過矣. 枉己者, 未有能直人者也."

2

경춘景春[3]이 말하였다.

---

3 경춘景春: 전국시대 사람으로, 당시 정치를 좌지우지하던 유세객들을 추종했다.

"공손연公孫衍과 장의張儀[4]가 어찌 대장부가 아니겠습니까? 이들이 한번 화를 내면 제후들이 두려워하고, 조용히 지내면 천하가 전쟁 없이 잠잠합니다."

맹자가 말하였다.

"이 어찌 대장부라 할 수 있겠는가? 그대는 예를 배우지 않았는가? 남자가 성년이 되어 관례冠禮[5]를 할 때 아버지가 훈계하는 말을 하고, 여자가 시집갈 때에는 어머니가 훈계하는 말을 한다. 문 밖에서 전송할 적에 경계하기를 '시집에 가서 반드시 공경하고 조심하여 남편의 뜻을 어기는 일이 없도록 하라.' 하니, 순종함을 올바른 도리로 삼는 것은 아녀자의 도리이다.[6] 천하의 넓은 집에 거처하며, 천하의 바른 자리에 서며, 천하의 큰길[7]을 가서 뜻을 얻으면 백성과 함께 도를 행하고, 뜻을 얻지 못하면 홀로 그 도를 행하여 부귀에 마음을 빼앗기지 않으며, 빈천해도 절개를 변하지 않으며, 무력의 위협

4 공손연公孫衍과 장의張儀 : 두 사람 다 위魏나라 사람으로 당시 유명한 유세객이었다. 공손연은 이름이 서수犀首이다. 진秦나라에서 벼슬하였으며 다섯 나라의 재상을 맡기도 하였다. 장의는 여섯 나라를 설득하여 진秦나라를 섬기도록 한 유세객이다.

5 관례冠禮 : 고대에 남자가 20세가 되면 관冠을 쓰는 성년식을 치렀다. 이를 '가관례加冠禮'라 한다.

6 순종함을 … 도리이다 : 주희는 주석에서, 공손연과 장의는 아첨하고 구차스럽게 행동하여 권력을 훔쳤으니 아녀자의 순종하는 도리이지, 대장부가 할 짓이 아니라고 한 말이라고 해석하였다.

에도 지조를 굽히지 않는 사람을 대장부라고 하는 것이다."

景春曰:"公孫衍·張儀, 豈不誠大丈夫哉? 一怒而諸侯懼,
安居而天下熄."
孟子曰:"是焉得爲大丈夫乎? 子未學禮乎? 丈夫之冠也, 父
命之; 女子之嫁也, 母命之. 往送之門, 戒之曰:'往之女家,
必敬必戒, 無違夫子.' 以順爲正者, 妾婦之道也. 居天下之
廣居, 立天下之正位, 行天下之大道, 得志, 與民由之, 不得
志, 獨行其道, 富貴不能淫, 貧賤不能移, 威武不能屈, 此之
謂大丈夫."

3

주소周霄[8]가 물었다.

"옛날의 군자는 벼슬을 하였습니까?"

---

7 천하의 넓은 … 큰길 : 주희는 주석에서 "광거廣居는 인仁이고, 정위
正位는 예禮이고, 대도大道는 의義이다."라고 하였다. 『논어』에 "예에 선
다.立於禮"라는 말이 있고, 『맹자』「진심」에도 "인에 머물고 의로움을 행
한다.居仁由義"라는 말이 있다.

8 주소周霄 : 조기의 주석에 의하면, 위魏나라 사람이다. 양혜왕과 양양
왕 시기에 활동했던 것으로 전한다.

맹자가 대답하였다.

"벼슬을 하였다. 전하는 기록에 '공자는 3개월 동안 섬기는 군주가 없으면 매우 초조해하여 국경을 나갈 적에는 반드시 예물을 준비해 싣고 갔다.'라고 하였다. 공명의公明儀가 말하기를 '옛사람은 3개월 동안 섬기는 군주가 없으면 위문하였다.'라고 하였다."

"3개월 동안 섬기는 군주가 없다고 위문하는 것은 너무 급한 것 아닙니까?"

맹자가 말하였다.

"사士가 관직을 잃음은 제후가 나라를 잃은 것과 같다. 『예기』에 '제후가 밭을 갈면 백성들이 도와서 자성粢盛, 제사에 쓰는 곡물 을 바치고, 부인은 누에를 치고 실을 뽑아서 의복을 만든다. 희생犧牲, 제사에 쓰는 짐승 이 갖추어지지 않고 자성이 정결하지 못하며 의복이 갖추어지지 못하면 감히 제사 지내지 못한다. 사士가 제전祭田이 없으면 역시 제사를 지내지 못한다.' 하였다. 희생으로 사용할 짐승과 곡식을 담은 그릇과 제사에 입을 의복이 갖추어지지 않아 감히 제사를 지내지 못하면 감히 잔치를 하지 못한다. 역시 위문할 만하지 않은가?"

"국경을 나갈 적에 반드시 폐백을 싣고 가는 것은 무슨 까닭입니까?"

맹자가 말하였다.

"사士가 벼슬하는 것은 농부가 밭을 가는 것과 같다. 농부가 어찌 국경을 나가면서 쟁기와 보습을 놔두고 가겠는가?"

주소가 말하였다.

"진晉나라가 벼슬할 만한 나라이지만, 벼슬을 이처럼 급하게 여겼다는 말은 들어보지 못했습니다. 이처럼 급하게 여기면서 군자가 벼슬하기를 어렵게 여기는 것은 어째서입니까?"

맹자가 말하였다.

"남자가 태어나 자라면 그를 장가보내려 하고, 여자가 태어나 자라면 그를 시집보내려 하는 것은 부모의 마음이라 사람마다 다 갖고 있다. 하지만 부모의 명령과 중매쟁이의 말을 기다리지 않은 채 구멍을 뚫고 서로 엿보며 담을 넘어 어울린다면 부모와 나라 사람들이 모두 천하게 여긴다. 옛사람들이 벼슬을 싫어한 것은 아니지만 역시 올바른 도리를 따르지 않는 것을 싫어하였다. 도리를 따르지 않고 찾아가는 것은 구멍을 뚫고 어울리는 것이나 마찬가지이다."

周霄問曰: "古之君子仕乎?"

孟子曰: "仕. 傳曰: '孔子三月無君, 則皇皇如也, 出疆必載質(지).' 公明儀曰: '古之人三月無君, 則弔.'"

"三月無君則弔, 不以急乎?"

曰: "士之失位也, 猶諸侯之失國家也. 禮曰: '諸侯耕助, 以供粢盛; 夫人蠶繅, 以爲衣服. 犧牲不成, 粢盛不潔, 衣服不備, 不敢以祭. 惟士無田, 則亦不祭.' 牲殺器皿, 衣服不備,不敢以祭, 則不敢以宴. 亦不足弔乎?"

"出疆必載質, 何也?"

曰: "士之仕也, 猶農夫之耕也. 農夫豈爲出疆, 舍其耒耜哉?"

曰: "晉國亦仕國也, 未嘗聞仕如此其急. 仕如此其急也, 君子之難仕, 何也?"

曰: "丈夫生而願爲之有室, 女子生而願爲之有家, 父母之心, 人皆有之. 不待父母之命, 媒妁之言, 鑽穴隙相窺, 踰牆相從, 則父母國人皆賤之. 古之人未嘗不欲仕也, 又惡(오)不由其道. 不由其道而往者, 與鑽穴隙之類也."

4

팽경彭更[9]이 물었다.

"뒤따르는 수레 수십 대와 뒤따르는 사람 수백 명을 거느리고 제후에게 밥을 얻어먹는 것은 너무 지나치지 않습니까?"

맹자가 말하였다.

"올바른 도리가 아니면 한 그릇의 밥도 남에게 받아서는 안 된다. 올바른 도리라면 순舜이 요堯에게서 천하를 받은 것

---

9 팽경彭更 : 조기의 주에 의하면, 맹자의 제자이다.

도 지나치다고 여기지 않는다. 그대는 이것을 지나치다고 여기는가?"

팽경이 말하였다.

"아닙니다. 선비가 하는 일 없이 밥을 얻어먹는 것이 불가하다는 것입니다."

맹자가 말하였다.

"그대가 직업이 다른 사람과 협업하고 교역하여 남는 것으로 부족한 것을 보충하지 않는다면, 농부는 곡식이 남아서 버릴 것이며, 베 짜는 여인들은 베가 남아서 버릴 것이다. 그러나 그대가 직업이 다른 사람과 협업하면 가구장이나 건축가, 그리고 수레 만드는 사람이 모두 그대에게 밥을 얻어먹을 것이다. 여기에 어떤 사람이 있다. 그는 집에 들어오면 부모에게 효도하고, 나가면 어른에게 공손하며, 선왕의 도를 지켜 후세의 학자를 기르면서도 그대에게는 밥을 얻어먹지 못할 것이다. 그대는 어찌하여 가구장이나 건축가, 수레 만드는 사람은 존중하면서 인의仁義를 행하는 자는 가볍게 여기는가?"

팽경이 말하였다.

"가구장이나 건축가, 수레 만드는 사람은 그 뜻이 밥을 구하는 데 있습니다. 군자가 도를 행하는 것도 그 뜻이 밥을 구하는 데 있습니까?"

맹자가 말하였다.

"자네가 어찌 그 뜻을 따지는가? 자네에게 공이 있어 밥을 먹일 만하면 밥을 먹이는 것이다. 그리고 자네는 뜻을 위주로 하여 밥을 먹이는가? 공을 위주로 하여 밥을 먹이는가?"

팽경이 말하였다.

"뜻을 위주로 하여 밥을 먹입니다."

맹자가 말하였다.

"어떤 사람이 있다. 그가 기왓장을 깨뜨리고 새 담장을 함부로 그어 놓았는데도 그 뜻이 밥을 구하는 데 있다면 자네는 그에게 밥을 먹이겠는가?"

팽경이 말하였다.

"아닙니다."

맹자가 말하였다.

"그러면 그대는 뜻을 위주로 하여 밥을 먹이는 것이 아니라, 공을 위주로 하여 밥을 먹이는 것이다."

彭更問曰:"後車數十乘, 從者數百人, 以傳食於諸侯, 不以泰乎?"

孟子曰:"非其道, 則一簞食(사)不可受於人. 如其道, 則舜受堯之天下, 不以爲泰. 子以爲泰乎?"

曰:"否. 士無事而食, 不可也."

曰:"子不通功易事, 以羨(연)補不足, 則農有餘粟, 女有餘布. 子如通之, 則梓匠輪輿, 皆得食於子. 於此有人焉. 入則孝, 出則悌, 守先王之道, 以待後之學者, 而不得食於子. 子

何尊梓匠輪輿, 而輕爲仁義者哉?"

曰:"梓匠輪輿, 其志將以求食也. 君子之爲道也, 其志亦將以求食與?"

曰:"子何以其志爲哉? 其有功於子, 可食(사)而食之矣. 且子食(사)志乎? 食功乎?"

曰:"食志."

曰:"有人於此. 毀瓦畫(획)墁, 其志將以求食也, 則子食之乎?"

曰:"否."

曰:"然則子非食志也, 食功也."

5

만장萬章[10]이 물었다.

"송宋나라는 작은 나라입니다. 이제 왕도정치를 행하려 하는데, 큰 나라인 제나라와 초나라가 그를 싫어하여 정벌하면 어떻게 해야 합니까?"

맹자가 말하였다.

---

10 만장萬章 : 맹자의 제자이다.『맹자』를 저작할 때 참여하였다. _『사기 史記』「맹자열전孟子列傳」

"탕왕湯王이 박읍毫邑에 있을 때 갈葛 나라와 이웃하였다. 당시 갈나라의 군주가 방탕하여 제사를 지내지 않았다. 탕왕이 사람을 보내 '어찌하여 제사를 지내지 않는가?'라고 묻자 '희생犧牲으로 쓸 짐승이 없기 때문입니다.'라고 하였다. 탕왕이 소와 양을 보내 주었는데 갈나라 군주가 이를 잡아먹고 또 제사를 지내지 않았다. 탕왕이 또 사람을 보내 '어찌하여 제사를 지내지 않는가?'라고 물으니 '제사에 쓸 곡식이 없기 때문입니다.'라고 하였다. 탕왕이 박읍의 백성들을 갈나라에 보내 농사를 짓게 하였는데, 노약자들이 밥을 내다 먹었다. 그러자 갈나라 군주가 자기 백성을 거느리고 가서 술과 밥과 기장밥·쌀밥을 강제로 빼앗고, 순순히 주지 않는 자는 죽였다. 어린아이 하나가 기장밥과 고기를 가지고 왔는데, 그 애를 죽이고 먹을 것을 빼앗았다. 『서경書經』「중훼지고仲虺之誥」에 '갈나라 군주가 밥을 먹여 주는 자를 원수로 여겼다.'라고 기록하였는데, 이 사건을 말한 것이다. 탕왕이 어린아이를 죽인 것 때문에 갈나라를 정벌하자, 사해四海 안 모든 사람이 '천하를 탐해서가 아니라 백성들의 원수를 갚은 것이다.'라고 하였다.

탕왕이 첫 번째 정벌을 갈나라로부터 시작하여 11개국을 정벌하였는데, 천하에 대적하는 이가 없었다. 동쪽을 향하여 정벌하면 서쪽의 오랑캐가 원망하고, 남쪽을 향하여 정벌하면 북쪽의 오랑캐가 원망하며 '어찌하여 우리나라를 뒤에 정벌하는가?'라고 하였다. 백성들이 탕왕을 기다리기를 큰 가뭄에 비를 바라듯이 하였다. 시장에 가는 자들이 발길을 멈추지 않았으며, 김매는 자들이 동요하지 않았다. 탕왕이 그 군주를 주벌하고 백성들을 위문하자, 단비가 내린 듯 백성들이 크게 기뻐하였다.

『서경書經』「상서商書 태갑太甲」에 '우리 임금님을 기다렸노라. 우리 임금님이 오시니 형벌이 없네!'라고 기록하였다. 또 『서경』에 '신하로 복종하지 않는 나라가 있었는데, 동쪽으로 정벌하여 남정네와 여인네 들을 편안하게 하였다. 남정네와 여인네 들이 검은 비단과 황색 비단을 광주리에 담아 갖고 와서 우리 주周나라 왕을 섬겨 아름다운 복을 받아 큰 나라인 주나라의 신하로 복종하였다.'라고 하였다. 관원君子들은 검은 비단과 황색 비단을 광주리에 담아 관원들을 맞이하고, 백성小人들은 그릇에 밥을 담고 병에 음료를 담아서 병사들을 맞이하였다. 이는 백성을 물과 불길 같은 학정 속에서 구원하고, 잔인하고 포학한 군주만을 잡아 벌주었기 때문이다.

『서경』「태서太誓」에 '우리의 위엄을 떨쳐 저들의 국경을 침략하여 잔학한 군주를 잡아 살벌殺伐의 법을 크게 시행하니, 탕왕보다도 더 빛났다.'라고 하였다. 왕도정치를 행하지 않으면 모르지만, 왕도정치를 행한다면 사해 안의 모든 백성이 머리를 들고 오기를 기다려 군주로 삼으려 할 터인데, 제나라와 초나라가 비록 큰 나라지만 무엇이 두렵겠는가?"

萬章問曰:"宋, 小國也. 今將行王政, 齊楚惡(오)而伐之, 則如之何?"

孟子曰:"湯居亳, 與葛爲鄰. 葛伯放而不祀. 湯使人問之曰: '何爲不祀?' 曰: '無以供犧牲也.' 湯使遺之牛羊, 葛伯食之, 又不以祀. 湯又使人問之曰: '何爲不祀?' 曰: '無以供粢盛也.' 湯使亳衆, 往爲之耕, 老弱饋食(사). 葛伯帥其民, 要其有酒食(사)黍稻者奪之, 不授者殺之. 有童子以黍肉餉, 殺而奪之. 書曰: '葛伯仇餉.' 此之謂也. 爲其殺是童子而征之, 四海之內皆曰: '非富天下也, 爲匹夫匹婦, 復讐也.'

湯始征, 自葛載, 十一征而無敵於天下. 東面而征, 西夷怨; 南面而征, 北狄怨, 曰: '奚爲後我?' 民之望之, 若大旱之望雨也. 歸市者弗止, 芸者不變. 誅其君, 吊其民, 如時雨降, 民大悅.

書曰: '徯我后, 后來其無罰!' 有攸不爲臣, 東征, 綏厥士女. 篚厥玄黃, 紹我周王見休, 惟臣附于大邑周.' 其君子實玄黃于篚, 以迎其君子; 其小人簞食(사)壺漿, 以迎其小人. 救民於水火之中, 取其殘而已矣.

太誓曰: '我武惟揚, 侵于之疆, 則取于殘, 殺伐用張, 于湯有光.' 不行王政云爾, 苟行王政, 四海之內, 皆擧首而望之, 欲以爲君, 齊楚雖大, 何畏焉?"

6

맹자가 송나라의 신하 대불승戴不勝에게 말하였다.

"그대는 그대의 왕이 선하게 되기를 바라는가? 내 분명히 그대에게 말하겠다. 여기에 초나라 대부가 있는데, 그의 아들이 제나라 말 하기를 원한다면 제나라 사람이 가르치게 하겠는가? 초나라 사람이 가르치게 하겠는가?"

대불승이 말하였다.

"제나라 사람이 가르치게 할 것입니다."

맹자가 말하였다.

"제나라 사람이 그를 가르치는데, 주변에서 초나라 사람들이 떠들어 댄다면 아무리 날마다 종아리를 치면서 제나라 말 하기를 요구하더라도 어려울 것이다. 그러나 그를 데려다가 장악莊嶽, 제나라의 번화한 거리에다 몇 년 동안 둔다면 아무리 날마다 종아리를 치면서 초나라 말 하기를 요구하더라도 못 할 것이다. 그대가 설거주薛居州를 선한 선비라 하여 왕의 곁에 있게 하였다. 왕의 곁에 있는 어른과 어린이, 지위가 높고 낮은 모든 사람이 설거주와 같이 선한 사람이라면 왕이 누구와 불선不善한 짓을 하겠는가? 왕의 곁에 있는 어른과 어린이, 지위가 높고 낮은 모든 사람이 설거주와 같이 선한 사람이 아니라면 왕이 누구와 선한 일을 하겠는가? 설거주 혼자서 송나라 왕을 어떻게 할 수 있겠는가?"

孟子謂戴不勝曰:"子欲子之王之善與? 我明告子. 有楚大夫於此, 欲其子之齊語也, 則使齊人傳諸? 使楚人傳諸?"

曰:"使齊人傳之."

曰:"一齊人傳之, 衆楚人咻之, 雖日撻而求其齊也, 不可得矣. 引而置之莊嶽之間數年, 雖日撻而求其楚, 亦不可得矣. 子謂薛居州善士也, 使之居於王所. 在於王所者, 長幼卑尊, 皆薛居州也, 王誰與爲不善? 在王所者, 長幼卑尊, 皆非薛居州也, 王誰與爲善? 一薛居州, 獨如宋王何?"

7

공손추가 물었다.

"제후를 만나지 않는 것은 무슨 도리입니까?"

맹자가 말하였다.

"옛적에는 신하가 되지 않으면 군주를 만나지 않았다. 단간목段干木은 담장을 넘어 피하였고, 설류泄柳[11]는 문을 닫고 받아들이지 않았는데, 이는 모두 너무 심하다. 정성이 절박하

---

11 단간목段干木은 … 설류泄柳 : 단간목은 위나라 문후魏文侯 때의 현자이고, 설류泄柳는 노나라 목공魯繆公 때의 사람이다. 위문후와 노목공이 만나고자 했지만 아직 신하가 아니었기 때문에 만나주지 않은 것이다.

면 만날 수 있다. 양화陽貨는 공자가 자기를 찾아오게 하려고 하였으나 무례하다는 비난은 싫어하였다. 당시 대부가 사士에게 물건을 보낼 경우, 사가 자기 집에서 그 물건을 직접 받지 못했으면 대부의 문에 가서 절하는 예가 있었다. 양화가 공자가 집에 없을 때를 엿보아 삶은 돼지고기를 보내자, 공자도 그가 집에 없을 때를 엿보아 찾아가서 절했다. 이때에 양화가 먼저 예를 지켰다면, 공자께서 어찌 만나보지 않았겠는가? 증자께서 '어깨를 들먹이며 아첨 떨며 웃는 것은 여름날 밭에서 일하는 것보다 더 힘들다.'라고 하였다. 자로는 '생각이 다른데도 억지로 영합하여 말하는 자는 그 얼굴빛을 보면 무안하여 붉어진다. 이는 내가 알 바가 아니다.'라고 하였다. 이로 말미암아 살펴본다면 군자가 자신을 기르는 바를 알 수 있다."

公孫丑問曰: "不見諸侯, 何義?"

孟子曰: "古者, 不爲臣不見. 段干木踰垣而辟(피)之, 泄柳閉門而不內(납), 是皆已甚. 迫, 斯可以見矣. 陽貨欲見(현)孔子, 而惡(오)無禮. 大夫有賜於士, 不得受於其家, 則往拜其門. 陽貨瞰孔子之亡(무)也, 而饋孔子蒸豚, 孔子亦瞰其亡也, 而往拜之. 當是時, 陽貨先, 豈得不見? 曾子曰: '脅肩諂笑, 病于夏畦.' 子路曰: '未同而言, 觀其色赧赧然, 非由之所知也.' 由是觀之, 則君子之所養, 可知已矣."

송나라 대부 대영지戴盈之가 말하였다.

"10분의 1을 받는 세금제도와 국경 관문과 시장에서 받는 세금 폐지하는 것을 금년에는 할 수가 없습니다. 금년에는 세금을 경감하고 내년에 그만두려고 합니다. 어떻습니까?"

맹자가 말하였다.

"날마다 이웃집의 닭을 훔치는 사람이 있어 어떤 사람이 그에게 '이는 군자의 도리가 아니다.'라고 하자, '그 수를 줄여서 달마다 닭 한 마리를 훔쳐먹다가 내년에 그만두겠다.'라고 대답하는 것과 같다. 만일 의롭지 못한 일임을 알았으면 속히 그만두어야지 어찌 내년을 기다리겠는가?"

戴盈之曰: "什一, 去關市之征, 今玆未能. 請輕之, 以待來年然後已. 何如?"

孟子曰: "今有人日攘其隣之鷄者, 或告之曰: '是非君子之道.' 曰: '請損之, 月攘一鷄, 以待來年, 然後已.' 如知其非義, 斯速已矣, 何待來年?"

공도자가 물었다.

"남들이 모두 선생님더러 변론하기를 좋아한다고 합니다. 감히 여쭙겠습니다, 어째서입니까?"

맹자가 말하였다.

"내 어찌 변론하기를 좋아하겠는가? 부득이해서이다. 천하에 인간이 살아온 지 오래되었는데, 한 번 다스려지면 한번은 혼란하였다. 요堯 때에 물이 역류하여 중국中國에 범람하여 뱀과 용이 넘쳐나 사람들이 안정할 곳이 없었다. 낮은 지역에 사는 사람들은 나무 위에 둥지를 만들어 살고, 높은 지역에 사는 사람들은 굴을 파고 살았다. 『서경』에 '홍수가 나를 경계하였다.'라고 하였는데, 홍수란 큰물이다. 요임금이 우禹를 시켜서 홍수를 다스리게 하였다. 우는 땅을 파서 물을 바다로 흘러가게 하고, 뱀과 용을 몰아 늪지대로 추방하였다. 물이 땅속으로 흐르게 되었으니,[12] 장강長江·회하淮河·황하黃河·한수漢水가 그것이다. 위험한 문제들이 해소되고 사람을 해치는 새와 짐승들이 사라진 뒤에야 사람들이 평지에서 살게 되었다.

---

12 물이 … 되었으니 : 땅을 파서 운하를 만들어 물이 흐르도록 했다는 뜻이다.

요와 순이 죽은 뒤 성인의 도가 쇠락하여 포악한 군주가 대를 이어 나와서 백성들의 집을 헐고 못을 만들어 백성들이 편안히 쉴 곳이 없었다. 농토를 빼앗아 사냥터를 만들어서 백성들이 의복과 식량을 구할 수 없었다. 게다가 바르지 못한 학설과 포학한 행동이 일어나 사냥터와 깊은 못과 늪지대가 많아지자 짐승들이 모여들었다. 주왕紂王에 이르러서는 천하가 다시 크게 혼란해졌다.

주공이 무왕을 도와 주왕을 주벌하고, 엄奄나라를 정벌한 지 3년 만에 그 군주를 토벌하고, 비렴飛廉을 바다 모퉁이로 몰아내어 죽였다. 당시 학정을 하여 멸망한 나라가 50개국이었다. 범과 표범, 코뿔소와 코끼리를 몰아내 멀리 쫓아내자 천하가 크게 기뻐하였다 이를 두고 『서경』에서 '크게 빛나셨네, 문왕의 계책! 크게 계승하셨네, 무왕의 공렬! 후세 사람들을 깨우칠 때 모두 바른 도리로 하고 결함이 없으셨네.'라고 하였다.

이후 세상이 쇠하고 도가 미약해져서 부정한 학설과 포학한 행동이 일어나 신하로서 군주를 시해하는 자가 나오고, 자식으로서 아버지를 시해하는 자가 있었다. 공자께서 이를 두려워하여 『춘추春秋』를 지었다. 『춘추』는 천자가 하는 일이다. 이 때문에 공자께서 '나를 알아주는 것도 오직 『춘추』이며, 나를 죄주는 것도 오직 『춘추』이다.'[13]라고 하였다.

성왕聖王이 나오지 않자 제후가 방자하고 초야의 선비들이

제멋대로 학설을 주장하였다. 양주楊朱와 묵적墨翟의 학설이 천하에 가득하여, 천하의 학설이 양주가 아니면 묵적에게로 돌아간다. 양씨의 학설은 자신만을 위하니, 이는 군주가 없는 것이다. 묵씨는 차등 없는 사랑을 주장하니, 이는 아버지가 없는 것이다. 아버지가 없고 군주가 없으면 이는 금수禽獸이다. 공명의公明儀가 '임금의 푸줏간에는 살진 고기가 있고 마구간에는 살찐 말이 있는데도 백성들은 굶주린 기색이 있고 들판에 굶어 죽은 시체가 있다면, 이는 짐승을 내몰아 사람을 잡아먹게 하는 것이다.'라고 하였다. 양주와 묵적의 도가 종식되지 않으면 공자의 도가 드러나지 못한다. 이는 부정한 학설이 백성을 속여 인의仁義의 바른길을 가로막는 것이다. 인의의 바른길이 막히면 짐승을 내몰아 사람을 잡아먹게 하다가 나중에는 사람들이 서로 잡아먹게 될 것이다. 내가 이 때문에 두려워하여 선성先聖의 도를 보호하여 양주·묵적의 학설을 막고, 부정한 말을 추방하여 부정한 학설이 나오지 못하게 하는 것이다. 부정한 학설은 그 마음에서 나와 일에 해를

13 '나를 알아주는 … 춘추이다 :『춘추』는 중국 춘추시대 노나라 은공隱公으로부터 애공哀公까지 12공公, 242년간의 노나라 역사 기록을 이용하여 천자의 법을 기준으로 죄가 있는 자와 공이 있는 자를 구분하여 평가하였기 때문에 공자를 알아주는 사람은 이 책을 지음으로 해서 후세의 난신적자들이 경계하도록 한 공로가 있다고 하고, 잘못이라고 지적한 사람은 천자의 지위에 있지 않으면서 천자의 법을 시행한 것이라 비난한다는 말이다.

끼치며, 일에서 나와 정사에 해를 끼친다. 성인이 다시 나오셔도 내 말을 바꾸지 않을 것이다.

옛적에 우가 홍수를 다스리자 천하가 태평해졌고, 주공이 오랑캐를 통합하고 맹수를 몰아내자 백성들이 편안해졌다. 공자께서 『춘추』를 완성하자 반란을 일으키는 신하와 불효하는 자식들이 두려워하였다. 이를 두고 『시경』에 '융적戎狄을 정벌하니 형서荆舒가 다스려져 나를 감히 대적할 자가 없다.'라고 하였다. 양주나 묵적처럼 아버지가 없고 군주가 없는 인간은 주공도 응징했던 것이다. 나도 인심人心을 바로잡아 사악한 학설을 종식시키고 잘못된 행실을 막으며 황당한 학설을 추방하여 우와 주공과 공자 세 성인이 하였던 일을 계승하려고 한다. 어찌 변론을 좋아해서 하겠는가? 부득이해서이다. 양주·묵적의 학설을 막을 수 있는 사람이 바로 성인의 제자이다."

公都子曰: "外人皆稱夫子好辯. 敢問, 何也?"

孟子曰: "予豈好辯哉? 予不得已也. 天下之生久矣, 一治一亂. 當堯之時, 水逆行, 氾濫於中國, 蛇龍居之, 民無所定. 下者爲巢, 上者爲營窟. 書曰: '洚水警余.' 洚水者洪水也. 使禹治之. 禹掘地而注之海, 驅蛇龍而放之菹. 水由地中行, 江·淮·河·漢是也. 險阻旣遠, 鳥獸之害人者消, 然後人得平土而居之.

堯舜既沒, 聖人之道衰, 暴君代作, 壞宮室以爲汙池, 民無所安息. 棄田以爲園囿, 使民不得衣食. 邪說暴行又作, 園囿汙池沛澤多, 而禽獸至. 及紂之身, 天下又大亂.

周公相武王誅紂, 伐奄三年討其君, 驅飛廉於海隅而戮之. 滅國者五十. 驅虎豹犀象而遠之, 天下大悅. 書曰: '丕顯哉, 文王謨! 丕承哉, 武王烈! 佑啓我後人, 咸以正無缺.'

世衰道微, 邪說暴行有作, 臣弑其君者有之, 子弑其父者有之. 孔子懼, 作春秋. 春秋, 天子之事也. 是故孔子曰: '知我者, 其惟春秋乎, 罪我者, 其惟春秋乎.'

聖王不作, 諸侯放恣, 處士橫議. 楊朱·墨翟之言盈天下, 天下之言, 不歸楊則歸墨. 楊氏爲我, 是無君也. 墨氏兼愛, 是無父也. 無父無君, 是禽獸也. 公明儀曰: '庖有肥肉, 廐有肥馬, 民有飢色, 野有餓莩, 此率獸而食人也.' 楊墨之道不息, 孔子之道不著. 是邪說誣民, 充塞仁義也. 仁義充塞, 則率獸食人, 人將相食. 吾爲此懼, 閑先聖之道, 距楊墨, 放淫辭, 邪說者不得作. 作於其心, 害於其事; 作於其事, 害於其政. 聖人復起, 不易吾言矣.

昔者, 禹抑洪水而天下平; 周公兼夷狄, 驅猛獸而百姓寧. 孔子成春秋而亂臣賊子懼. 詩云: '戎狄是膺, 荊舒是懲, 則莫我敢承.' 無父無君, 是周公所膺也. 我亦欲正人心, 息邪說, 距詖行, 放淫辭, 以承三聖者. 豈好辯哉? 予不得已也. 能言距楊墨者, 聖人之徒也.”

광장匡章[14]이 말하였다.

"진중자陳仲子[15]가 어찌 참으로 청렴한 선비가 아니겠습니까? 오릉於陵에 살 적에 3일 동안 먹지 못하여 귀가 안 들리고 눈이 안 보였는데, 우물가에 벌레가 반 넘게 파먹은 오얏나무 열매를 기어가서 따먹어 세 번 삼킨 뒤에야 귀가 들리고 눈이 보였습니다."

맹자가 말하였다.

"제나라의 선비 중에 나는 반드시 중자를 엄지손가락으로 여긴다. 그러나 중자가 어찌 청렴한 사람이겠는가? 중자의 지조를 그대로 채우려면 지렁이가 된 뒤에야 가능할 것이다. 지렁이는 땅 위로 올라와 마른 흙을 먹고, 땅 아래로 내려가서는 흙탕물을 마신다. 중자가 사는 집은 백이伯夷가 건축한 것인가? 아니면 도척盜跖[16]이 건축한 것인가? 그가 먹는 곡식

---

14 광장匡章 : 제나라 위왕威王 때의 장군으로, 진秦의 군대를 방어한 기록이 『전국책戰國策』 등에 나온다.

15 진중자陳仲子 : 제나라 사람이다. 지조를 지켜 벼슬하지 않은 사람으로 『한비자韓非子』와 『순자荀子』에 기록이 전한다.

16 도척盜跖 : 춘추시대春秋時代의 현자 유하혜柳下惠의 아우로, 수천 명을 거느린 대도大盜로 알려졌다. 매우 악한 사람을 빗대는 대명사로 쓰인다.

은 백이가 심은 것인가? 아니면 도척이 심은 것인가? 이것을 알 수 없구나!"

광장이 말하였다.

"그것이 무슨 문제가 되겠습니까? 그는 자신이 신을 짜고, 아내가 마전하고 길쌈하여 곡식과 바꾸어 먹습니다."

맹자가 말하였다.

"중자는 대대로 제나라의 녹을 먹는 가문이다. 그의 형 대戴가 합蓋 땅에서 받는 녹祿이 만종인데, 형의 녹을 의롭지 못하다 여겨 먹지 않았으며, 형의 집을 의롭지 않다고 여겨 거처하지 않았으며, 형을 피하고 어머니를 떠나 오릉에서 생활하였다. 어느 날 집에 돌아왔는데, 마침 그의 형에게 살아 있는 거위를 선물한 사람이 있었다. 그는 이마를 찌푸리며 '꽥꽥거리는 이것을 어디에 쓰겠는가?'라고 하였다. 얼마 후 그의 어머니가 이 거위를 잡아 주어 먹고 있었다. 형이 밖에서 돌아와 '이것은 꽥꽥거리던 거위의 고기이다.'라고 하자, 그는 밖으로 나가 그것을 토하였다. 어머니가 하면 먹지 않고 아내가 하면 먹으며, 형의 집에는 살지 않고 오릉에서는 살았다. 그런데도 그 지조를 잘 지켰다 할 수 있을까? 중자와 같은 자는 지렁이가 된 뒤에야 그 지조에 만족할 수 있을 것이다."

匡章曰: "陳仲子豈不誠廉士哉? 居於(오)陵, 三日不食, 耳無聞, 目無見也, 井上有李, 螬食實者過半矣, 匍匐往, 將食

之, 三咽, 然後耳有聞, 目有見."

孟子曰; "於齊國之士, 吾必以仲子爲巨擘焉. 雖然, 仲子惡(오)能廉? 充仲子之操, 則蚓而後可者也. 夫蚓上食槁壤, 下飮黃泉. 仲子所居之室, 伯夷之所築與? 抑亦盜跖之所築與? 所食之粟, 伯夷之所樹與? 抑亦盜跖之所樹與? 是未可知也!"

曰: "是何傷哉? 彼身織屨, 妻辟纑, 以易之也."

曰: "仲子, 齊之世家也. 兄戴, 蓋(합)祿萬鍾, 以兄之祿, 爲不義之祿, 而不食也, 以兄之室, 爲不義之室, 而不居也, 辟(피)兄離母, 處於於陵. 他日歸, 則有饋其兄生鵝者. 己頻顣曰: '惡(오)用是鶃鶃者爲哉?' 他日, 其母殺是鵝也, 與之食之. 其兄自外至, 曰: '是鶃鶃之肉也.' 出而哇之. 以母則不食, 以妻則食之, 以兄之室則弗居, 以於陵則居之. 是尙爲能充其類也乎? 若仲子者, 蚓而後充其操者也."

이루 상

離婁 上

모두 28장이다. 이 편은 대화 형식은 2장뿐이고, 나머지는 맹자가 말하는 장으로 구성되어 있다. 주요 내용은 수신제가치국평천하의 기본 사상이다. 그중에 기초는 수신이고, 수신의 기본은 '진실함'이다. 진실함은 무엇이 가장 '선'인가를 분명하게 아는 것이다. 세상 모든 일에는 그에 따르는 법치이 있고, 나라를 통치하는 데는 사람을 사랑하는 '인정仁政'의 원칙을 사용해야 한다. 모든 원인을 자신에게서 찾으라는 가르침도 이 편에서 배운다. 그리고 세상에서 섬길 것이 많지만 어버이 섬기는 것이 첫째이고, 지켜야 할 것이 많지만 자신을 지키는 것이 제일 중요하다고 가르친다. 이외에도 짤막한 경구와 격언이 되는 가르침이 매우 많다.

맹자가 말하였다.

"이루離婁[1]의 시력과 공수자公輸子[2]의 솜씨로도 규구規矩[3]를 사용하지 않으면 방형方形과 원형圓形을 만들 수 없다. 사광師曠[4]의 밝은 청력으로도 육률六律[5]을 사용하지 않으면 오음五音[6]을 바르게 하지 못한다. 요와 순의 도를 지녀도 인정仁

---

1 이루離婁 : 고대 황제皇帝 시대의 사람으로, 시력이 매우 좋은 것으로 알려졌다. 백보 뒤에서 짐승의 미세한 가을 털의 끝을 볼 정도였다고 전한다. 『장자莊子』에는 '이주離朱'로 소개되고 있다.

2 공수자公輸子 : 중국 고대의 솜씨 좋은 장인의 대표적인 인물이다. 이름은 '반班'이다. 노나라 사람이라 '노반魯班'으로 부르기도 한다. 『예기禮記』「단궁檀弓」이나 『전국책戰國策』, 『묵자墨子』 등에 자주 등장한다.

3 규구規矩 : '규'는 원형圓形을, '구'는 방형方形을 재는 도구이다.

4 사광師曠 : 진晉나라 악관樂官의 수장인 태사太師를 지낸 인물로, 유명한 음악가로 알려졌다. 『좌전左傳』, 『예기禮記』, 『국어國語』 등에 등장한다.

5 육률六律 : 황제皇帝 시대 영륜伶倫이 대를 잘라서 만든 악기의 길이에 따라 소리의 고저와 청탁을 구분하여 양률陽律 6, 음률陰律 6으로 구분하였다. 양률은 황종黃鍾, 태주大簇, 고선姑洗, 유빈蕤賓, 이측夷則, 무역無射이고, 음률은 대려大呂, 협종夾鍾, 중려仲呂, 임종林鍾, 남려南呂, 응종應鍾이다.

6 오음五音 : 중국 고대의 음계音階로, 궁宮, 상商, 각角, 치徵, 우羽이다. 현대 음계에서 궁은 '도', 상은 '레', 각은 '미', 치는 '솔', 우는 '라'에 해당한다.

政을 사용하지 않으면 천하를 태평하게 다스릴 수가 없다. 군주에게 어진 마음이 있고 어질다는 소문이 있으면서도 백성들이 그 혜택을 받지 못하여 후세에 법이 될 수 없는 것은 선왕의 도를 실행하지 않았기 때문이다.[7] 그래서 '착한 마음만 가지고는 정치를 할 수 없으며, 좋은 제도가 있다고 해서 저절로 시행되는 것은 아니다.'라고 하는 것이다. 『시경』「대아大雅 가락假樂」에 '그릇되지도 않고 잊지도 않고, 선왕의 옛법을 따르도다.'라고 하였으니, 선왕의 법을 따르고서 잘못 되는 자는 없다.

성인은 시력視力을 다 사용하고도 규구와 준승準繩[8]의 도구를 사용하므로 모나고 둥글고 평평하고 곧게 하는 데 언제나 여유가 있다. 청력聽力을 다 사용하고도 육률을 사용하므로 오음을 바르게 하는 데 언제나 여유가 있다. 생각을 극진

---

7 군주에게 … 때문이다 : 이 부분에 대해서 북송 시대의 경학가 범조우范祖禹는 이렇게 정리하고 있다. "제선왕齊宣王은 한 마리 소가 죽는 것을 차마 보지 못하여 양羊으로 바꾸게 하였으니, 인심仁心이 있다고 이를 만하다. 양무제梁武帝는 하루에 한 번만 소식素食을 하고 종묘宗廟에는 밀가루로 희생犧牲을 만들어 사용하고, 사형死刑을 결단함에는 반드시 그를 위하여 눈물을 흘려, 천하가 그의 인자仁慈함을 알고 있었으니, 인문仁聞이 있다고 이를 만하다. 그러나 선왕宣王 때에 제齊나라가 잘 다스려지지 못하였고, 무제武帝의 말기에 강남江南이 크게 혼란하였으니 이는 선왕先王의 도道를 행하지 않았기 때문이다."

8 준승準繩 : '준'은 수평을 재는 도구이고, '승'은 직선을 재는 도구이다.

히 하고도 사람을 차마 함부로 대하지 못하는 정치를 하므로 어진 덕이 천하를 덮는다. 그러기에 '높은 누대를 지을 적에는 반드시 높은 언덕을 이용하고, 낮은 못을 만들 적에는 반드시 깊은 냇물을 이용한다.'라고 하였다. 그러니 정치를 하면서 선왕의 도를 이용하지 않는다면 지혜롭다 할 수 있겠는가? 이 때문에 어진 자만이 통치자의 지위에 있어야 하는 것이다. 어질지 못하면서 통치자의 지위에 있으면, 이는 그의 죄악을 여러 사람에게 전파하는 것이다. 위에는 도덕규범이 없고, 아래에는 지킬 제도가 없어 조정에서 도의道義를 믿지 않고 관리가 법도法度를 믿지 않으며, 군자가 의리를 범하고 백성이 형법을 범하고도 나라가 보존된다면 그것은 요행일 뿐이다.

그러기에 '성곽이 견고하지 못하고 군비軍備가 충분하지 못한 것이 나라의 재앙이 아니다. 농토가 잘 개간되지 못하고 재물이 부족한 것이 나라의 재해가 아니다. 윗사람이 예의가 없고 아랫사람에게 교육이 없으면 나라를 해치는 백성이 나와서 나라가 곧 망하게 된다.'라고 한 것이다. 『시경』「대아大雅 판板」에 '하늘이 주나라를 전복하려 하니, 그렇게 예예泄泄하지 말라.'라고 하였다. 예예는 답답沓沓과 같다. 군주를 섬김에 의리가 없고 관직에 나아가고 물러남에 예가 없으며, 걸핏하면 선왕의 도를 비방하는 자가 답답하게 하는 것이다. 그래서 '어려운 선왕의 일을 군주에게 요구하는 것을 공손恭이라 하고, 군주에게 선한 것을 말하여 사심邪心을 막는 것을 공경敬이라 하고, 우리 군주는 선을 하기가 불가능하다고 말하는 것을 군주를 해치는 것賊이라고 한다.'라고 하였다."

孟子曰: "離婁之明, 公輸子之巧, 不以規矩, 不能成方圓. 師曠之聰, 不以六律, 不能正五音. 堯舜之道, 不以仁政, 不能平治天下. 今有仁心仁聞, 而民不被其澤, 不可法於後世者, 不行先王之道也. 故曰: '徒善不足以爲政, 徒法不能以自行.' 詩云: '不愆不忘, 率由舊章.' 遵先王之法而過者, 未之有也.

聖人旣竭目力焉, 繼之以規矩準繩, 以爲方員平直, 不可勝用也. 旣竭耳力焉, 繼之以六律, 正五音, 不可勝用也. 旣竭心思焉, 繼之以不忍人之政, 而仁覆(부)天下矣. 故曰: '爲高必因丘陵, 爲下必因川澤.' 爲政不因先王之道, 可謂智乎? 是以惟仁者, 宜在高位. 不仁而在高位, 是播其惡於衆也. 上無道揆也, 下無法守也, 朝不信道, 工不信度, 君子犯義, 小人犯刑, 國之所存者幸也.

故曰: '城郭不完, 兵甲不多, 非國之災也. 田野不辟, 貨財不聚, 非國之害也. 上無禮, 下無學, 賊民興, 喪無日矣.' 詩曰: '天之方蹶, 無然泄泄.' 泄泄猶沓沓也. 事君無義, 進退無禮, 言則非先王之道者, 猶沓沓也. 故曰: '責難於君, 謂之恭, 陳善閉邪, 謂之敬, 吾君不能, 謂之賊.'"

2

맹자가 말하였다.

"규規와 구矩는 방형과 원형의 기준이고, 성인은 인륜의 기준이다. 훌륭한 군주가 되고자 하면 군주의 도리를 다하면 되고, 훌륭한 신하가 되고자 하면 신하의 도리를 다하면 된다. 이 두 경우 모두 요와 순만 본받으면 된다. 순이 요를 섬기던 도리로 군주를 섬기지 않는다면 군주에게 불경不敬하는 자이다. 요가 백성을 다스리던 도리로 백성을 다스리지 않는다면 백성을 해치는 자이다. 공자께서 '나라를 다스리는 길은 두 가지이다. 인정仁政을 하느냐 하지 않느냐일 뿐이다.'라고 했다.

백성을 포악하게 다스림이 심하면 자신은 시해를 당하고 나라가 망한다. 심하지 않으면 자신은 위태롭고 국력은 쇠약해진다. 그리하여 죽은 뒤에 유幽나 여厲라는 시호를 얻으면, 아무리 효자와 어진 자손이 있더라도 영원히 고칠 수 없다.[9] 『시경』에 '은殷나라의 거울이 멀지 않아, 하후夏后의 세대에 있다.'[10]라고 하였으니, 이를 말한 것이다."

---

9 유幽나 … 없다 : '유幽'와 '여厲'는 주周나라의 포악한 군주의 시호이다. 한 번 학정을 한 평가의 시호를 받으면 아무리 훌륭한 자손이라도 그 시호를 바꾸지 못한다는 말이다.

孟子曰: "規矩, 方圓之至也; 聖人, 人倫之至也. 欲爲君, 盡君道; 欲爲臣, 盡臣道. 二者皆法堯舜而已矣. 不以舜之所以事堯事君, 不敬其君者也. 不以堯之所以治民治民, 賊其民者也. 孔子曰: '道二, 仁與不仁而已矣.'

暴其民甚, 則身弑國亡. 不甚, 則身危國削. 名之曰'幽''厲', 雖孝子慈孫, 百世不能改也. 詩云: '殷鑑不遠, 在夏后之世.' 此之謂也."

3

맹자가 말하였다.

"하은주 삼대가 천하를 얻은 것은 어진 정치를 해서였고, 천하를 잃은 것은 어질지 못한 정치를 해서였다. 국가의 흥성과 쇠퇴, 생존과 멸망도 그러하다. 천자가 어질지 못하면 천하를 보전하지 못하고, 제후가 어질지 못하면 사직社稷[11]을

---

10 은殷나라의 … 있다 : 『시경』「대아大雅 탕蕩」에 나오는 내용이다. 은나라가 거울로 삼아야 할 대상이 멀리 있는 것이 아니라 자신들이 멸망시킨 하나라가 거울이라는 말이다.

11 사직社稷 : 사社는 흙土의 신, 직稷은 곡식穀의 신이다. 국가를 세우면 제단을 세우고 이들 신에게 제사한다. 따라서 '사직'은 국가를 상징하는 말로 사용된다.

보전하지 못한다. 경대부가 어질지 못하면 가문의 종묘를 보전하지 못하고, 일반 백성이 어질지 못하면 자신의 몸을 보전하지 못한다. 지금 죽기를 싫어하면서 어질지 못한 일을 좋아하니, 이는 취하는 것을 싫어하면서도 술 마시는 일에 힘쓰는 것과 같다."

孟子曰: "三代之得天下也以仁, 其失天下也以不仁. 國之所以廢興存亡者亦然. 天子不仁, 不保四海; 諸侯不仁, 不保社稷; 卿大夫不仁, 不保宗廟; 士庶人不仁, 不保四體. 今惡(오)死亡而樂不仁, 是猶惡(오)醉而强酒."

4

맹자가 말하였다.

"남을 사랑해도 상대가 친하게 여기지 않으면 자신의 사랑을 되돌아보고, 남을 다스려도 다스려지지 않으면 자신의 지혜를 되돌아보고, 남에게 예모를 갖추어 대하였는데도 답례가 없으면 자신의 공경함을 되돌아보아야 한다. 행동하고도 얻지 못함이 있으면 모두 원인을 자신에게서 돌이켜 찾아야 한다. 자신이 바르면 천하가 돌아오는 것이다. 『시경』「대아大雅 문왕文王」에 '길이 천명에 맞게 함이 스스로 많은 복을 구함이니라.'라고 하였다."

孟子曰: "愛人不親, 反其仁; 治人不治, 反其智; 禮人不答,
反其敬. 行有不得者, 皆反求諸己, 其身正而天下歸之. 詩
云: '永言配命, 自求多福.'"

5

맹자가 말하였다.

"사람들이 항상 말하기를 '천하天下·국國·가家'라 하니, 천
하의 근본은 나라이고, 나라의 근본은 집이고, 집의 근본은
자신이다."

孟子曰: "人有恒言, 皆曰'天下國家', 天下之本在國, 國之本
在家, 家之本在身."

6

맹자가 말하였다.

"정치는 어렵지 않다. 현명한 경대부 가문巨室에 인심을 잃

지 않으면 된다. 현명한 경대부 가문이 사모하는 이를 온 나라가 사모하고, 온 나라가 사모하는 이를 천하가 사모한다. 그리하여 훌륭한 덕의 교화가 사해에 넘치는 것이다."

孟子曰: "爲政不難. 不得罪於巨室. 巨室之所慕, 一國慕之; 一國之所慕, 天下慕之. 故沛然德教溢乎四海."

7

맹자가 말하였다.

"천하에 도가 있을 때에는 덕이 낮은 사람이 덕이 높은 이를 섬기고, 현능하지 못한 이가 크게 현능한 이를 섬긴다. 천하에 도가 없을 때에는 역량이 작은 자가 큰 자를 섬기고, 약한 자가 강한 자를 섬긴다.[12] 이 두 가지는 자연의 섭리이다. 자연의 섭리를 잘 따르는 자는 생존하고, 거역하는 자는 망한다. 제나라 경공齊景公이 '명령하지도 못하면서 남의 명령을 받아들이지 않는다면 이는 남과의 관계를 끊는 것이다.' 하고

---

12 천하에 … 섬긴다 : 여기서 도가 있다는 것은, 당시 통치자의 수준을 말하는 것이다. 통치자가 도덕정치를 하여 질서가 있는 시기에는 덕과 현명함을 기준으로 질서가 유지되지만, 반대로 정치질서가 바르지 못한 시기에는 역량과 힘의 크기가 기준이 된다는 말이다.

는 눈물을 흘리면서 딸을 오吳나라로 시집보냈다.

　지금 약소국이 강대국의 소행을 본받으면서 명령 받들기는 부끄러워하니, 이는 제자가 스승의 명령 받들기를 부끄러워함과 같다. 만일 그것을 부끄러워한다면 문왕을 본받는 것이 낫다. 문왕을 본받으면 대국은 5년, 소국은 7년이면 반드시 천하를 통치하게 될 것이다. 『시경』에 '상商나라 자손의 수가 억도 넘건만, 상제上帝가 명하니 주나라에 복종하는구나. 주나라에 복종하니, 하늘의 명은 고정된 것이 아니다. 은殷나라의 훌륭한 사람들이 주나라 서울에 와서 술을 따르며 제사를 돕는다.'[13]라고 하였다.

　공자께서 '인자仁者에게는 무리의 많고 적음이 의미가 없다. 나라의 군수가 인을 좋아하면 친히에 대적할 자가 없다.'라고 하였다. 지금 천하에 대적할 자가 없기를 바라면서 어진 정치를 행하지 않으니, 이는 뜨거운 물건을 손에 쥐고도 물로 씻지 않는 것과 같다. 『시경』에 '누가 뜨거운 물건을 잡고도 물에 씻지 않겠는가?'[14]라고 하였다."

13 『시경』에… 돕는다 : 『시경』 「대아大雅 문왕文王」에 나오는 말이다. 주나라가 멸망시킨 은나라의 사람이 억도 넘지만 하늘의 명이 주나라에 주어지자 은나라의 훌륭한 사람들도 별수 없이 주나라 서울에 와서 제사를 돕는다는 뜻은, 천명은 고정된 것이 아니라 훌륭한 통치자에게로 언제나 옮겨가는 것이므로 어진 정치를 해야 함을 강조한 것이다.

孟子曰: "天下有道, 小德役大德, 小臣役大賢. 天下無道, 小役大, 弱役强. 斯二者, 天也. 順天者存, 逆天者亡. 齊景公曰: '旣不能令, 又不受命, 是絶物也.' 涕出而女於吳.

今也小國師大國, 而恥受命焉, 是猶弟子而恥受命於先師也. 如恥之, 莫若師文王. 師文王, 大國五年, 小國七年, 必爲政於天下矣. 詩云: '商之孫子, 其麗不億, 上帝旣命, 侯于周服. 侯服于周, 天命靡常. 殷士膚敏, 祼將于京.'

孔子曰: '仁不可爲衆也. 夫國君好仁, 天下無敵.' 今也欲無敵於天下, 而不以仁, 是猶執熱而不以濯也. 詩云: '誰能執熱, 逝不以濯?'"

8

맹자가 말하였다.

"어질지 못한 사람과 대화할 수 있겠는가? 그는 위태로움을 편안히 여기고, 재앙을 이롭게 여겨서 망하게 되는 짓을 좋아한다.[15] 어질지 못한데도 대화할 수 있다면, 어찌 나라를

---

14 누가 … 않겠는가 : 『시경』 「대아大雅 상유桑柔」에 나오는 말이다. 뜨거운 물건을 손에 들면 자연스럽게 찬물에 담그기 마련임을 말하여, 자연스런 인과관계인데 왜 하지 않느냐는 질문을 한 것이다.

망하게 하고 집안을 패하게 하는 일이 있겠는가? 어린아이가 '창랑滄浪의 물이 맑으면 나의 갓끈을 빨고, 창랑의 물이 흐리면 나의 발을 씻겠다.'라고 노래하였는데, 공자께서 '제자들아 저 노래를 들어 보라! 물이 맑으면 갓끈을 빨고, 물이 흐리면 발을 씻는다고 하니, 이는 물 스스로 결정한 것이다.[16]'라고 했다.

사람은 반드시 스스로 업신여길 짓을 한 뒤에 남이 그를 업신여긴다. 집안은 반드시 스스로 망할 짓을 한 뒤에 남이 그 집안을 망하게 한다. 나라는 반드시 스스로 공격받을 짓을 한 뒤에 남의 나라가 공격한다. 『서경』「태갑太甲」에 '하늘이 내리는 재앙은 그래도 피할 수 있지만, 스스로 만든 재앙은 피할 수 없다.'라고 하였으니, 이를 말한 것이다."

孟子曰: "不仁者可與言哉? 安其危, 而利其菑, 樂其所以亡者. 不仁而可與言, 則何亡國敗家之有? 有孺子歌曰: '滄浪

---

15 위태로움을 … 좋아한다 : 어질지 못한 사람은 자신의 사욕에 사로잡혀 본심을 잃기 때문에 사리판단이 흐려져서 남의 말을 듣지 않아 충언을 해 줄 수 없다는 뜻이다.

16 물 … 것이다 : 갓끈을 빨거나 발을 씻거나 하는 것을 결정하는 것은 사람이 주체가 아니라 물 자체가 맑으냐 흐리냐에 따라 결정된다는 것으로, 모든 것은 외적인 조건이 아니라 자신의 조건에 달려 있다고 비유한 것이다.

之水清兮, 可以濯我纓; 滄浪之水濁兮, 可以濯我足.' 孔子
曰: '小子聽之! 清斯濯纓; 濁斯濯足矣, 自取之也.'
夫人必自侮, 然後人侮之. 家必自毀, 而後人毀之. 國必自
伐, 而後人伐之. 太甲曰: '天作孽, 猶可違; 自作孽, 不可活.'
此之謂也."

9

맹자가 말하였다.

"걸桀과 주紂가 천하를 잃은 것은 백성을 잃었기 때문이니,
백성을 잃었다는 것은 그들의 마음을 잃은 것이다. 천하를 얻
는 데는 방도가 있으니, 백성을 얻으면 천하를 얻을 것이다.
백성을 얻는 데는 방도가 있으니, 그들의 마음을 얻으면 백성
을 얻을 것이다. 마음을 얻는 데는 방도가 있으니, 원하는 것
을 주어서 모이게 하고 싫어하는 것을 하지 말아야 한다.

백성이 어진 이에게 돌아가는 것은 마치 물이 낮은 곳으로
흘러가고, 짐승이 들판으로 달려가는 것과 같다. 못을 위하
여 고기를 몰아 주는 것은 수달이고, 나무숲을 위하여 참새를
몰아 주는 것은 새매이고, 탕湯과 무武를 위하여 백성을 몰아
준 자는 걸과 주이다.

이제 천하의 군주 중에 인仁을 좋아하는 사람이 있으면 제

후들이 모두 그를 위하여 백성을 몰아 줄 것이니, 비록 왕 노릇을 하지 않으려 하더라도 될 수 없을 것이다. 지금 왕 노릇 하고자 하는 자는 마치 7년 된 병에 3년 묵은 약쑥을 구하는 것과 같으니, 약쑥을 비축해 두지 않으면 종신토록 얻지 못할 것이다. 마찬가지로 어진 정치에 뜻을 두지 않으면 종신토록 근심과 치욕으로 사망에 이르고 말 것이다. 『시경』 「대아大雅 상유桑柔」에 '이러고서야 어이 잘 되리오, 함께 재난에 빠질 뿐이로다.' 하였으니, 이를 말한 것이다."

孟子曰: "桀紂之失天下也, 失其民也, 失其民者, 失其心也. 得天下有道, 得其民, 斯得天下矣. 得其民有道, 得其心, 斯得民矣. 得其心有道, 所欲與之聚之, 所惡(오)勿施爾也.
民之歸仁也, 猶水之就下, 獸之走壙也. 故爲淵敺魚者, 獺也; 爲叢敺爵者, 鸇也; 爲湯武敺民者, 桀與紂也.
今天下之君有好仁者, 則諸侯皆爲之敺矣. 雖欲無王, 不可得已. 今之欲王者, 猶七年之病求三年之艾也, 苟爲不畜, 終身不得. 苟不志於仁, 終身憂辱, 以陷於死亡. 詩云: '其何能淑, 載胥及溺.' 此之謂也."

10

맹자가 말하였다.

"스스로를 해치는 자와는 함께 대화할 수 없고, 스스로를 포기하는 자와는 함께 일할 수 없다. 말할 때마다 예의를 비방하는 것을 '스스로를 해치는 자自暴'라 이르고, 나는 어진 마음을 지니고 의로운 길을 갈 수 없다고 하는 것을 '스스로를 포기自棄한 것'이라 이른다. 인仁은 사람의 편안한 집이고, 의義는 사람의 바른길이다. 그런데 편안한 집을 비워 두고 거처하지 않고, 바른길을 버려 두고 가지 않으니, 애석하다."

孟子曰: "自暴者, 不可與有言也; 自棄者, 不可與有爲也. 言非禮義, 謂之自暴也; 吾身不能居仁由義, 謂之自棄也. 仁, 人之安宅也; 義, 人之正路也. 曠安宅而弗居, 舍正路而不由, 哀哉!"

맹자가 말하였다.

"도가 가까운 곳에 있는데도 먼 곳에서 찾으며, 일이 쉬운데 있는데도 어려운 데에서 찾는다. 사람마다 어버이를 친애하고, 어른을 어른으로 섬기면 천하가 태평해질 것이다."

孟子曰: "道在爾, 而求諸遠; 事在易(이), 而求諸難. 人人親
其親, 長其長, 而天下平."

12

맹자가 말하였다.

"아래 지위에 있으면서 윗사람에게 신임을 얻지 못하면 백
성을 다스릴 수가 없다. 윗사람에게 신임을 얻는 방도가 있는
데, 벗에게 신임을 받지 못하면 윗사람에게 신임을 얻지 못한
다. 벗에게 신임을 받는 방도가 있는데, 어버이를 섬겨 환심
을 얻지 못하면 벗에게 신임을 받지 못한다. 어버이에게 환심
을 얻는 방도가 있는데, 자신을 되돌아보아 성실하지 못하면
어버이에게 환심을 얻지 못한다. 자신을 성실히 하는 방도가
있는데, 어떤 것이 선인지를 분명하게 모르면 성실할 수가 없
다. 성실함이란 자연의 도리이고, 성실할 것을 생각하는 것은
사람의 도리이다. 지극히 성실하고서 남을 감동시키지 못하
는 경우도 없고, 성실하지 못하면서 남을 감동시키는 경우도
없다."[17]

孟子曰:"居下位而不獲於上, 民不可得而治也. 獲於上有道, 不信於友, 弗獲於上矣. 信於友有道, 事親弗悅, 弗信於友矣. 悅親有道, 反身不誠, 不悅於親矣. 誠身有道, 不明乎善, 不誠其身矣. 是故誠者, 天之道也; 思誠者, 人之道也. 至誠而不動者, 未之有也; 不誠, 未有能動者也."

13

맹자가 말하였다.

"백이가 주왕의 포학한 정치를 피하여 북쪽 바닷가로 가서 살다가 문왕이 나라를 세웠다는 말을 듣고 기뻐하며 '내 어찌 그에게 돌아가지 않겠는가! 서백西伯, 문왕은 늙은이를 잘 봉양한다고 하더라.'라고 하였다. 태공이 주왕을 피하여 동쪽 바닷가로 가서 살다가 문왕이 나라를 세웠다는 말을 듣고 기뻐하며 '내 어찌 그에게 돌아가지 않겠는가! 서백은 늙은이를 잘 봉양한다고 하더라.'라고 하였다. 이 두 사람은 천하의

---

17 아래 … 없다 : 이 장 전체를 다시 정리하면 1. 어떤 것이 '선善'인지를 분명하게 알아야 자신의 몸가짐이 성실할 수 있다. 2. 자신의 몸가짐이 성실해야 자신의 부모로부터 환심을 얻을 수 있다. 3. 자신의 부모로부터 환심을 얻어야 벗으로부터 신임을 얻을 수가 있다. 4. 그 후에야 윗사람으로부터 신임을 얻어 백성을 다스릴 수 있다는 말이다.

명망 높은 노인들인데 문왕에게로 돌아갔으니, 이는 천하의 아버지와 같은 이가 문왕에게로 돌아간 것이다. 천하의 아버지가 돌아갔으니, 그 자제들이 어디로 가겠는가? 이제 제후 중에 문왕 같은 정치를 실행하는 사람이 있으면 7년 이내에 반드시 천하를 통일하게 될 것이다."

孟子曰: "伯夷辟(피)紂, 居北海之濱, 聞文王作, 興曰: '盍歸乎來! 吾聞西伯善養老者.' 太公辟(피)紂, 居東海之濱, 聞文王作, 興曰: '盍歸乎來! 吾聞西伯善養老者.' 二老者, 天下之大老也, 而歸之, 是天下之父歸之也. 天下之父歸之, 其子焉往? 諸侯有行文王之政者, 七年之內, 必爲政於天下矣."

14

맹자가 말하였다.

"염구冉求가 계씨季氏의 총감독관이 되어 계씨의 행위는 올바르게 고치지 못하고 세금만 그전보다 갑절이나 더 받아들이자, 공자께서 '염구는 나의 제자가 아니다. 제자들아 북을 치며 잘못을 성토하는 것이 옳다.'라고 하였다.

이를 통해 본다면, 군주가 어진 정치를 하지 않는데 그 군주를 부유하게 하면 모두 공자에게 버림을 받을 자인 것이다.

더구나 군주를 위하여 전쟁에 힘쓰는 자이겠는가? 땅을 다투는 싸움으로 죽은 사람이 들판에 가득하고, 성城을 다투는 싸움으로 죽은 사람이 성에 가득하니, 이는 이른바 토지에게 사람의 고기를 먹인다는 것이다. 그 죄는 죽음으로도 용서받지 못한다. 그리하여 전쟁을 잘하는 자는 가장 무거운 벌을 받고, 제후들을 합종연횡하는 일에 종사하는 자는 그다음의 형벌을 받고, 세금을 더 걷기 위하여 묵은 토지를 개간하고 그 토지를 백성들에게 농사짓도록 맡기는 자는 그다음의 형벌을 받아야 한다."

孟子曰: "求也爲季氏宰, 無能改於其德, 而賦粟倍他日, 孔子曰: '求非我徒也, 小子鳴鼓而攻之可也.'
由此觀之, 君不行仁政而富之, 皆棄於孔子者也. 況於爲之强戰? 爭地以戰, 殺人盈野; 爭城以戰, 殺人盈城, 此所謂率土地而食人肉. 罪不容於死. 故善戰者, 服上刑; 連諸侯者, 次之; 辟草萊·任土地者, 次之."

15

맹자가 말하였다.

"사람을 관찰하는 데 눈동자보다 더 좋은 것은 없다. 눈동자는 그 사람의 나쁜 마음을 가리지 못한다. 마음이 바르면 눈동자가 밝고, 마음이 바르지 못하면 눈동자가 흐리다. 그 사람의 말을 들어보고 눈동자를 관찰하면 그가 어떻게 마음을 숨기겠는가?"

孟子曰: "存乎人者, 莫良於眸子. 眸子不能掩其惡. 胸中正, 則眸子瞭焉; 胸中不正, 則眸子眊焉. 聽其言也, 觀其眸子, 人焉廋哉?"

16

맹자가 말하였다.

"공손한 자는 남을 업신여기지 않고, 검소한 자는 남의 것을 빼앗지 않는다. 남을 업신여기고 빼앗는 군주는 사람들이 순종하지 않을까만을 염려하니, 어찌 공손하고 검소할 수 있겠는가. 공손과 검소함을 어찌 말이나 웃음으로 꾸밀 수 있겠는가?"

孟子曰: "恭者不侮人, 儉者不奪人. 侮奪人之君, 惟恐不順焉, 惡(오)得爲恭儉? 恭儉, 豈可以聲音笑貌爲哉?"

순우곤淳于髡[18]이 물었다.

"남녀 간에 물건을 직접 주고받지 않는 것이 예입니까?"

맹자가 답하였다.

"예이다."

순우곤이 물었다.

"제수弟嫂가 우물에 빠지면 손으로 직접 구하여야 합니까?"

맹자가 답하였다.

"제수가 물에 빠졌는데도 구하지 않는다면 승냥이 같은 사람이다. 남녀 간에 직접 주고받지 않는 것은 예이고, 제수가 물에 빠져 손으로 구하는 것은 임시방편權道이다."

순우곤이 물었다.

"지금 천하가 도탄에 빠졌는데, 선생께서 구하지 않으심은 어째서입니까?"

맹자가 답하였다.

"천하가 도탄에 빠지면 도로써 구하고, 제수가 물에 빠지면 손으로 구하는 것이다. 그대는 손으로 천하를 구하고자 하는가?"

---

18 순우곤淳于髡 : 제나라 사람이다. 위왕威王, 선왕宣王, 혜왕惠王 때에 벼슬한 것으로 전한다.

淳于髡曰:"男女授受不親, 禮與?"

孟子曰:"禮也."

曰;"嫂溺, 則援之以手乎?"

曰:"嫂溺不援, 是豺狼也. 男女授受不親, 禮也; 嫂溺, 援之以手者, 權也."

曰:"今天下溺矣, 夫子之不援, 何也?"

曰:"天下溺, 援之以道; 嫂溺, 援之以手. 子欲手援天下乎?"

18

공손추가 물었다.

"군자가 아들을 직접 가르치지 않음은 어째서입니까?"

맹자가 답하였다.

"아버지의 권위가 서지 않기 때문이다. 가르치는 것은 반드시 올바름을 가지고 하는데, 올바름을 가르쳐서 실행하지 않으면 분노하게 된다. 분노하면 도리어 아들의 마음을 상하게 된다. 그러면 아들이 '아버지께서 나에게 올바름을 가르치지만 아버지도 올바름을 실행하지 못한다.'고 생각하게 되니, 이는 부자간에 서로 감정이 상하는 것이다. 부자간에 서로 감정이 상함은 좋지 않다. 그래서 옛날에는 아들을 서로 바꾸어 가르쳤다. 부자간에는 책선責善[19]하지 않는다. 책선하면 정이 떨어지게 되고, 정이 떨어지면 이보다 더 나쁠 수가 없다."

公孫丑曰: "君子之不教子, 何也?"
孟子曰: "勢不行也. 教者必以正; 以正不行, 繼之以怒. 繼之
以怒, 則反夷矣. '夫子教我以正, 夫子未出於正也.' 則是父
子相夷也. 父子相夷, 則惡矣. 古者, 易子而教之. 父子之間
不責善. 責善則離, 離則不祥莫大焉."

19

맹자가 말하였다.

"섬기는 일 중에 무엇이 가장 중요한가? 어버이를 섬김이
가장 중요하다. 지키는 일 중에 무엇이 가장 중요한가? 자신을
지킴이 가장 중요하다. 자신의 절조를 잃지 않고 어버이를 잘
섬긴 자를 나는 들어보았고, 자신의 절조를 잃고서 어버이를
잘 섬겼다는 자는 들어보지 못하였다. 무엇인들 섬김이 되지
않겠는가마는 어버이를 섬김이 섬김의 근본이고, 무엇인들 지

---

19 책선責善 : 잘못이 있으면 꾸짖어 지적하고 올바른 방도를 제시하여
권장하는 벗에 대한 도리를 말한다. 「이루 하」에 "책선은 친구 사이의 도
리이다. 부자간에 책선하는 것은 크게 은혜를 해치는 일이다."라는 가르
침이 있다.

킴이 되지 않겠는가마는 자신을 지킴이 지킴의 근본이다.

　증자가 아버지 증석曾晳을 봉양할 적에 반드시 술과 고기가 있었다. 밥상을 치우려 할 적에 반드시 주고 싶은 사람이 있는지를 물었다. 아버지가 남은 것이 있느냐고 물으면 반드시 있다고 대답하였다. 증석이 죽자 아들 증원曾元이 증자를 봉양하였는데, 반드시 술과 고기가 있었다. 그러나 밥상을 치울 적에 주고 싶은 사람이 있는지 묻지 않았다. 증자가 남은 것이 있느냐고 물으면 반드시 없다고 대답하였다. 이는 그 음식을 다시 올리기 위해서였다. 이것은 이른바 입과 몸만을 봉양한다는 것이다. 증자처럼 봉양해야 뜻을 봉양한다고 이를 만하다. 어버이 섬김은 증자처럼 하는 것이 옳다."

孟子曰: "事, 孰爲大? 事親爲大. 守, 孰爲大? 守身爲大. 不失其身, 而能事其親者, 吾聞之矣; 失其身, 而能事其親者, 吾未之聞也. 孰不爲事, 事親, 事之本也; 孰不爲守, 守身, 守之本也. 曾子養曾晳, 必有酒肉. 將徹, 必請所與, 問有餘, 必曰有. 曾晳死, 曾元養曾子, 必有酒肉. 將徹, 不請所與, 問有餘, 曰亡(무)矣. 將以復(부)進也. 此所謂養口體者也. 若曾子, 則可謂養志也. 事親若曾子者, 可也."

맹자가 말하였다.

"등용한 인물에 대해 일일이 지적할 수 없고, 잘못한 정치에 대해 일일이 흠잡을 수 없다. 오직 대인大人이어야 군주의 바르지 못한 마음을 바로잡을 수 있다. 군주가 어질면 모든 일이 어질고, 군주가 의로우면 모든 일이 의롭고, 군주가 바르면 모든 일이 바르게 된다. 한 번 군주의 마음을 바르게 하면 나라가 안정된다."[20]

孟子曰: "人不足與適也, 政不足(與)間也. 惟大人爲能格君心之非. 君仁, 莫不仁; 君義, 莫不義; 君正, 莫不正. 一正君而國定矣."

20 등용한 … 안정된다 : 이 부분은 통치자 한 사람의 '마음'이 중요함을 지적한 가르침이다. 아무리 올바르고 충직한 신하가 곁에서 지적하고 바로잡아도 통치자의 마음이 올바르지 못하면 잘못된 인재 등용과 일 처리가 반복되기 때문이다. 그런데 그런 군주의 마음을 바로잡을 수 있는 사람은 훌륭한 덕을 지니고 뜻이 원대한 소위 대인大人만이 가능하다는 말이다. 나라만이 아니라 자연인 한 사람도 마음이 바르지 못하면 모든 생활기준이 올바를 수 없음을 일깨우는 교훈이다.

맹자가 말하였다.

"예상하지 못한 칭찬도 있고, 완전함을 구하다가 받는 비방도 있다."[21]

孟子曰: "有不虞之譽, 有求全之毀."

맹자가 말하였다.

"사람이 말을 함부로 하는 것은 그로 인해 책망을 당해 보지 않았기 때문이다."[22]

21 예상하지 … 있다 : 칭찬받을 만하지 못한데도 받는 칭찬, 비방받지 않으려고 노력하다가 도리어 받는 비방, 이는 비방이나 칭찬이 모두 진실한 것만은 아니라는 뜻이다. 때문에 본인은 칭찬과 비방에 일희일비하지 말고, 평가하는 자도 이를 기준으로 가볍게 논하지 말라는 뜻이다.

22 사람이 … 때문이다 : 주희는 "군자는 꼭 잘못을 하여 꾸짖음을 당한 뒤에야 고치지는 않는다. 그러나 일반인의 경우는 앞서 겪어 보지 않으면 경계할 줄 모르기 때문에 이렇게 지적한 것이다."라고 해석하였다.

孟子曰:"人之易(이)其言也, 無責耳矣."

23

맹자가 말하였다.

"사람들의 병통은 남의 스승 되기를 좋아함에 있다."[23]

孟子曰:"人之患在好爲人師."

24

악정자가 자오子敖[24]를 따라 제나라에 갔다. 악정자가 맹자를 찾아가자, 맹자가 말하였다.

"자네도 나를 찾아오는가?"

---

23 사람들의 … 있다 : 스승 되기를 좋아한다는 것은 자신의 학문을 스스로 만족하게 생각하여 더 진전하려는 노력을 하지 않는 병통이기 때문에 근심이라는 교훈이다.

24 자오子敖 : 제나라 합읍蓋邑의 대부 왕환王驩의 자字이다. 맹자가 대화를 하지 않았던 인물이다. 주희는, 악정자가 왕환과 어울리는 것이 못마땅하여 짐짓 늦게 찾아온 것으로 꾸짖었다고 해석한다.

악정자가 말하였다.

"선생님께서는 어찌하여 그런 말씀을 하십니까?"

맹자가 말하였다.

"자네가 이곳에 온 게 언제인가?"

악정자가 말하였다.

"하루 전입니다."

맹자가 말하였다.

"하루 전이면 내가 이런 말 하는 것이 당연하지 않은가?"

악정자가 말하였다.

"머무를 숙소를 정하지 못해서였습니다."

맹자가 말하였다.

"자네는 숙소를 정한 뒤에 어른을 찾아 뵈다고 들었는가?"

악정자가 말하였다.

"제가 잘못하였습니다."

樂正子從於子敖之齊. 樂正子見孟子, 孟子曰: "子亦來見我乎?"

曰: "先生何爲出此言也?"

曰: "子來幾日矣?"

曰: "昔者."

曰: "昔者, 則我出此言也, 不亦宜乎?"

曰: "舍館未定."

曰: "子聞之也, 舍館定, 然後求見長者乎?"

曰: "克有罪."

25

맹자가 악정자에게 말하였다.

"자네가 자오를 따라온 것은 한갓 먹고 마시기 위해서이네. 나는 자네가 옛 도를 배워 먹고 마시는 것에 쓰리라고는 생각하지 못하였네."

孟子謂樂正子曰: "子之從於子敖來, 徒餔啜也. 我不意子學古之道, 而以餔啜也."

26

맹자가 말하였다.

"불효에는 세 가지[25]가 있는데, 후손이 없는 것이 가장 큰 불효이다. 순舜이 부모에게 고하지 않고 장가든 것은 후손이 없을까 염려해서이다. 그래서 군자가 아뢴 것과 같다고 하였다."

孟子曰: "不孝有三, 無後爲大. 舜不告而娶, 爲無後也. 君子
以爲猶告也."

27

맹자가 말하였다.

"인의 실체는 어버이를 섬기는 것이고, 의의 실체는 형에
게 순종하는 것이다.[26] 지의 실체는 이 두 가지 도리를 알아서
지키는 것이고, 예의 실체는 이 두 가지를 잘 조절하여 잘 수
행하는 것이고, 악의 실체는 이 두 가지를 즐겁게 실행하는
것이다. 즐겁게 실행하면 이러한 마음이 생겨날 것이니, 생겨

---

25 불효不孝에는 세 가지 : 조기趙岐의 주석에 의하면 "첫 번째는 부모
가 잘못하는데도 간하지 않고 그대로 따라서 결국 부모가 죄에 빠지도록
하는 것이다. 두 번째는 부모는 늙고 집은 가난해서 부모를 위해 작은 벼
슬이라도 해야 하는데 자신의 고상함만 내세우며 벼슬하지 않는 것이다.
세 번째는 장가들지 않아 자식이 없어 조상의 제사를 끊기게 하는 것이
다."라고 하였다.

26 인의 … 것이다 : '인仁'의 실체는 '사랑'이다. 사랑은 어버이에 대한
사랑보다 우선인 것이 없기 때문에 '어버이 섬기는 것'이라 하였다. '의義'
의 실체는 '공경'이다. 공경은 형을 공경하는 것이 가장 우선이기 때문에
'형을 섬기는 것'이라고 하였다. 부모에게 효도하고 형을 공경하는 것부
터 실천함이 인간 도리의 기본이다.

난다면 행동을 어찌 그만둘 수 있겠는가? 그만둘 수 없다면 자신도 모르게 발을 구르고 손으로 춤을 추게 된다.[27]"

孟子曰: "仁之實, 事親是也; 義之實, 從兄是也. 智之實, 知斯二者弗去是也; 禮之實, 節文斯二者是也; 樂(악)之實, 樂(락)斯二者. 樂則生矣, 生則惡(오)可已也? 惡可已, 則不知足之蹈之, 手之舞之."

28

맹자가 말하였다.

"천하 사람들이 크게 기뻐하여 자신에게 돌아오려 하였는데, 천하 사람들이 기뻐하여 자신에게 돌아오는 것을 지푸라기처럼 하찮게 여긴 이는 오직 순舜임금이었다. 어버이에게 신임을 얻지 못하면 사람이 될 수 없고, 어버이를 도리에 따르게 하지 못하면 자식이 될 수 없다고 여겼다. 순임금이 어버이 섬기는 도리를 다하여 고수瞽瞍[28]가 기뻐하였으니, 고수

---

27 발을 … 된다 : 인간이 지닌 본성에서 발로한 부모와 형에 대한 사랑과 공경의 실행이야말로 가장 진실하기에 자신도 모르게 덩실덩실 춤을 추게 될 것이라는 뜻이다.

가 기뻐하자 천하가 교화되었다. 고수가 기뻐하자 천하의 아
비와 자식 된 자들의 도리가 확정되었다. 이를 일러 대효大孝
라 한다."

孟子曰: "天下大悅, 而將歸己, 視天下悅而歸己, 猶草芥也,
惟舜爲然. 不得乎親, 不可以爲人; 不順乎親, 不可以爲子.
舜盡事親之道, 而瞽瞍底(지)豫, 瞽瞍底豫而天下化. 瞽瞍
底豫, 而天下之爲父子者定. 此之謂大孝."

---

28 고수瞽瞍 : 순의 부친을 부르는 별칭이다. 무지하고 완악하여 재취
한 아내와 데리고 온 '상'이라는 이복동생의 말만 듣고 순을 여러 번 살해
하려고까지 했던 인물이다. 순은 이런 부친을 끝까지 효를 다하여 섬겨서
잘못을 깨우치게 하여 즐거운 마음으로 자식을 대하게 하였고, 세상의 모
든 자식들에게 섬기지 못할 부모는 없다는 것을 보여 주어 효도의 도리를
깨우쳤기 때문에 '대효大孝'라고 한다는 맹자의 교훈이다.

이루 하

離婁 下

모두 33장이다. 이 편도 짤막한 가르침이 많다. 대표적인 것 몇 가지를 정리하면, 앞장에 이어서 수신제가치국평천하의 전통을 이은 제왕들을 열거하였다. 이어서 공자를 유가의 전통을 이은 대표로 내세우고, 그다음이 맹자 자신임을 자임한다. 학문을 하는 방법을 설명한 부분도 배우는 사람들에게는 매우 긴요한 가르침이다. "군자가 올바른 방도로 정진하는 것은 원리를 스스로 터득하고자 해서이다. 원리를 스스로 터득하면 처신하는 것이 안정되고, 처신이 안정되면 경험이 쌓이고, 경험이 많이 쌓이면 주변에서 일어나는 무슨 일이든지 그 원리를 만나게 된다. 그러기에 군자는 원리를 스스로 터득하고자 하는 것이다."

마지막 장에 나오는 진실하지 못한 삶을 사는 '두 부인과 한 남자' 의 이야기는, 지금 세상의 겉치레에 젖은 한 줌 세력자들이 읽으면 부끄러운 마음이 들게 하는 흥미로운 '콩트'라고나 할까?

1

맹자가 말하였다.

"순임금은 제풍諸馮에서 태어나 부하負夏로 옮겨 살다가 명조鳴條[1]에서 별세하였으니, 동이東夷 사람이다. 문왕은 기주岐周에서 태어나 필영畢郢[2]에서 별세하였으니, 서이西夷 사람이다. 지역의 거리가 천여 리나 되며, 세대의 차이가 천여 년이나 되지만, 뜻을 얻어 중국中國에 도를 행함에는 부절符節[3]이 맞은 듯하였다. 앞의 성인과 뒤의 성인이 헤아려 행하신 도가 같았다."

---

1 제풍諸馮에서 … 명조鳴條 : 이 세 지명은 동쪽 지역의 이름으로만 알려져 있고 현재는 확인할 길이 없다. 주희는 '동방이복東方夷服' 지역이라고 하였다. 『주례周禮』「하관夏官 직방씨職方氏」에, 천자의 수도를 중심으로 500리 씩을 권역으로 하여 9개의 '복服 : 후복侯服, 전복甸服, 남복男服, 채복采服, 위복衛服, 만복蠻服, 이복夷服, 진복鎭服, 번복藩服'으로 나누어 놓았다. 이를 근거로 보면 '이복夷服'은 7번째 권역의 명칭이다.

2 기주岐周에서 태어나 필영畢郢 : 기주는 기산岐山 아래에 있던 초기 주나라이다. 필영畢郢은 문왕의 묘가 있는 지역 이름으로, 지금의 섬서성陝西省 함양咸陽 동쪽에 있는 것으로 전한다.

3 부절符節 : 옥玉이나 대竹 등으로 만들어 글자나 그림을 새긴 다음 반으로 쪼개서 각자 한 조각씩 지녔다가 필요할 때 서로 맞춰 보아 상대를 확인하는 징표로 사용하는 신표信標이다. 어떤 사실이 정확하게 일치하는 것을 표현할 때 '약합부절若合符節'이라고 사용하는 용어이다.

孟子曰:“舜生於諸馮, 遷於負夏, 卒於鳴條, 東夷之人也. 文王生於岐周, 卒於畢郢, 西夷之人也. 地之相去也, 千有餘里; 世之相後也, 千有餘歲, 得志行乎中國, 若合符節. 先聖後聖, 其揆一也.”

2

자산子産[4]이 정鄭나라의 재상으로서 정치를 할 적에, 자기의 수레로 진수溱水와 유수洧水[5]에서 사람들을 건네주었다. 맹자가 말하였다.

"자혜롭기는 하지만 정치를 모르는 것이다. 11월에 보행인이 건너는 작은 다리를 놓고, 12월에 수레가 다니는 큰 다리를 완성하면, 백성들이 물 건너는 것을 괴롭게 여기지 않는다. 통치자가 정치를 공평하게 하면 나들이할 때 사람들에게 물러서라고 해도 된다. 어떻게 그 많은 사람을 모두 건네줄 수 있겠는가? 통치자가 사람마다 기쁘게 해 주려 한다면 날

---

4 자산子産 : 춘추시대 정나라의 어진 재상 공손교公孫僑의 자字이다. 큰 정치를 하지 못하고 사람들에게 환심을 사기 위한 정치를 하는 것을 지적하는 부분이다.

5 진수溱水와 유수洧水 : 정나라의 두 강물 이름이다. 『시경詩經』「정풍鄭風」에도 사람들이 많이 노니는 유원지로 등장한다.

마다 하여도 부족할 것이다."

子產聽鄭國之政, 以其乘輿, 濟人於溱洧. 孟子曰: "惠而不
知爲政. 歲十一月, 徒杠成; 十二月, 輿梁成, 民未病涉也.
君子平其政, 行辟人可也. 焉得人人而濟之? 故爲政者, 每
人而悅之, 日亦不足矣."

3

  맹자가 제나라 선왕에게 말하였다.

  "군주가 신하를 자신의 손발처럼 여기면 신하는 군주를 자
신의 심장처럼 여기고, 군주가 신하를 개나 말처럼 대하면 신
하는 군주를 일개 백성처럼 여기고, 군주가 신하를 흙이나 지
푸라기처럼 여기면 신하는 군주를 원수처럼 대합니다."

  왕이 말하였다.

  "『예기』에, 지난날 섬겼던 군주가 죽으면 그를 위하여 입
는 상복이 있습니다.[6] 군주가 어떻게 하여야 신하가 상복을

---

6 『예기』에 … 있습니다 : 『의례儀禮』에 "신하가 의리상 맞지 않아 떠나
기는 했지만 아직 관계가 끊어지지 않았는데, 그 군주가 죽으면 3개월의
상복을 입는다."라는 부분이 있다. 앞의 맹자가 말한 부분이 너무 야박하
다고 여겨서 질문한 것이다.

입습니까?"

맹자가 말하였다.

"신하가 간하면 행하고 말하면 받아들여 백성들에게 은혜로운 정치가 미쳐야 합니다. 문제가 발생하여 부득이 그 나라를 떠나게 되면, 군주가 사람을 보내 국경까지 보호하여 무사히 국경을 나가게 해 주고, 그가 가려는 곳에 먼저 기별해 주어야 하며, 떠난 지 3년이 되어도 돌아오지 않은 뒤에야 그에게 주었던 토지와 집을 환수해야 합니다. 이를 일러 세 번의 예가 있다고 합니다. 이처럼 하면 그를 위하여 상복을 입습니다.

지금은 신하가 간해도 행하지 않고 말을 들어주지 아니하여 백성들에게 은혜로운 정치가 미치지 못합니다. 문제가 발생하여 부득이 떠나게 되면 군주가 못 가게 막고, 가려는 곳에서 곤궁하게 하며, 떠나는 날 바로 토지와 집을 환수합니다. 이를 일러 원수라 하니, 원수에게 무슨 상복 입는 예가 있겠습니까?"

孟子告齊宣王曰: "君之視臣如手足, 則臣視君如腹心; 君之視臣如犬馬, 則臣視君如國人; 君之視臣如土芥, 則臣視君如寇讐."

王曰: "禮, 爲舊君有服. 何如斯可爲服矣?"

曰: "諫行言聽, 膏澤下於民. 有故而去, 則君使人導之出疆, 又先於其所往, 去三年不反, 然後收其田里. 此之謂三有禮焉. 如此, 則爲之服矣.

今也爲臣, 諫則不行, 言則不聽, 膏澤不下於民. 有故而去,
則君搏執之, 又極之於其所往, 去之日, 遂收其田里. 此之
謂寇讎, 寇讎, 何服之有?"

4

맹자가 말하였다.

"죄 없이 사士를 죽이면 대부는 그 나라를 떠나야 하고, 죄
없이 백성을 죽이면 사는 그 나라를 떠나야 한다."[7]

孟子曰: "無罪而殺士, 則大夫可以去; 無罪而戮民, 則士可
以徙."

5

맹자가 말하였다.

---

7 죄 없이 … 한다 : 군자는 조짐을 보고 행동하기 때문에 작은 조짐을
보면 앞으로 전개될 일을 알 수 있다고 말한 것이다.

"군주가 어질면 어질지 않은 정치가 없고, 군주가 의로우면 의롭지 않은 정치가 없다."

孟子曰：“君仁, 莫不仁; 君義, 莫不義.”

6

맹자가 말하였다.

"예인 듯하나 예가 아닌 예와 의인 듯하나 의가 아닌 의를 대인은 따르지 않는다."[8]

孟子曰：“非禮之禮, 非義之義, 大人, 弗爲.”

7

맹자가 말하였다.

---

8 예인 … 않는다 : 주희의 주석에 의하면 "사리를 살피는 것이 정밀하지 못하기 때문에 이 두 가지의 폐단이 있다. 대인은 일에 따라 사리에 맞게 하고 상황에 알맞게 처신하니 어찌 이런 일이 있겠는가?"라고 하였다.

"도리에 맞게 행동하는 이가 그렇지 못한 사람을 교육하여 스스로 변화[9]하게 해 주며, 재능 있는 이가 재능 없는 이를 교육하여 스스로 변화하게 해 준다. 그러기에 사람들은 현명한 부형이 있는 것을 좋아한다. 만일 도리에 맞게 행동하는 이가 교육하지 않고 버리며, 재능 있는 이가 교육하지 않고 버린다면, 현자賢者와 불초不肖의 거리는 그 간격이 한 치도 못 될 것이다."

孟子曰: "中也養不中, 才也養不才. 故人樂有賢父兄也. 如中也棄不中, 才也棄不才, 則賢不肖之相去, 其間不能以寸."

8

맹자가 말하였다.

"사람은 지조를 지켜 하지 않는 것이 있은 뒤에야 훌륭한 일을 할 수 있다."

---

9 스스로 변화 : 원문의 '양養' 자에 대하여 주희는 "충분히 교육하고 무젖도록 지도하여 스스로 변화하기를 기다림을 이른다."라고 하였다.

孟子曰: "人有不爲也, 而後可以有爲."

9

맹자가 말하였다.

"남의 불선함을 말하다가 후환을 어찌하려는가?"

孟子曰: "言人之不善, 當如後患何?"

10

맹자가 말하였다.

"중니공자 께서는 너무 심한 것은 하지 않았다."

孟子曰: "仲尼不爲已甚者."

11

맹자가 말하였다.

"대인은 자기 말을 반드시 믿게 하려 하지 않으며, 행실을 반드시 과단성 있게 하려고 하지 않는다. 다만 의에 따라 할 뿐이다."

孟子曰: "大人者, 言不必信, 行不必果. 惟義所在."

12

맹자가 말하였다.

"대인은 어린아이의 마음을 잃지 않은 사람이다."

孟子曰: "大人者, 不失其赤子之心者也."

13

맹자가 말하였다.

"살아 계신 부모를 봉양하는 것은 큰일에 해당되지 않고, 오직 죽은 이를 장례하여 보내는 것이 큰일에 해당된다."[10]

孟子曰: "養生者, 不足以當大事, 惟送死, 可以當大事."

14

맹자가 말하였다.

"군자가 올바른 방도로 정진하는 것은 스스로 원리를 터득하고자 해서이다. 원리를 스스로 터득하면 처신하는 것이 안정되고, 처신이 안정되면 경험이 쌓이고, 경험이 많이 쌓이면 주변에서 일어나는 무슨 일이든지 그 원리를 만나게 된다. 그러기에 군자는 원리를 스스로 터득하고자 하는 것이다."

孟子曰: "君子深造之以道, 欲其自得之也. 自得之, 則居之安; 居之安, 則資之深; 資之深, 則取之左右逢其原. 故君子欲其自得之也."

맹자가 말하였다.

---

10 살아 … 해당된다 : 살아 있는 부모를 섬기는 것은 서로의 감정을 교환할 수 있는 관계지만 부모가 죽으면 감정을 교환할 수 없고 자신의 감정만 남아 있기 때문에 큰 변환점인 것이다. 이 때문에 소홀함 없이 장례를 잘 모시는 것이 중요하다는 것이다. 그래서 죽음을 '큰일'이라고 지칭함을 설명한 교훈이다.

"널리 배우고 상세히 해설하는 것은, 돌이켜서 요점을 말하려는 것이다."

孟子曰: "博學而詳說之, 將以反說約也."

16

맹자가 말하였다.

"선善으로 남을 복종시키려는 사람은 남을 복종시킬 수 없다. 선으로 남을 길러 준 뒤에야 천하를 복종시킬 수 있다.[11] 천하가 마음으로 복종하지 않고서 왕 노릇 한 사람은 없다."

孟子曰: "以善服人者, 未有能服人者也. 以善養人, 然後能服天下. 天下不心服而王者, 未之有也."

---

11 선善으로 … 있다 : 복종시킨다는 말은 남을 이기려는 것이고, 길러 준다는 말은 함께 선善을 하려는 것이기에 자연히 마음으로부터 복종하게 된다는 뜻이다.

맹자가 말하였다.

"말에 실상이 없으면 상서롭지 못하다. 상서롭지 못함의
실상은 어진이 등용을 방해하는 것이 이에 해당된다."[12]

孟子曰: "言無實不祥. 不祥之實, 蔽賢者當之."

서자가 물었다.

"중니께서 자주 물을 칭찬하여 '물이여, 물이여!' 하였는데,
물에서 어떤 부분을 높이 산 것입니까?"

맹자가 답하였다.

"샘물은 쉬지 않고 흘러서 밤낮을 그치지 않으며, 구덩이
를 가득 채운 뒤 계속 흘러서 바다에 이른다. 근본이 있는 것
은 이와 같다. 이를 높이 산 것이다. 만일 근본이 없다면 7, 8

---

12 말에 … 해당된다 : 주희는 이 부분에 대하여 "천하에 실제로 상서롭
지 못한 말은 없다. 다만 어진이 등용을 막는 말이 상서롭지 못한 실제에
해당한다."라는 다른 해석을 소개하고 "이 부분은 빠진 내용이 있는 듯하
다."라고 하였다.

월 사이에 빗물이 모여서 도랑마다 물이 가득하나, 그 마르는 것은 서서도 기다릴 수 있다. 그러기에 명성이 실제보다 지나침을 군자는 부끄러워하는 것이다."

徐子曰: "仲尼亟(기)稱於水, 曰: '水哉, 水哉!'何取於水也.?"

孟子曰: "原泉混混, 不舍晝夜, 盈科而後進, 放乎四海. 有本者如是. 是之取爾. 苟爲無本, 七八月之間雨集, 溝澮皆盈, 其涸也, 可立而待也. 故聲聞過情, 君子恥之."

19

맹자가 말하였다.

"사람이 짐승과 다른 점이 얼마 안 되는데, 보통 사람은 얼마 안 되는 점을 버리고, 군자는 이를 보존한다. 순임금은 사물의 이치에 밝아 인륜을 잘 살펴서 인의를 따라 행한 것이지, 노력하여 인의를 행한 것이 아니다."

孟子曰: "人之所以異於禽獸者幾希, 庶民去之, 君子存之. 舜明於庶物, 察於人倫, 由仁義行, 非行仁義也."

맹자가 말하였다.

"우왕은 맛있는 술을 싫어하고, 선한 말을 좋아했다.[13] 탕왕은 중용의 도를 실천하고, 어진이 등용에 구애받는 법이 없었다. 문왕은 백성이 행여 다칠까 염려했으며, 올바른 도를 행하면서도 부족한 듯이 노력했다. 무왕은 가까운 이를 홀대하지 않고, 멀리 있는 이를 잊지 않고 챙겼다. 주공은 우왕, 탕왕, 문왕·무왕의 덕을 두루 갖추고 위의 네 가지 일을 시행하고자 했다. 당시와 맞지 않는 것이 있으면 우러러 생각하여 밤을 새우고, 다행히 터득하면 그대로 앉아 날이 새기를 기다렸다."

孟子曰:"禹惡(오)旨酒而好善言. 湯執中, 立賢無方. 文王視民如傷, 望道而未之見. 武王不泄邇, 不忘遠. 周公思兼三王, 以施四事. 其有不合者, 仰而思之, 夜以繼日; 幸而得之, 坐以待旦."

---

13 우왕은 … 좋아했다 : 『전국책戰國策』에 "의적儀狄이 술을 만들자, 우왕이 그 술을 맛보고 '후세에 반드시 술로 나라를 망칠 자가 있을 것이다.' 하고 마침내 의적을 멀리하고 술을 끊었다." 했으며, 『서경書經』 「고요모皐陶謨」에 "우왕은 훌륭한 말을 하면 그에게 절하였다."라고 하였다.

맹자가 말하였다.

"왕자王者의 자취가 그치자 시詩가 없어졌다.[14] 시詩가 없어진 뒤 공자의 『춘추春秋』가 지어졌다. 진晉나라의 『승乘』과 초楚나라의 『도올檮杌』과 노魯나라의 『춘추』는 같은 역사 기록이다. 기록된 것은 제나라 환공이나 진나라 문공에 대한 일이고, 그 문체는 사관史官의 필법이다. 공자께서 '그 뜻은 내가 나름대로 적용하였다.'[15]라고 하였다."

孟子曰: "王者之跡熄而詩亡. 詩亡然後春秋作. 晉之乘, 楚之檮杌, 魯之春秋, 一也. 其事則齊桓·晉文, 其文則史. 孔子曰: '其義則丘竊取之矣.'"

14 왕자王者의 … 없어졌다 : 주나라 말기 평왕平王이 동쪽 낙읍洛邑으로 천도遷都한 이후 천자의 정치 교화와 호령이 천하에 영향을 미치지 못하고, 한편으로는 천자의 명으로 각 제후국에 채시관采詩官을 보내 시를 채집하는 일이 더 이상 없게 되었다는 뜻으로 해석한다.

15 공자께서 … 적용하였다 : 춘추시대 노魯나라 은공隱公으로부터 애공哀公에 이르기까지 12공公 242년간의 기록을 담은 『춘추』는 본래 노나라의 사관이 기록한 궁정 연대기였는데, 여기에 공자가 독자적인 역사의식과 가치관을 가지고 필삭筆削을 가하였다는 뜻이다.

맹자가 말하였다.

"군자가 남긴 은혜도 5대 이후면 끊기고, 소인이 남긴 은혜도 5대 이후면 끊긴다. 나는 공자의 직접 제자는 되지 못하였으나, 다른 사람을 통하여 공자의 가르침을 배웠다.[16]"

孟子曰: "君子之澤, 五世而斬; 小人之澤, 五世而斬. 予未得爲孔子徒也, 予私淑諸人也."

23

맹자가 말하였다.

"받을 만한 것 같지만 받지 말아야 할 경우에 받으면 청렴

---

16 나는 … 배웠다 : 주희는 "공자가 별세한 뒤로부터 맹자가 양梁 땅에 있을 때까지가 140여 년이었는데, 당시 맹자가 이미 늙었으니, 그렇다면 맹자의 출생이 공자와 백 년이 채 못 되는 것이다. 그리하여 맹자가 '내 비록 공자의 문하에서 친히 수업하지는 못하였으나, 성인의 유택이 아직 남아 있어서 오히려 그 학문을 전수받을 수 있었다.'라고 한 것이다."라고 하였다. 이 장은 위의 세 장에서 순舜, 우禹, 문무文武, 주공周公, 공자孔子를 차례로 말하고, 이어서 맹자 자신의 위치와 역할을 말하는 것으로 마무리한 것이다.

이 손상된다. 줄 만한 것 같지만 주지 말아야 할 경우에 주면
은혜가 손상된다. 죽을 만한 것 같지만 죽지 말아야 할 경우
에 죽으면 용맹이 손상된다."

孟子曰: "可以取, 可以無取, 取傷廉. 可以與, 可以無與, 與
傷惠. 可以死, 可以無死, 死傷勇."

24

방몽逢蒙이 활쏘기를 예羿[17]에게서 배웠다. 예의 기술을 다
배우고 난 뒤 천하에 오직 예만이 자기보다 낫다고 생각하여
예를 죽였다. 맹자가 이에 대하여 말하였다.
　"예에게도 잘못이 있다."
　공명의가 말하였다.
　"죄가 없을 듯합니다."
　맹자가 말하였다.
　"가벼울지언정 어찌 죄가 없다고 하겠는가? 정鄭나라가 자
탁유자子濯孺子를 시켜 위衛나라를 침략하자, 위나라에서는

17　예羿 : 유궁有窮의 군주이다. 하夏를 찬탈하여 스스로 왕이 되었는데
후일 신하 방몽과 한착寒浞에게 살해당하였다.

유공 사庾公斯를 시켜서 그를 추격하게 하였다. 자탁유자가 '오늘 나는 병이 나서 활을 잡을 수 없으니, 나는 죽었구나!' 하였다. 그가 마부에게 '나를 추격하는 자가 누구인가?'라고 물으니 마부가 '유공 사입니다.'라고 대답하였다. 그러자 자탁유자가 '나는 살았다!' 하였다. 마부가 '유공 사는 위나라의 명사수인데, 부자께서 살았다고 하시니 무슨 말씀입니까?' 하자, 그가 대답하였다. '유공 사는 활을 윤공 타尹公他에게서 배웠고, 윤공 타는 활을 나에게서 배웠다. 윤공 타는 단정한 사람이니, 벗도 반드시 단정한 사람일 것이다.'

유공 사가 도착하여 자탁유자에게 물었다. '부자께서는 어찌하여 활을 잡지 않습니까?' 자탁유자가 대답하였다. '오늘 병이 나서 활을 잡을 수가 없네.' 유공 사가 '소인은 활을 윤공 타에게서 배웠고, 윤공 타는 활을 부자에게 배웠습니다. 나는 차마 부자의 도道, 기술로써 부자를 해칠 수 없습니다. 그러나 오늘의 일은 국가의 일입니다. 제가 감히 그만둘 수 없습니다.' 하고는, 화살을 뽑아 수레바퀴에 두들겨 살촉을 빼 버리고, 네 개의 화살을 발사한 뒤 돌아갔다.'"

逢蒙學射於羿. 盡羿之道, 思天下, 惟羿爲愈己, 於是殺羿.
孟子曰: "是亦羿有罪焉."
公明儀曰: "宜若無罪焉."
曰: "薄乎云爾, 惡(오)得無罪? 鄭人使子濯孺子侵衛, 衛使

庚公之斯追之. 子濯孺子曰: ‘今日我疾作, 不可以執弓, 吾
死矣夫!’ 問其僕曰: ‘追我者誰也?’ 其僕曰: ‘庚公之斯也.’
曰: ‘吾生矣!’ 其僕曰: ‘庚公之斯, 衛之善射者也, 夫子曰吾
生, 何謂也?’ 曰: ‘庚公之斯, 學射於尹公之他. 尹公之他學
射於我. 夫尹公之他, 端人也, 其取友必端矣.’
庚公之斯至曰: ‘夫子何爲不執弓?’ 曰: ‘今日我疾作, 不可
以執弓.’ 曰: ‘小人學射於尹公之他, 尹公之他, 學射於夫子.
我不忍以夫子之道反害夫子. 雖然, 今日之事, 君事也, 我
不敢廢.’ 抽矢, 扣輪, 去其金, 發乘矢而後反.”

25

맹자가 말하였다.

"서자西子[18]가 불결한 것을 뒤집어쓰고 있으면, 사람들이
모두 코를 막고 지나갈 것이다. 그러나 못생긴 사람일지라도
재계하고 깨끗하게 목욕하면 하늘에 제사 지낼 수 있다."

孟子曰: “西子蒙不潔, 則人皆掩鼻而過之. 雖有惡人, 齊戒

---

18 서자西子 : 조기趙岐는, 고대 미인 ‘서시西施’라고 하였다. 서시는 후
대에 미인을 상징하는 대명사로 사용되고 있다.

沐浴, 則可以祀上帝."

26

맹자가 말하였다.

"천하 사람이 본성本性을 논함은 나타난 현상으로 따질 뿐
이다. 나타난 현상이라는 것은 자연의 원리를 따르는 것을 기
본으로 한다.[19] 지혜 사용을 싫어하는 것은 억지로 천착穿鑿
하기 때문이다. 만일 지혜를 사용하는 자가 우왕禹王이 물을
낮은 곳으로 흘러가게 하듯이 한다면 지혜 사용을 싫어할 이
유가 없다. 우왕이 물을 흘러가게 한 것은 별도로 작용한 것
이 없다. 지혜를 사용하는 자도 원리를 따르고 별도로 작용하
지 않는다면 역시 큰 지혜이다. 하늘은 높고 성신星辰은 멀리

---

19 천하 … 한다 : 주자의 주석에 의하면, '성性'은 사람이나 사물이 하
늘로부터 얻어서 태어난 원리이고, '고故'는 이미 나타난 현상이다. '이利'
는 '따른다順'와 같은 의미이니, 자연스런 현상을 따른다는 것이다. 이를
테면 사물의 원리는 형체가 없어서 알기 어려운 듯하지만, 실현된 자연
의 원리는 자취가 있어서 쉽게 알 수 있기 때문에 천하에 성을 논하는 자
들은 그 나타난 현상을 따라 말하면 그 원리가 자명해진다는 것이다. 그
리고 자연의 원리는 사람의 마음이 선하고 물이 낮은 곳으로 흐르는 것과
같아서, 억지로 바로잡고 조작하는 것이 아니다. 따라서 사람이 악행을
하는 것과 물이 산으로 올라가는 것은 자연의 원리가 아니라고 하였다.

있지만, 만일 나타난 현상에서 그 원리를 찾는다면 천년 뒤의 동지冬至를 앉아서도 알 수 있다.[20]"

孟子曰: "天下之言性也, 則故而已矣. 故者以利爲本. 所惡(오)於智者, 爲其鑿也. 如智者若禹之行水也, 則無惡於智矣. 禹之行水也, 行其所無事也. 如智者亦行其所無事, 則智亦大矣. 天之高也, 星辰之遠也, 苟求其故, 千歲之日至, 可坐而致也."

27

제나라 대부 공행자가 아들 상喪을 당하였는데, 우사右師[21]가 조문을 갔다. 우사가 들어오자 그 앞으로 가서 말하는 사람도 있고, 우사가 앉은 자리로 가서 말하는 사람도 있었다. 그런데 맹자는 우사와 말하지 않았다. 우사가 불쾌해하며 "여러 군자가 모두 나와 말하는데, 맹자만이 나와 말하지 않았다. 이는 나를 소홀히 대하는 것이다."라고 하였다.

---

20 동지冬至를 … 있다 : 상고시대에 11월 밤 동지가 든 날을 기준으로 삼아 달력을 만들었기 때문에 한 말이다.

21 우사右師 : 합盍의 대부 왕환王驩으로, 자는 자오子敖이다.

맹자가 이 말을 듣고 말하였다.

"예에 따르면, 조정에서는 남의 자리를 지나서 어울려 말하지 않으며, 계단을 넘어가서 서로 읍하지 않는다. 나는 예를 행하고자 하였는데, 자오子敖가 나더러 소홀히 대한다고 하니, 이상하지 않은가?"

公行子有子之喪, 右師往弔. 入門, 有進而與右師言者, 有就右師之位, 而與右師者. 孟子不與右師言. 右師不悅曰: "諸君子皆與驩言, 孟子獨不與驩言. 是簡驩也."
孟子聞之曰: "禮, 朝廷不歷位而相與言, 不踰階而相揖也. 我欲行禮, 子敖以我爲簡, 不亦異乎?"

28

맹자가 말하였다.

"군자가 일반인과 다른 것은 마음가짐 때문이다. 군자는 인仁을 마음에 두며, 예禮를 마음에 둔다. 어진 사람은 남을 사랑하고, 예가 있는 사람은 남을 공경한다. 남을 사랑하는 사람은 남도 항상 그를 사랑해 주고, 남을 공경하는 사람은 남도 항상 그를 공경해 준다. 가령 여기에 어떤 사람이 있는데, 남이 자신을 무례하게 대하면, 군자는 반드시 스스로 돌이켜서 내가 필시 어질지 못하고 내가 필시 예가 없는가 보다, 이러한 일이 어찌 나에게 있을 수 있겠는가 한다. 그런데 스스로 돌이켜보아 어질고, 스스로 돌이켜보아 예가 있었는데도 그렇게 무례하게 대했다면, 군자는 반드시 스스로 돌이켜서 내가 필시 진실하지 못했는가 보다 한다. 그런데 스스로 돌이켜보아 진실하였는데도 그렇게 무례하게 대하였다면, 군자는 '이는 역시 비정상적인 사람일 뿐이다. 그렇다면 짐승과 무엇을 구별하겠는가? 짐승에게 또 무엇을 꾸짖을 것이 있겠는가?'라고 한다.

그렇기 때문에 군자는 종신토록 늘상 하는 염려는 있어도 하루아침에 닥치는 갑작스런 우환은 없는 것이다. 근심하는 것으로 말하면 당연히 있다. 순임금도 사람이며 나도 사람이다. 그런데 순임금은 천하에 모범이 되어서 후세에 전해오는데, 나는 아직도 하찮은 시골 사람을 면치 못하였으니, 이는 근심할 만한 일이다. 어떻게 근심해야 하는가? 순임금과 같기를 바랄 뿐이다. 그 외에 군자가 걱정할 바는 없다. 인이 아니면 하지 않으며, 예가 아니면 행하지 않기 때문이다. 하루아침에 닥치는 갑작스런 걱정이 생겨도 군자는 걱정으로 여기지 않는다."

孟子曰: "君子所以異於人者, 以其存心也. 君子以仁存心, 以禮存心. 仁者愛人, 有禮者敬人. 愛人者, 人恒愛之; 敬人

者, 人恒敬之. 有人於此, 其待我以橫逆, 則君子必自反也,
我必不仁也, 必無禮也, 此物奚宜至哉? 其自反而仁矣, 自
反而有禮矣, 其橫逆由是也, 君子必自反也, 我必不忠. 自
反而忠矣, 其橫逆由是也, 君子曰: '此亦妄人也已矣. 如此,
則與禽獸奚擇哉? 於禽獸又何難焉?'
是故, 君子有終身之憂, 無一朝之患也. 乃若所憂則有之.
舜人也, 我亦人也. 舜爲法於天下, 可傳於後世, 我由未免
爲鄕人也, 是則可憂也. 憂之如何? 如舜而已矣. 若夫君子,
所患則亡(무)矣. 非仁無爲也, 非禮無行也. 如有一朝之患.
則君子不患矣."

29

우왕禹王과 후직后稷은 태평한 시대에 세 번이나 자신의 집
문 앞을 지나면서도 들어가지 못하였으므로 공자가 그들을
어질게 여겼다. 안자顏子, 안회顏回는 혼란한 세상을 만나 작
은 고을에 살면서 한 그릇의 밥과 한 바가지의 물로 살았다.
다른 사람들은 그 근심을 감당하지 못하는데 안자가 변함없
이 즐거워하자, 공자가 그를 어질게 여겼다.

맹자가 말하였다.

"우왕과 후직과 안회는 추구하는 도가 같다. 우왕은 천하

에 물에 빠진 자가 있으면 마치 자신이 빠뜨린 것처럼 여겼고, 후직은 천하에 굶주리는 자가 있으면 마치 자신이 굶주리게 한 것처럼 여겼다. 그래서 그처럼 급하게 하신 것이다. 우왕과 후직과 안자가 처지를 바꾸면 다 그러했을 것이다.

한 집에 같이 사는 사람이 싸우면 머리를 빗다가도 그대로 풀어 흩뜨린 채 갓끈만 매고라도 가서 말려야 한다.[22] 그러나 마을의 이웃이 싸울 때 머리를 풀어 흩뜨린 채 갓끈만 매고 가서 말리는 것은 적절하지 못하다. 이때는 문을 닫고 들어가도 된다.[23]"

禹·稷當平世, 三過其門而不入, 孔子賢之. 顔子當亂世, 居於陋巷, 一簞食(사), 一瓢飮. 人不堪其憂, 顔子不改其樂, 孔子賢之.

孟子曰: "禹·稷·顔回同道. 禹思天下有溺者, 由己溺之也; 稷思天下有飢者, 由己飢之也. 是以如是其急也. 禹·稷·顔子, 易地則皆然.

今有同室之人鬪者, 救之, 雖被髮纓冠而救之, 可也. 鄕隣有鬪者, 被髮纓冠而往救之, 則惑也. 雖閉戶可也."

22 한 집에 … 한다 : 우禹와 직稷의 처신이 이에 해당되는 것으로 비유한 것이다.
23 마을의 … 된다 : 안자顔子의 처신이 이에 해당되는 것으로 비유한 것이다.

30

공도자가 말하였다.

"광장을 온 나라 사람이 모두 불효하다고 하는데, 선생님께서 그와 교유하고 또 예우까지 하시니, 감히 여쭙겠습니다만 어째서입니까?"

맹자가 말하였다.

"세속에서 이르는 불효라는 것은 다섯 가지이다. 첫 번째 불효는 사지四肢를 게을리하여 부모 봉양을 하지 않는 것이다. 두 번째는 장기 두고 바둑 두며 술 마시기를 좋아하여 부모 봉양을 하지 않는 것이다. 세 번째는 재물을 좋아하며 처자만 챙겨 부모 봉양을 하지 않는 것이다. 네 번째는 귀와 눈의 즐거움만 추구하여 부모를 욕되게 하는 것이다. 다섯 번째는 용맹을 좋아하여 싸우고 사나워서 부모를 위태롭게 하는 것이다.

장자章子, 광장는 이 중에 한 가지라도 해당되는 것이 있는가? 그 사람은 부자간에 책선責善을 하다가 뜻이 서로 맞지 않은 것이다. 책선은 벗과의 도리이니, 부자간에 책선함은 크게 은혜를 해치는 것이다. 그 사람이 어찌 부부와 모자의 가족이 있기를 원하지 않겠는가? 아버지에게 죄를 얻어 가까이할 수 없었던 것이다. 아내를 내보내고 자식들을 물리쳐서 종신토록 봉양을 받지 않았으니, 그 마음에 이렇게 하지 않는다면 죄가 크다고 여긴 것이다. 이런 사람이 바로 장자이다."

公都子曰: "匡章, 通國皆稱不孝焉, 夫子與之遊, 又從而禮
貌之, 敢問何也?"

孟子曰: "世俗所謂不孝者五. 惰其四肢, 不顧父母之養, 一
不孝也. 博奕好飲酒, 不顧父母之養, 二不孝也; 好貨財, 私
妻子, 不顧父母之養, 三不孝也; 從耳目之欲, 以爲父母戮,
四不孝也; 好勇鬪狠, 以危父母, 五不孝也.

章子有一於是乎? 夫章子, 子父責善, 而不相遇也. 責善, 朋
友之道也, 父子責善, 賊恩之大者. 夫章子, 豈不欲有夫妻
子母之屬哉? 爲得罪於父, 不得近. 出妻屛子, 終身不養焉,
其設心以爲, 不若是, 是則罪之大者. 是則章子已矣."

31

증자가 무성武城[24]에 살고 있을 때 월나라의 침략이 있었
다. 어떤 사람이 "침략군이 오는데 어찌 떠나지 않으십니까?"
라고 물었다. 증자가 "내가 떠나면 집에 사람을 붙여서 나무

---

24 무성武城 : 지금의 산동山東 비현費縣 동남쪽 90리에 있는 옛 성의
이름이다.

들을 손상시키지 않도록 하라." 하였다. 적이 물러갔다고 하자 "나의 담장과 지붕을 수선하라. 내 돌아갈 것이다."라고 했다. 그 후 적이 물러간 다음 증자가 돌아왔다.

주변에서 "무성의 대부가 선생을 저렇듯 충성스럽고 공경스럽게 대우하는데, 적이 이르자 먼저 떠나가 백성들이 바라보게 하고, 적이 물러가자 돌아오시니, 옳지 않은 듯하다."라고 하였다.

심유행沈猶行[25]이 말하였다.

"이는 그대들이 알 수 있는 바가 아니다. 옛적에 우리 심유씨沈猶氏 가문에 부추負芻란 자가 난을 일으킨 적이 있는데, 선생을 따르는 제자 70명이 한 사람도 이에 간여하지 않고 떠나갔다."

자사가 위衛나라에 머물 적에 제齊나라의 침략이 있자, 혹자가 말하였다.

"적이 침략해 오는데, 어찌 떠나지 않으십니까?"

자사가 대답했다.

"만일 내가 떠나면 임금이 누구와 이곳을 지키겠는가?"

맹자가 말하였다.

"증자와 자사가 추구하는 길은 같다. 증자는 스승이자 부형의 위치에 있었고, 자사는 신하이며 낮은 관원이었다. 만일

---

25 심유행沈猶行 : 증자의 제자로 심유가 성이고 이름은 행이다.

증자와 자사의 처지가 바뀐다면 둘 다 그리했을 것이다."

曾子居武城, 有越寇. 或曰:"寇至, 盍去諸?"曰:"無寓人於
我室, 毁傷其薪木."寇退, 則曰:"修我牆屋, 我將反."寇退,
曾子反.
左右曰:"待先生, 如此其忠且敬也, 寇至, 則先去, 以爲民
望;寇退, 則反, 殆於不可."
沈猶行曰:"是非汝所知也. 昔沈猶有負芻之禍, 從先生者
七十人, 未有與焉."
子思居於衛, 有齊寇. 或曰:"寇至, 盍去諸?"子思曰:"如伋
去, 君誰與守?"
孟子曰:"曾子·子思同道. 曾子, 師也, 父兄也; 子思, 臣也,
微也. 曾子·子思易地皆然."

32

제나라의 저자儲子가 물었다.

"왕이 사람을 시켜서 선생을 엿보게 하는데, 과연 다른 사
람과 다른 점이 있습니까?"

맹자가 말하였다.

"어찌 다른 사람과 다르겠는가? 요임금이나 순임금도 같

은 사람이었다."

儲子曰: "王使人瞷夫子, 果有以異於人乎?"
孟子曰: "何以異於人哉? 堯舜與人同耳."

33

　제나라 사람 중에 아내 한 사람, 첩 한 사람과 같이 사는 자가 있었다. 남편은 외출하면 반드시 술과 고기를 배불리 먹은 뒤 돌아오곤 했다. 아내가 남편에게 같이 음식을 먹은 사람이 누구인지를 물으면 언제나 부귀한 사람들을 거론했다. 하루는 아내가 첩에게 말했다.

　"남편이 외출하면 반드시 술과 고기를 배불리 먹고 돌아오는데, 누구와 먹었는지 물으면 모두 부귀한 사람들이지만 일찍이 현달한 이가 찾아온 적이 한 번도 없었다. 내가 남편이 가는 곳을 엿보겠다."

　아내가 아침 일찍 일어나 남편이 가는 곳을 미행하여 따라가 엿보니, 온 장안을 두루 배회하면서도 잠시 서서 대화하는 자가 없었다. 그는 마침내 동쪽 성곽 무덤 사이에 제사하는 곳으로 가서 남은 음식을 빌어먹고, 거기에서 부족하면 또 두리번거리며 딴 곳으로 갔다. 이것이 술과 고기를 배불리 먹는 방법이었다.

아내가 돌아와 첩에게 "남편이란 우러러 바라보며 일생을 마치는 사람인데, 지금 이 모양이다." 하고는 남편을 비방하며 뜰에서 서로 붙들고 울었다. 남편은 그런 줄도 모르고 의기양양하게 들어와서 처첩에게 교만하게 굴었다. 군자의 입장에서 오늘날 부귀와 영달을 구하는 자들을 보면, 아내와 첩이 부끄러워하여 울지 않을 자가 별로 없을 것이다.

齊人有一妻一妾, 而處室者. 其良人出, 則必饜酒肉而後反. 其妻問所與飲食者, 則盡富貴也. 其妻告其妾曰: "良人出, 則必饜酒肉而後反, 問其與飲食者, 盡富貴也, 而未嘗有顯者來. 吾將瞷良人之所之也."

蚤起, 施(이)從良人之所之, 徧國中, 無與立談者. 卒之東郭墦間之祭者, 乞其餘, 不足, 又顧而之他. 此其爲饜足之道也.

其妻歸告其妾曰: "良人者, 所仰望而終身也, 今若此." 與其妾訕其良人, 而相泣於中庭. 而良人未之知也, 施施從外來, 驕其妻妾. 由君子觀之, 則人之所以求富貴利達者, 其妻妾不羞也, 而不相泣者, 幾希矣.

만장 상

萬章 上

모두 9장이다. 이 편은 만장이 질문하고 맹자가 대답하는 내용이 주를 이룬다. 만장도 공손추와 같이 『맹자』 편찬에 참여한 제자로 추정되는 사람이다. 주요 내용은, '천자天子'는 하늘이 백성들을 보살피기 위해 보낸 제왕으로, 하늘의 뜻을 대신하는 사람이다. 그런데 그렇다는 것을 무엇으로 증명하는가? 그것은 백성들을 통해 증명된다. 요·순·우·탕 등의 전승 과정에 대한 구전으로 전해오는 전설적인 이야기를 기록으로 증명하여 역사화하는 부분이 흥미롭다. 그리고 하늘은 천자를 위해 그를 보좌할 어진 신하를 세상에 보내 백성들을 위한 어진 정치를 하도록 한다고 하였다. 역사에 이름을 남긴 어진 신하들의 처신과 등용 과정을 설명하고, 공자의 예를 들어 군자의 처신에 대한 기준도 설명한다.

1

만장이 물었다.

"순임금이 밭에 가서 하늘을 부르며 울었는데, 어째서 부르짖으며 울었습니까?"

맹자가 말하였다.

"원망하고 사모한 것이다."

만장이 말하였다.

"부모가 사랑해 주시거든 기뻐하고 잊지 말며, 부모가 미워하거든 더욱 노력하고 원망하지 말아야 한다.'[1] 하였습니다. 그러면 순은 원망한 것입니까?"

맹자가 말하였다.

"장식長息이 공명고公明高[2]에게 '순이 밭에 간 이유는 제가 가르침을 받아 알겠는데, 하늘과 부모를 부르면서 울었던 이유는 모르겠습니다.'라고 묻자 공명고가 '이는 네가 알 수 있는 것이 아니다.'라고 하였다. 공명고는 '효자의 마음은 이처럼 무관심할 수 없다.[3] 나는 힘을 다해 밭을 갈아 공손히 자식된 직분을 할 따름이니, 부모가 나를 사랑하지 않음이 나와

---

1   부모가 … 한다 : 이 구절은 증자의 말로, 『예기禮記』「제의祭義」에 나온다.

2   장식長息이 공명고公明高 : 장식은 공명고의 제자이고, 공명고는 증자의 제자이다.

무슨 상관인가라고 해서는 안 된다.'고 생각한 것이다.

요임금이 자녀 9남 2녀로 하여금 백관百官과 우양牛羊과 창름倉廩을 갖추어 농사짓는 곳으로 가서 순舜을 섬기게 하자 천하의 선비들이 너도나도 찾아갔다. 요임금은 천하의 인심을 살펴보아 제위를 물려주려 하였는데, 순은 부모의 마음을 얻지 못하였기 때문에 마치 곤궁한 사람이 돌아갈 데가 없는 것처럼 하였다.

천하의 선비가 좋아함은 누구나 원하는 것인데도 근심을 풀기에는 부족하였다. 아름다운 여인은 누구나 원하는 것인데도, 요임금의 두 딸을 아내로 삼았으나 근심을 풀기에는 부족하였다. 부富는 누구나 원하는 것인데도, 천하를 소유하는 부를 이루었으나 근심을 풀기에는 부족하였다. 귀貴는 누구나 원하는 것인데도, 천자가 되는 귀를 이루었으나 근심을 풀기에는 부족하였다. 사람들이 좋아함과 아름다운 여인과 부와 귀에는 근심을 풀 만한 것이 없고, 오직 부모의 마음을 얻어야 근심을 풀 수 있다.

사람은 어릴 때에는 부모를 사모하다가 여인을 좋아할 줄 알면 젊고 예쁜 소녀를 사모하고, 아내와 자식을 두면 아내와

---

3 효자의 … 없다 : 뒤에 나오는 말처럼 자식이 자기 할 일만 하면 될 뿐, 부모가 자신을 사랑하든 말든 나와 무슨 상관이냐고 무관심할 수는 없기 때문에 순이 밭에 나가 울부짖었다는 것이다.

자식을 사모하고, 벼슬하면 군주를 사모하고, 군주에게 신임을 얻지 못하면 애가 타는 것이다. 대효大孝는 종신토록 부모를 사모하는 것이다. 50세가 되어서도 부모를 사모하는 경우를 나는 위대한 순에게서 보았다."

萬章問曰: "舜往于田, 號泣于旻天, 何爲其號泣也?"

孟子曰: "怨慕也."

萬章曰: "'父母愛之, 喜而不忘; 父母惡(오)之, 勞而不怨.' 然則舜怨乎?"

曰: "長息問於公明高曰: '舜往于田, 則吾旣得聞命矣, 號泣于旻天, 于父母, 則吾不知也.' 公明高曰: '是非爾所知也.' 夫公明高, 以孝子之心, 爲不若是恝. 我竭力耕田, 共爲子職而已矣, 父母之不我愛, 於我何哉?

帝使其子九男二女, 百官牛羊倉廩備, 以事舜於畎畝之中, 天下之士多就之者. 帝將胥天下, 而遷之焉, 爲不順於父母, 如窮人無所歸.

天下之士悅之, 人之所欲也, 而不足以解憂. 好色, 人之所欲, 妻帝之二女, 而不足以解憂. 富人之所欲, 富有天下, 而不足以解憂. 貴人之所欲, 貴爲天子, 而不足以解憂. 人悅之, 好色, 富貴, 無足以解憂者, 惟順於父母, 可以解憂.

人少則慕父母; 知好色, 則慕少艾; 有妻子, 則慕妻子; 仕則慕君, 不得於君, 則熱中. 大孝終身慕父母. 五十而慕者, 予於大舜見之矣."

2

만장이 물었다.

"『시경詩經』「제풍齊風 남산南山」에 '장가들려면 어떻게 하여야 하는가? 반드시 부모에게 고하여야 한다.'라고 했습니다. 이 말이 옳다면 순舜같이 하면 안 될 듯합니다. 순이 부모에게 고하지 않고 장가든 것은 어째서입니까?"

맹자가 말하였다.

"부모에게 고하였다면 장가들 수 없었을 것이다. 남녀가 결혼하는 것은 인간의 중대한 윤리이다. 만일 부모에게 고하면 이 중대한 윤리를 저버리게 되어 부모를 원망하게 되었을 것이다. 이 때문에 고하지 않은 것이다."

만장이 말하였다.

"순이 고하지 않고 장가든 도리에 대해서는 알겠습니다. 요임금께서 순에게 딸을 시집보내면서 그 부모에게 말하지 않음은 어째서입니까?"

맹자가 말하였다.

"요임금 역시 고하면 딸을 시집보낼 수 없음을 알았기 때문이다."

만장이 말하였다.

"순의 부모가 순에게 곳집을 손질하게 하고는 사다리를 치운 다음 아버지인 고수瞽瞍가 곳집에 불을 질렀습니다. 또 순에게 우물을 파게 하고는, 순이 빠져나온 줄 모르고 우물 입구를 흙으로 메워 버렸습니다. 이복 아우 상象이 '도군都君[4]을 해칠 계책을 세운 것은 모두 나의 공로이다. 소와 양은 부모의 것이고, 곳간도 부모의 것이다. 방패와 창은 나의 것이고, 거문고도 나의 것이고, 활도 나의 것이다. 두 형수는 나의 잠자리를 돌보게 하겠다.'라고 했습니다. 상이 궁궐로 달려가니 순이 침상에 앉아 거문고를 타고 있었습니다. 상이 '몹시도 도군이 그리웠습니다.' 하며 부끄러워하자, 순이 '신하들과 백성들을 나 대신 네가 다스리라.'고 하였다 합니다. 모르겠습니다. 순은 상이 자신을 죽이려 한 것을 몰랐습니까?"

맹자가 말하였다.

"어찌 몰랐겠는가? 순은 상이 근심하면 같이 근심하고, 상이 기뻐하면 같이 기뻐한 것이다."

만장이 물었다.

"그렇다면 순은 거짓으로 기쁜 척한 것입니까?"

---

4 도군都君 : 순을 말한다. 『사기史記』「오제본기五帝本紀」에 "순이 사는 곳에 사람들이 몰려와 1년 만에 취락聚落을 이루고 2년 만에 읍邑을 이루고 3년 만에 도읍都邑을 이루었다. 그리하여 '도군都君'이라는 칭호가 생겼다."라고 하였다.

맹자가 말하였다.

"아니다. 옛날에 어떤 사람이 정鄭나라 자산子産에게 살아 있는 물고기를 선물하였다. 자산이 연못지기에게 주어 못에서 기르게 하였다. 연못지기가 삶아 먹고서는 '처음에 고기를 놓아 주자 어릿어릿하더니, 조금 있다가는 꼬리치면서 유유히 가더이다.'라고 보고하였다. 자산은 '제 살 곳을 얻었구나, 제 살 곳을 얻었구나!' 하며 좋아하였다. 연못지기가 나와서 '누가 자산을 지혜롭다 말하는가? 내가 물고기를 삶아 먹어 버렸는데도 자산은 제 살 곳을 얻었구나, 제 살 곳을 얻었구나!라고 하더군.' 하였다.

이처럼 군자는 사리에 맞는 방법으로는 속일 수 있지만, 사리에 맞지 않는 터무니없는 방법으로는 속이기가 어려운 것이다. 상象이 형을 사랑한다는 도리로 왔기 때문에 순이 진실로 믿고 기뻐한 것이다. 어찌 거짓이겠는가?"

萬章問曰: "詩云: '娶妻如之何? 必告父母.' 信斯言也, 宜莫如舜. 舜之不告而娶, 何也?"

孟子曰: "告則不得娶. 男女居室, 人之大倫也. 如告, 則廢人之大倫, 以懟父母. 是以不告也."

萬章曰: "舜之不告而娶, 則吾旣得聞命矣. 帝之妻舜而不告, 何也?"

曰: "帝亦知告焉, 則不得妻也."

萬章曰: "父母使舜完廩, 捐階, 瞽瞍焚廩. 使浚井, 出, 從而揜之. 象曰: '謨蓋都君, 咸我績. 牛羊父母, 倉廩父母, 干戈朕, 琴朕, 弤朕. 二嫂使治朕棲.' 象往入舜宮, 舜在牀琴. 象曰: '鬱陶思君爾,' 忸怩, 舜曰: '惟茲臣庶, 汝其于予治.' 不識, 舜不知象之將殺己與?"

曰: "奚而不知也? 象憂亦憂, 象喜亦喜."

曰: "然則舜僞喜者與?"

曰: "否. 昔者有饋生魚於鄭子産. 子産使校人畜(혹)之池. 校人烹之. 反命曰: '始舍之, 圉圉焉, 少則洋洋焉, 攸然而逝.' 子産曰: '得其所哉, 得其所哉!' 校人出曰: '孰謂子産智? 予旣烹而食之, 曰得其所哉, 得其所哉!' 故君子可欺以其方, 難罔以非其道. 彼以愛兄之道來, 故誠信而喜之. 奚僞焉?"

3

만장이 물었다.

"상은 날마다 순을 죽이는 짓을 일삼았는데, 순이 천자 자리에 올라 그를 추방만 한 것은 어째서입니까?"

맹자가 말하였다.

"제후에 봉해 주었는데, 어떤 이는 추방했다고 한다."

만장이 말하였다.

"순이 공공共工을 유주幽州[5]에 유배보내고, 환도驩兜를 숭산崇山[6]으로 추방하고, 삼묘三苗를 삼위三危[7]에서 죽이고, 곤鯀을 우산羽山[8]에서 죽였습니다. 네 사람을 처벌하자 천하가 모두 복종하였으니, 이는 어질지 못한 자를 처벌했기 때문입니다. 상이 지극히 불인하였는데도 그를 유비有庳[9]에 봉했으니, 유비의 백성들은 무슨 죄입니까? 어진 이는 본디 이러합니까? 타인은 죽이고 아우는 봉해 주다니요."

맹자가 말하였다.

"어진 이는 아우에 대하여 분노를 마음에 두지 않으며, 원한을 가슴에 묵혀 두지 않고, 오로지 친애할 뿐이다. 그를 친애한다면 그가 귀하게 되기를 바랄 것이고, 그를 사랑한다면

5 공공共工을 유주幽州 : 공공은 물관리하는 관직 명칭인데, 대대로 그 관직을 이어받아 관직 명칭으로 성씨를 삼은 것이다. 유주는 북쪽 변방의 이름이다.

6 환도驩兜를 숭산崇山 : 환도는 요순시대의 대신으로 공공과 작당하여 난을 일으켰던 인물이다. 숭산은 남쪽 변방 지역에 있는 산이다.

7 삼묘三苗를 삼위三危 : 삼묘는 나라 이름인데 지역의 험준함을 믿고 복종하지 않은 부족이다. 삼위는 서쪽 변방에 있는 산 이름으로 세 봉우리가 있어서 붙은 이름이다.

8 곤鯀을 우산羽山 : 곤은 우禹의 아버지이다. 홍수를 잘못 다스려 백성들을 해친 죄로 벌을 받았다. 우산은 강소성에 있다는 설과 산동성에 있다는 설이 있다.

9 유비有庳 : 호남성 도현道縣 북쪽에 있는데, 산 아래 상象의 사당이 있다고 전한다.

그가 부유하기를 바랄 것이다. 그를 유비에 봉한 것은 그를
부귀하게 한 것이다. 자신은 천자인데 아우는 일개 서민으로
둔다면 아우를 친애했다고 할 수 있겠는가?"

"감히 여쭙겠습니다. 어떤 이는 추방했다고 하는데 어째서
입니까?"

맹자가 말하였다.

"상象이 직접 정치를 하지 못하게 하고, 천자의 관리를 시
켜서 그 나라를 다스리게 하고 세금을 바쳤기 때문에 추방했
다고 하는 것이다. 그러니 상이 어찌 그곳 백성들에게 포악한
정치를 할 수 있었겠는가? 그렇지만 항상 그를 만나보고자
하였기에 자주자주 오게 하였다. '조공할 시기가 아니어도 정
치에 관한 일로 유비의 군주를 접견했다.'라고 한 것이 바로
이를 말한 것이다."

萬章問曰: "象日以殺舜爲事, 立爲天子, 則放之, 何也?"
孟子曰: "封之也, 或曰, 放焉."
萬章曰: "舜流共工于幽州, 放驩兜于崇山, 殺三苗于三危,
殛鯀于羽山. 四罪而天下咸服, 誅不仁也. 象至不仁, 封之
有庳, 有庳之人奚罪焉? 仁人固如是乎? 在他人則誅之, 在
弟則封之."
曰: "仁人之於弟也, 不藏怒焉, 不宿怨焉, 親愛之而已矣. 親
之, 欲其貴也; 愛之, 欲其富也. 封之有庳, 富貴之也. 身爲

天子, 弟爲匹夫, 可謂親愛之乎?"

"敢問. 或曰放者, 何謂也?"

曰: "象不得有爲於其國, 天子使吏治其國, 而納其貢稅焉, 故謂之放. 豈得暴彼民哉? 雖然, 欲常常而見之, 故源源而來. '不及貢, 以政接于有庳.' 此之謂也.'

4

함구몽咸丘蒙이 물었다.

"전하는 말에 '덕이 훌륭한 선비는 군주도 그를 신하로 삼을 수 없고, 아비도 그를 자식으로 삼을 수 없다. 순이 천자로 있으니 요가 제후를 거느리고 신하로 조회하였고, 아버지 고수가 신하로 조회하자, 순이 고수를 보고 위축되어 불안해하였다.'라고 합니다. 공자께서 '이때에 천하가 매우 위태로웠다!'라고 했다는데, 모르겠습니다만, 이 말이 사실입니까?"

맹자가 말하였다.

"아니다. 이는 군자의 말이 아니고 제나라 동쪽 야인野人들의 말이다. 요가 늙어서 순이 섭정을 한 것이다. 『서경』「요전堯典」에 '순이 섭정한 지 28년 만에 방훈放勳, 요의 호칭이 마침내 별세하니, 백성들은 자신의 부모를 잃은 듯이 삼년상을 하였고, 온 나라가 음악 연주를 그쳤다.' 하였다. 공자는 '하늘에는 두 태양이 없고, 백성에게는 두 왕이 없다.'라고 하였다. 순이 이미 천자가 되어 천하의 제후들을 거느리고 요를 위하여 삼년상을 하였다면, 이는 천자가 둘인 셈이다."

함구몽이 말하였다.

"순이 요를 신하로 삼지 않은 것에 대해서는 알겠습니다. 그러나『시경』에 '온 하늘의 아래가 왕의 토지가 아님이 없고, 온 땅 안이 왕의 신하 아닌 자가 없다.'[10]라고 하였습니다. 감히 묻습니다. 순이 천자가 되었는데, 고수가 신하가 아니라 함은 어째서입니까?"

맹자가 말하였다.

"그 시詩는 이를 말한 것이 아니다. 나랏일로 힘들어 부모를 봉양할 수 없자 '이는 모두가 나랏일인데 왜 나만이 힘들게 일해야 하는가?'라고 한 것이다. 그러기에 시詩를 해설하는 자는 글자에 구애되어 그 구절의 의미를 오해해서는 안 되고, 한 구절에 구애되어 전체의 의미를 오해해서는 안 된다. 자신의 생각으로 본뜻을 추측하여 맞추어야 시를 이해할 수 있는 것이다. 만일 한 구절의 말만 가지고 본다면,『시경』「대아大雅 운한雲漢」에 '주나라의 백성이 씨도 남지 않았다.'라고 하였는데, 참으로 이 말대로라면 이는 주나라에 남은 백성이

---

10 『시경』에 … 없다 :『시경詩經』「소아小雅 북산北山」의 내용으로, 당시 대부가 학정을 하는 유왕幽王을 풍자한 시이다.

없는 것이다.

효자의 지극함은 어버이를 존중함보다 더한 것이 없고, 어버이를 존중함은 천하로써 봉양함보다 더한 것이 없다. 고수는 천자의 아버지가 되었으니 존중의 지극함이고, 순이 천하로써 봉양하였으니 봉양의 지극함이다. 『시경』「대아大雅 하무下武」에 '길이 효도하니 효도의 법칙이로다.'라고 하였는데, 이를 두고 한 말이다. 『서경』「대우모大禹謨」에 '순이 일을 공경히 하여 고수를 뵐 적에 공경하고 두려워하였는데, 고수도 믿고 따랐다.'라고 하였다. 이것이 아버지가 자식을 마음대로 할 수 없다는 것이다."

咸丘蒙問曰: "語云: '盛德之士, 君不得而臣, 父不得而子. 舜南面而立, 堯帥諸侯, 北面而朝之, 瞽瞍亦北面而朝之, 舜見瞽瞍, 其容有蹙.' 孔子曰: '於斯時也, 天下殆哉, 岌岌乎!' 不識此語誠然乎哉?"

孟子曰: "否. 此非君子之言, 齊東野人之語也. 堯老而舜攝也. 堯典曰: '二十有八載, 放勳乃徂落, 百姓如喪考妣, 三年, 四海遏密八音.' 孔子曰: '天無二日, 民無二王.' 舜旣爲天子矣, 又帥天下諸侯, 以爲堯三年喪, 是二天子矣."

咸丘蒙曰: "舜之不臣堯, 則吾旣得聞命矣. 詩云: '普天之下, 莫非王土, 率土之濱, 莫非王臣.' 而舜旣爲天子矣, 敢問. 瞽瞍之非臣, 如何?"

曰: "是詩也, 非是之謂也. 勞於王事, 而不得養父母也, 曰: '此莫非王事, 我獨賢勞也.' 故說詩者, 不以文害辭, 不以辭害志. 以意逆志, 是爲得之. 如以辭而已矣. 雲漢之詩曰: '周餘黎民, 靡有孑遺.' 信斯言也, 是周無遺民也.

孝子之至, 莫大乎尊親; 尊親之至, 莫大乎以天下養. 爲天子父, 尊之至也; 以天下養, 養之至也. 詩曰: '永言孝思, 孝思維則.' 此之謂也. 書曰: '祗載見(현)瞽瞍, 夔夔齊(재)栗, 瞽瞍亦允若.' 是爲父不得而子也."

5

만장이 말하였다.

"요堯가 천하를 순舜에게 주었다 하는데, 그런 일이 있었습니까?"

맹자가 말하였다.

"아니다. 천자는 천하를 남에게 줄 수 없다."

만장이 말하였다.

"그렇다면 순이 소유한 천하는 누가 준 것입니까?"

맹자가 말하였다.

"하늘이 준 것이다."

만장이 말하였다.

"하늘이 주었다는 것은, 자상하게 명하면서 준 것입니까?"

맹자가 말하였다.

"아니다. 하늘은 말하지 않는다. 행동과 일로써 보여 줄 뿐이다."

만장이 말하였다.

"행동과 일로써 보여 준다는 것은 어떻게 하는 것입니까?"

맹자가 말하였다.

"천자가 사람을 하늘에 천거할 수는 있지만, 하늘이 그에게 천하를 주게 할 수는 없다. 제후가 사람을 천자에게 천거할 수는 있지만, 천자가 그에게 제후를 주게 할 수는 없다. 대부가 사람을 제후에게 천거할 수는 있지만, 제후가 그에게 대부를 주게 할 수는 없다. 옛적에 요가 순을 하늘에 천거하니 하늘이 받아들였고, 백성들에게 드러내니 백성들이 받아들였다. 그러기에 '하늘은 말하지 않고 행동과 일로써 보여 줄 뿐이다.'라고 한 것이다."

만장이 말하였다.

"감히 묻겠습니다. 하늘에 천거하니 하늘이 받아 주고, 백성들에게 드러내니 백성들이 받아 주었다는 것은 어떠한 것입니까?"

맹자가 말하였다.

"순으로 하여금 제사를 주관하게 하자 온갖 신神들이 흠향하였으니 이는 하늘이 받아 주신 것이다. 일을 주관하게 하자 일이 잘 다스려져 백성들이 편안하였으니, 이는 백성들이 받아 준 것이다. 하늘이 받아 주고 백성들이 받아 주었기 때문에 '천자가 천하를 남에게 줄 수는 없다.'고 하는 것이다. 순이 요를 28년 동안 도왔으니, 이는 인력으로 할 수 있는 것이 아니고, 하늘의 뜻이다.

요가 돌아가시자 삼년상을 마치고 순이 요의 아들을 피하여 남하南河의 남쪽[11]으로 떠났다. 천하의 제후들이 요의 아들에게 조회하러 가지 않고 순에게 갔으며, 옥사獄事를 다투는 자들이 요의 아들에게 가지 않고 순에게 갔으며, 덕을 노래하는 자들이 요의 아들을 노래하지 않고 순을 노래하였다. 그리하여 '하늘의 뜻'이라고 말한 것이다. 그런 뒤에야 수도로 가서 천자의 지위에 나아갔다. 만일 요의 궁궐을 차지하여 요의 아들을 핍박하였다면, 이는 찬탈이지 하늘이 준 것이 아니다.『서경』「태서太誓」에 '하늘은 우리 백성의 눈으로 보며, 하늘은 우리 백성의 귀로 듣는다.'라고 하였으니, 이를 두고 한 말이다."

萬章曰: "堯以天下與舜, 有諸?"

孟子曰: "否. 天子不能以天下與人."

11　남하南河의 남쪽 : 주희는 "남하는 기주冀州의 남쪽에 있으니, 그 남쪽은 바로 예주豫州이다."라고 하였다.

"然則舜有天下也,孰與之?"

曰:"天與之."

"天與之者,諄諄然命之乎?"

曰:"否. 天不言, 以行與事, 示之而已矣."

曰:"以行與事, 示之者, 如之何?"

曰:"天子能薦人於天, 不能使天與之天下. 諸侯能薦人於天子, 不能使天子與之諸侯. 大夫能薦人於諸侯, 不能使諸侯與之大夫. 昔者, 堯薦舜於天, 而天受之; 暴之於民, 而民受之. 故曰:'天不言, 以行與事, 示之而已矣.'"

曰:"敢問. 薦之於天, 而天受之; 暴之於民, 而民受之, 如何?"

曰:"使之主祭, 而百神享之, 是天受之. 使之主事, 而事治, 百姓安之, 是民受之也. 天與, 人與之, 故曰:'天子不能以天下與人.'舜相堯二十有八載, 非人之所能爲也, 天也.

堯崩, 三年之喪畢, 舜避堯之子於南河之南. 天下諸侯朝覲者, 不之堯之子而之舜; 訟獄者, 不之堯之子而之舜; 謳歌者, 不謳歌堯之子而謳歌舜. 故曰:'天也.'夫然後之中國, 踐天子位焉. 而居堯之宮, 逼堯之子, 是簒也, 非天與也. 太誓曰:'天視自我民視, 天聽自我民聽.'此之謂也."

6

만장이 물었다.

"사람들이 '우禹에 이르러 덕이 쇠하여 현자에게 자리를 물려주지 않고, 자기 자식에게 물려주었다.'라고 합니다. 그런 일이 있습니까?"

맹자가 말하였다.

"아니다, 그렇지 않다. 하늘이 현자에게 주려고 하면 현자에게 주고, 하늘이 자식에게 주려고 하면 자식에게 주는 것이다. 옛적에 순舜이 우를 하늘에 천거한 지 17년 만에 순이 돌아가시자 삼년상을 마치고 우가 순의 아들을 피하여 양성陽城으로 가 있었는데, 천하의 백성들이 요가 돌아가신 뒤 요의 아들을 따르지 않고 순을 따르듯이 하였다. 우가 익益을 하늘에 천거한 지 7년 만에 우가 돌아가시자, 삼년상을 마치고 익이 우의 아들을 피하여 기산箕山[12] 북쪽으로 가 있었다. 그런데 조회하고 옥사를 다투는 자들이 익에게 가지 않고 우의 아들 계啓에게로 가면서 '우리 임금의 아들이다.' 하였으며, 덕을 노래하는 자들이 익을 노래하지 않고, 계를 노래하며 '우리 임금의 아들이다.' 하였다.

---

12 기산箕山 : 숭산의 깊은 골짜기로, 지금의 하남성河南城 등대현登對縣 동남쪽에 있다.

요의 아들 단주丹朱가 불초하고 순의 아들도 불초한 반면, 순이 요를 돕고 우가 순을 도운 기간이 길어서 백성들에게 은택을 베푼 지가 오래되었다. 우의 아들 계는 어질어 우의 통치력을 공경히 승계한 반면, 익이 우를 도운 기간은 짧아서 백성들에게 은택을 베푼 것이 오래되지 못했다. 순과 우와 익의 도운 기간이 길거나 짧은 것과 그 아들의 어질거나 불초한 것은 다 하늘의 뜻이니, 인력으로 할 수 있는 것이 아니다.

그렇게 하려는 작용이 없는데도 그렇게 되는 것은 하늘의 뜻이고, 그렇게 하려는 의도가 없는데도 그렇게 되는 것은 운명이다. 보통 사람으로서 천하를 소유하는 자는 덕이 반드시 순이나 우와 같아야 하고, 게다가 천자의 천거가 있어야 한다. 그러기에 중니는 천하를 소유하지 못한 것이다. 대를 이어서 천하를 소유하였는데도 하늘이 이를 버리는 것은, 반드시 걸桀·주紂와 같은 폭군일 때이다. 그러기에 익益과 이윤伊尹과 주공周公은 천하를 소유하지 못한 것이다.

이윤이 탕湯을 도와 천하에 왕 노릇 하게 하였다. 탕이 돌아가신 뒤 아들 태정太丁은 즉위하지 못하고 죽었고, 외병外丙이 2년, 중임仲壬이 4년을 왕위에 있었다. 태정의 아들 태갑太甲이 왕이 되어 탕이 물려준 법도를 파괴하자 이윤이 그를 탕의 무덤이 있는 동桐 땅에 3년 동안 유폐시켰다. 태갑이 잘못을 뉘우쳐 스스로를 원망하고 스스로를 다스려, 동 땅에서 어진 마음을 지니고 의로운 행동으로 3년을 지낸 뒤 이윤이 자기를 훈계한 것을 따랐다. 그리하여 다시 수도 박읍亳邑으로 복귀시켰다. 주공이 천하를 소유하지 못한 것은, 하夏나라의 익이나 은殷나라의 이윤과 같은 경우이다. 공자께서 '당唐의 요堯나 우虞의 순舜은 선위禪位를 하였고, 하夏·은殷·주周는 자식이 대를 이었는데, 그 의리로 보면 같다.'라고 하였다."

萬章問曰: "人有言, '至於禹而德衰, 不傳於賢, 而傳於子.' 有諸?"

孟子曰: "否, 不然也. 天與賢, 則與賢; 天與子, 則與子. 昔者, 舜薦禹於天, 十有七年, 舜崩, 三年之喪畢, 禹避舜之子於陽城, 天下之民從之, 若堯崩之後, 不從堯之子, 而從舜也. 禹薦益於天, 七年, 禹崩, 三年之喪畢, 益避禹之子於箕山之陰. 朝覲訟獄者, 不之益而之啓, 曰: '吾君之子也.' 謳歌者, 不謳歌益而謳歌啓, 曰: '吾君之子也.'

丹朱之不肖, 舜之子亦不肖, 舜之相堯, 禹之相舜也, 歷年多, 施澤於民久. 啓賢, 能敬承繼禹之道, 益之相禹也, 歷年少, 施澤於民未久. 舜·禹·益相去久遠, 其子之賢不肖, 皆天也, 非人之所能爲也.

莫之爲而爲者, 天也; 莫之致而至者, 命也. 匹夫而有天下者, 德必若舜禹, 而又有天子薦之者. 故仲尼不有天下. 繼世以有天下, 天之所廢, 必若桀紂者也, 故益·伊尹·周公, 不有天下.

伊尹相湯以王於天下. 湯崩, 太丁未立, 外丙二年, 仲壬四年. 太甲顚覆湯之典刑, 伊尹放之於桐, 三年. 太甲悔過, 自怨自艾, 於桐處仁遷義, 三年, 以聽伊尹之訓己也. 復歸于亳. 周公之不有天下, 猶益之於夏·伊尹之於殷也. 孔子曰: '唐虞禪, 夏后殷周繼, 其義一也.'"

7

만장이 물었다.

"사람들이 '이윤이 요리사가 되어 탕왕에게 등용되기를 바랐다.'고들 합니다. 그러한 일이 있었습니까?"

맹자가 말하였다.

"아니다, 그렇지 않다. 이윤은 유신有莘[13]의 들에서 농사짓고 살며 요순의 도道를 즐거움으로 삼았다. 그는 도의道義에 맞지 않으면 천하의 재물로 녹을 주더라도 돌아보지 않았고, 4천 필의 말을 매어 놓고 불러도 쳐다보지 않았다. 도의에 맞지 않으면 지푸라기 하나라도 남에게 주지 않았고, 지푸라기 하나라도 남에게 받지 않았다. 탕왕이 사람을 시켜 폐백을 가

---

13 유신有莘 : 옛 신莘나라이다. 지금의 하남성河南省 진류현陳留縣 동북쪽에 신성莘城이 있다.

지고 가서 이윤을 초빙하였는데, 태연히 '내 어찌 탕왕의 폐백을 받겠는가? 어찌 농사짓고 살면서 이대로 요순의 도를 즐기는 것만 하겠는가?'라고 하였다.

탕왕이 세 번이나 사람을 보내어 초빙하자, 이윽고 완전히 마음을 바꾸어서 '내가 농사짓고 살면서 이대로 요순의 도를 즐기는 것이, 차라리 이 군주를 요순과 같은 군주로 만들고, 이 백성을 요순의 백성이 되게 하며, 내가 직접 이를 보는 것만 하겠는가? 이 백성들에 대한 하늘의 뜻은, 먼저 알고 깨달은 사람이 늦게 알고 늦게 깨우치는 사람을 알게 하고 깨우치게 하라는 것이다. 나는 하늘이 낸 백성 중에 먼저 깨달은 자이니, 나는 이 도로써 이 백성들을 깨우쳐야 한다. 내가 이들을 깨우치지 아니하고 그 누가 하겠는가?'라고 하였다.

이윤은 천하의 백성 중에 한 사람의 남자, 한 사람의 부녀자라도 요순의 혜택을 입지 못하는 자가 있으면, 마치 자신이 그들을 도랑 속으로 밀어서 떨어뜨린 것처럼 여겼다. 그가 천하의 중요한 임무를 스스로 짊어짐이 이와 같았다. 그리하여 탕왕에게 나아가 설득하여 하夏나라를 정벌하여 백성을 구제한 것이다.

나는 자신이 바르지 못하면서 남을 바르게 하였다는 것은 들어보지 못하였다. 하물며 자신을 욕되게 하여 천하를 바로잡을 수 있겠는가? 성인聖人의 행동은 일정하지 않다. 군주를 멀리하기도 하고 가까이하기도 하며, 군주 곁을 떠나가기도

하고 떠나지 않기도 하였지만, 그 귀결점은 몸을 깨끗이 하는 것이었다. 나는 요순의 도로써 탕왕에게 요구했다는 말은 들었지만, 요리를 하여 접근했다는 말은 들어보지 못하였다. 『상서商書』「이훈伊訓」에 '하늘의 징벌이 처음 하나라 궁궐인 목궁牧宮에 내려졌고, 나는 공격을 박읍으로부터 시작했다.'라고 하였다."

萬章問曰: "人有言, '伊尹以割烹要湯.' 有諸?"

孟子曰: "否, 不然. 伊尹耕於有莘之野, 而樂堯舜之道. 非其義也, 非其道也, 祿之以天下, 弗顧也; 繫馬千駟, 弗視也. 非其義也, 非其道也, 一介不以與人, 一介不以取諸人. 湯使人以幣聘之, 囂囂然曰: '我何以湯之聘幣爲哉? 我豈若處畎畝之中, 由是以樂堯舜之道哉?'

湯三使往聘之, 旣而幡然改曰: '與我處畎畝之中, 由是以樂堯舜之道, 吾豈若使是君爲堯舜之君哉, 吾豈若使是民爲堯舜之民哉, 吾豈若於吾身親見之哉? 天之生此民也, 使先知覺後知, 使先覺覺後覺也. 予天民之先覺者也, 予將以斯道覺斯民也. 非予覺之, 而誰也?'

思天下之民, 匹夫匹婦, 有不被堯舜之澤者, 若己推(퇴)而內(납)之溝中. 其自任以天下之重如此. 故就湯而說(세)之, 以伐夏救民.

吾未聞枉己而正人者也. 況辱己以正天下者乎? 聖人之行

不同也. 或遠, 或近; 或去, 或不去, 歸潔其身而已矣. 吾聞
其以堯舜之道要湯, 未聞以割烹也. 伊訓曰: '天誅造攻, 自
牧宮, 朕載自亳.'"

8

만장이 물었다.

"어떤 사람이 '공자가 위衛나라에서는 옹저癰疽, 종기를 치료
하는 의원 를 주인으로 삼고, 제齊나라에서는 시인侍人, 내시 인
척환瘠環을 주인으로 삼았다.'라고 합니다. 그러한 일이 있었
습니까?"

맹자가 말하였다.

"아니다, 그렇지 않다. 일을 좋아하는 자들이 지어낸 말이
다. 위나라에 계실 때에는 안수유顏讐由를 주인으로 삼았다.
위나라 왕의 총애를 받던 미자彌子의 아내는 자로子路의 아내
와 형제간이다. 미자가 자로에게 '공자가 나를 주인으로 삼으
면 위나라의 경卿은 얻을 수 있다.'라고 하였다. 자로가 이 말
을 고하니, 공자께서 '운명에 달려 있다.'라고 하였다. 공자께
서는 벼슬에 나아갈 때에는 예禮로써 하고, 물러날 때에는 의
義로써 하였다. 벼슬을 얻고 얻지 못함은 운명에 달려 있다고
하였으니, 만일 옹저와 시인인 척환을 주인으로 삼았다면 이

는 예의도 운명도 없는 것이다.

　공자께서 노나라와 위나라에서 뜻을 얻지 못하여 떠날 적에 송宋나라 환사마桓司馬가 공자 일행을 해코지하려고 대기하고 있는 상황을 만나서 미복微服 차림으로 송나라를 지나갔다.[14] 이처럼 공자께서 어려움을 당했지만 진후陳侯 주周의 신하인 사성정자司城貞子를 주인으로 삼았다. 내 들으니 '가까운 신하의 됨됨이를 살펴볼 적에는 어떤 손님의 주인이 되는가를 보고, 멀리서 찾아온 신하의 됨됨이를 살펴볼 적에는 어떤 사람을 주인으로 삼았는지를 보라.'고 하였다. 만일 공자께서 옹저와 시인인 척환을 주인으로 삼았다면 어떻게 공자라 할 수 있겠는가?"

萬章問曰: "或謂, '孔子於衛主癰疽, 於齊主侍人瘠環.' 有諸乎?"

孟子曰: "否, 不然也. 好事者爲之也. 於衛主顔讐由. 彌子之妻與子路之妻, 兄弟也. 彌子謂子路曰: '孔子主我, 衛卿可得也.' 子路以告, 孔子曰: '有命.' 孔子進以禮, 退以義. 得之不得曰有命, 而主癰疽與侍人瘠環, 是無義無命也.

14　환사마桓司馬가 … 지나갔다 : 『사기史記』「공자세가孔子世家」에, "공자가 조曹나라를 떠나 송나라로 가서 큰 나무 아래에서 제자들과 예를 학습하였는데 송나라 사마인 환퇴桓魋가 나무를 베어 버리고 공자를 살해하려고 하여서 공자가 떠났다."라고 하였다.

孔子不悅於魯衛, 遭宋桓司馬, 將要而殺之, 微服而過宋.
是時孔子當阨, 主司城貞子, 爲陳侯周臣. 吾聞, 觀近臣, 以
其所爲主; 觀遠臣, 以其所主. 若孔子主癰疽與侍人瘠環,
何以爲孔子?"

9

만장이 물었다.

"어떤 이가 '백리해百里奚가 스스로 진秦나라의 희생犧牲,
제사에 쓰는 짐승을 기르는 자에게 팔려가서 다섯 마리의 양가
죽을 받기로 하고, 소를 먹이면서 진나라 목공秦穆公에게 등
용되기를 바랐다.'라고 합니다. 그것이 사실입니까?"

맹자가 말하였다.

"아니다, 그렇지 않다. 일 만들기를 좋아하는 자들이 지어
낸 말이다. 백리해는 우虞나라 사람이다. 진晉나라가 수극垂
棘 지방에서 생산된 좋은 구슬과 굴屈 지역에서 생산된 좋은
말을 가지고 우나라에 가서 괵虢나라를 정벌하려 하니 길을
빌려 달라고 요구하였다. 우나라 대부 궁지기宮之奇는 안 된
다고 간언하였고, 백리해는 간언하지 않았다.

백리해는 우공虞公이 간언을 들어주지 않을 인물임을 알고
진秦나라로 간 것이다. 이때 나이가 이미 70세였다. 그러니

소를 먹이면서 진나라 목공에게 등용되기를 바라는 것이 비루한 일인 줄 몰랐다면 그를 지혜롭다 이를 수 있겠는가? 우공이 간언을 듣지 않을 인물이기에 간언하지 않았으니, 지혜롭지 않다고 이를 수 있겠는가? 우공이 멸망할 줄 알고 먼저 그곳을 떠났으니 지혜롭지 않다고 할 수 없다.

당시 진나라에 등용되어 목공이 함께 도를 행할 만한 인물임을 알고 그를 도왔으니, 지혜롭지 않다고 이를 수 있겠는가? 진나라를 도와 그 군주를 천하에 드러내어 후세에 전할 만하게 하였으니, 어질지 못하고서 이렇게 할 수 있겠는가? 스스로 팔려가 군주를 훌륭하게 만드는 것은 시골에서 자기 지조를 아끼는 자들도 하지 않는데, 하물며 현자가 그런 짓을 했겠는가?"

萬章問曰: "或曰, '百里奚自鬻於秦養牲者, 五羊之皮, 食(사)牛, 以要秦穆公.' 信乎?"

孟子曰: "否, 不然. 好事者爲之也. 百里奚虞人也. 晉人以垂棘之璧, 與屈產之乘, 假道於虞, 以伐虢. 宮之奇諫, 百里奚不諫.

知虞公之不可諫, 而去之秦. 年已七十矣. 曾不知以食牛, 干秦穆公之爲汚也, 可謂智乎? 不可諫而不諫, 可謂不智乎? 知虞公之將亡, 而先去之, 不可謂不智也.

時舉於秦, 知穆公之可與有行也, 而相之, 可謂不智乎? 相

秦而顯其君於天下，可傳於後世，不賢而能之乎？自鬻以成
其君，鄉黨自好者不爲，而謂賢者爲之乎？"

만장 하

萬章 下

모두 9장이다. 이 편에서는 고대의 현자 백이와 이윤과 유하혜 세 사람의 업적을 들어 이들이 백성들에게 미친 영향을 설명한다. 그들에 비하여 공자는 특정 분야로 정해진 성인이 아니라 주어진 상황에 따라 언제나 알맞게 행동했던 '지극한 성인'이라고 하였다. 공자에 대한 최초의 이 평가는 후대의 기준이 되었다. 당시 무너진 제도와 의미를 설명하고 덕과 예로 통치하던 질서의 재현을 바라는 자료를 제시하는 것도 흥미롭다. 벗을 사귀는 도리와 기준도 설명한다. 외부적인 배경을 중심으로 벗을 사귀는 것이 아니라 덕을 중심으로 만남을 가졌던 옛날 현자들의 여러 가지 사례를 들었다. 시간과 공간에 구애받지 않고 문헌을 통해서 역사 속의 인물과도 사귀는 것이 중요하다고 하니, 이 글을 읽는 우리도 맹자와 벗하고 있는 것이다.

1

맹자가 말하였다.

"백이伯夷는 눈으로는 나쁜 사물을 보지 않고, 귀로는 나쁜 소리를 듣지 않았다. 섬길 만한 군주가 아니면 섬기지 않고, 부릴 만한 백성이 아니면 부리지 않았다. 세상이 다스려지면 나아가 벼슬하고 혼란하면 물러났다. 포악한 정치를 하는 곳과 나쁜 백성들이 거주하는 곳에는 차마 거처하지 못하였다. 예의 없는 시골 사람들과 같이 생활하는 것을 마치 조정에서 입는 예복과 예관을 쓰고 진흙밭이나 숯더미 위에 앉은 듯이 여겼다. 주紂의 포악한 시대를 만나 북해北海 가에서 생활하면서 천하가 태평해지기를 기다렸다. 그러기 때문에 백이의 풍도風度를 들은 자 중에 탐욕스러운 자는 청렴해지고, 나약한 자는 강인한 지조를 갖게 되었다.

이윤伊尹은 '어느 사람을 섬긴들 군주가 아니며, 어느 사람을 부린들 백성이 아니겠는가?'라고 하여, 세상이 다스려져도 나아가 벼슬하고 혼란해도 나아가 벼슬하였다. '이 백성들에 대한 하늘의 뜻은, 먼저 알고 깨달은 사람이 늦게 알고 늦게 깨우치는 사람을 알게 하고 깨우치게 하라는 것이다. 나는 하늘이 낸 백성 중에 먼저 깨달은 자이니, 나는 이 도道로써 이 백성들을 깨우쳐야 한다.'라고 하였다. 이윤은 천하의 백성 중에 한 사람의 남자, 한 사람의 부녀자라도 요순의 혜택을 입지 못하는 자가 있으면, 마치 자신이 그들을 도랑 속으로 밀어서 떨어뜨린 것처럼 여겼다. 그는 천하의 중요한 임무를 스스로 짊어진 것이다.

유하혜柳下惠는 무도한 군주 섬기는 것을 부끄럽게 여기지 않고, 낮은 벼슬도 사양하지 않았으며, 벼슬에 나아가면 자신의 능력을 숨기지 않고 반드시 자신의 도리를 다하였다. 버림을 받아도 원망하지 않고, 곤궁함을 당해도 걱정하지 않으며, 예의 없는 시골 사람들과 함께 생활하면서도 태연하게 지내고 차마 떠나지 못하였다. '너는 너고 나는 나다. 비록 내 옆에서 옷을 걷어 올려 어깨를 드러내고 알몸으로 있다 한들 네어찌 나를 오염시키겠는가?'라고 여겼다. 그러기에 유하혜의 풍도를 들은 자 중에 속 좁은 자는 너그러워지고, 야박한 자는 후한 마음을 갖게 되었다.

공자께서 제齊나라를 떠날 적에 밥을 지으려고 물에 담근 쌀을 서둘러 다시 건져 가지고 떠났는데, 노魯나라를 떠날 적에는 '더디고 더디다, 내 걸음이여!'라고 하였다. 이것이 부모국父母國을 떠나는 도리이다. 속히 떠날 만하면 속히 떠나고, 오래 머무를 만하면 오래 머물며, 은둔할 만하면 은둔하고, 벼슬할 만하면 벼슬한 분이 공자이다."

맹자가 말하였다.

"백이는 성인 중에서 청백한 이고, 이윤은 성인 중에서 책임을 지는 이고, 유하혜는 성인 중에서 순응한 이고, 공자는 성인 중에서 상황에 알맞게 한 이다. 공자를 '집대성集大成'이라 이른다. 집대성이란 음악을 연주할 때 처음엔 종金을 쳐서 시작하고, 마지막엔 경쇠玉를 쳐서 마치는 것과 같다. 종으로 시작한다는 것은 가락을 시작함이고, 경쇠로 마친다는 것은 가락을 끝마침이다. 가락을 시작하는 것은 지智의 일이고, 가락을 끝내는 것은 성聖의 일이다. 지는 비유하면 기교이고, 성은 비유하면 기력이다. 100보 밖에서 활을 쏘는 것과 같으니, 과녁에 도달함은 너의 힘이지만, 과녁에 적중하는 것은 너의 힘이 아니다."

孟子曰: "伯夷目不視惡色, 耳不聽惡聲. 非其君不事, 非其民不使. 治則進, 亂則退. 橫政之所出, 橫民之所止, 不忍居也. 思與鄉人處, 如以朝衣朝冠, 坐於塗炭也. 當紂之時, 居北海之濱, 以待天下之清也. 故聞伯夷之風者, 頑夫廉, 懦夫有立志.

伊尹曰: '何事非君, 何使非民?' 治亦進, 亂亦進. 曰: '天之生斯民也, 使先知覺後知, 使先覺覺後覺. 予, 天民之先覺者也, 予將以此道覺此民也.' 思天下之民, 匹夫匹婦, 有不與被堯舜之澤者, 若己推(퇴)而內(납)之溝中. 其自任以天下之重也.

柳下惠不羞汚君, 不辭小官, 進不隱賢, 必以其道. 遺佚而不怨, 阨窮而不憫, 與鄉人處, 由由然不忍去也. '爾爲爾, 我爲我. 雖袒裼裸裎於我側, 爾焉能浼我哉?'故聞柳下惠之風者, 鄙夫寬, 薄夫敦.

孔子之去齊, 接淅而行, 去魯曰:'遲遲, 吾行也!'去父母國之道也. 可以速而速, 可以久而久, 可以處而處, 可以仕而仕, 孔子也."

孟子曰:"伯夷, 聖之淸者也; 伊尹, 聖之任者也; 柳下惠, 聖之和者也; 孔子, 聖之時者也. 孔子之謂集大成. 集大成也者, 金聲而玉振之也. 金聲也者, 始條理也; 玉振之也者, 終條理也. 始條理者, 智之事也; 終條理者, 聖之事也. 智, 譬則巧也; 聖, 譬則力也. 由射於百步之外也, 其至, 爾力也, 其中, 非爾力也."

2

북궁기北宮錡[1]가 물었다.

"주周나라 왕실의 관직과 녹봉에 대한 등급은 어떠했습니까?"

맹자가 말하였다.

"상세한 내용은 듣지 못하였다. 제후들이 자신들에게 해로

---

1 북궁기北宮錡 : 조기趙岐의 주석에 의하면 위衛나라 사람이다.

울까 꺼려하여 문서를 모두 없애 버렸다. 그러나 나는 일찍이 그 대략을 들었다.

천자天子가 한 등급位이고, 공公이 한 등급이고, 후侯가 한 등급이고, 백伯이 한 등급이고, 자子·남男이 같이 한 등급이니, 모두 다섯 등급이다. 군君이 한 등급이고, 경卿이 한 등급이고, 대부大夫가 한 등급이고, 상사上士가 한 등급이고, 중사中士가 한 등급이고, 하사下士가 한 등급이니, 모두 여섯 등급이다.

천자의 제도는 영토가 사방 1,000리이고, 공·후는 모두 사방 100리이고, 백은 70리이고, 자와 남은 50리이니, 모두 네 등급이다. 50리가 채 되지 못한 나라는 천자에게 직접 통하지 못하고 제후에게 부속되니, 이를 부용국附庸國이라 한다. 천자의 경은 녹봉으로 받는 땅이 후와 같고, 대부는 백과 같고, 원사元士는 자·남과 같다.

큰 나라는 땅이 사방 100리이다. 군주는 경이 받는 녹봉의 10배를 받고, 경의 녹봉은 대부의 4배이고, 대부는 상사의 2배이고, 상사는 중사의 2배이고, 중사는 하사의 2배이고, 하사와 서인庶人으로서 관직에 있는 자는 녹봉이 같으니, 녹봉이 경작하는 수입을 충분히 대신할 만하였다.

다음으로 큰 나라는 땅이 사방 70리이다. 군주는 경이 받는 녹봉의 10배를 받고, 경의 녹봉은 대부의 3배이고, 대부는 상사의 2배이고, 상사는 중사의 2배이고, 중사는 하사의 2배이고, 하사와 서인으로서 관직에 있는 자는 녹봉이 같으니, 녹봉이 경작하는 수입을 충분히 대신할 만하였다.

작은 나라는 땅이 사방 50리이다. 군주는 경이 받는 녹봉의 10배를 받고, 경의 녹봉은 대부의 2배이고, 대부는 상사의 2배이고, 상사는 중사의 2배이고, 중사는 하사의 2배이고, 하사와 서인으로서 관직에 있는 자는 녹봉이 같으니, 녹봉이 경작하는 수입을 충분히 대신할 만하였다.

경작하는 자의 소득은, 한 가정의 가장이 100묘畝를 받는다. 100묘를 경작하여 상농부上農夫는 9명의 가족을 부양할 수 있고, 상농부의 다음은 8명의 가족을 부양할 수 있고, 중농부는 7명의 가족을 부양할 수 있고, 중농부의 다음은 6명의 가족을 부양할 수 있고, 하농부는 5명의 가족을 부양할 수 있다. 서인으로서 관직에 있는 자의 녹봉은 이에 따라 차등을 둔다."

北宮錡問曰: "周室班爵祿也, 如之何?"
孟子曰: "其詳不可得而聞也. 諸侯惡(오)其害己也, 而皆去其籍. 然而軻也, 嘗聞其略也.
天子一位, 公一位, 侯一位, 伯一位, 子·男同一位, 凡五等也. 君一位, 卿一位, 大夫一位, 上士一位, 中士一位, 下士一位, 凡六等.
天子之制, 地方千里, 公侯皆方百里, 伯七十里, 子·男五十里, 凡四等. 不能五十里, 不達於天子, 附於諸侯, 曰附庸. 天子之卿, 受地視侯, 大夫受地視伯, 元士受地視子·男.

大國地方百里. 君十卿祿, 卿祿四大夫, 大夫倍上士, 上士倍中士, 中士倍下士, 下士與庶人在官者同祿, 祿足以代其耕也.

次國地方七十里. 君十卿祿, 卿祿三大夫, 大夫倍上士, 上士倍中士, 中士倍下士, 下士與庶人在官者同祿, 祿足以代其耕也.

小國地方五十里. 君十卿祿, 卿祿二大夫, 大夫倍上士, 上士倍中士, 中士倍下士, 下士與庶人在官者同祿, 祿足以代其耕也.

耕者之所獲, 一夫百畝. 百畝之糞, 上農夫食(사)九人, 上次食八人, 中食七人, 中次食六人, 下食五人. 庶人在官者, 其祿以是爲差."

3

만장이 물었다.

"감히 벗에 대해서 묻습니다."

맹자가 말하였다.

"나이가 많음을 배경으로 삼지 않고, 고귀한 신분을 배경으로 삼지 않고, 형제의 세력을 배경으로 삼지 않아야 한다. 벗은 그 사람의 덕을 보고 벗하는 것이니, 배경으로 삼는 것이 있어서는 안 된다. 맹헌자孟獻子[2]는 백승百乘의 집안이었다. 벗 다섯 명이 있었는데 악정구樂正裘와 목중牧仲이고, 나머지 세 사람은 그 이름을 잊었다. 헌자가 이 다섯 사람과 벗할 적에 자신의 집안 배경에 대한 의식이 없었다. 이 다섯 사람도 헌자의 집안 배경을 의식하였다면 헌자와 벗하지 않았을 것이다.

비단 백승의 집안만 그런 것이 아니라, 소국小國의 군주도 그러한 경우가 있다. 비費나라의 혜공惠公이 '나는 자사子思를 스승으로 섬기고, 안반顏般은 벗으로 대하며, 왕순王順과 장식長息은 나를 섬기는 사람이다.'라고 하였다.

소국의 군주만 그런 것이 아니라, 대국大國의 군주도 그러한 경우가 있다. 진晉나라 평공平公은 해당亥唐이 들어오라고 하면 들어가고, 앉으라고 하면 앉고, 먹으라고 하면 먹었다. 비록 거친 밥과 나물 국이라도 배불리 먹지 않은 적이 없었으니, 이는 감히 배불리 먹지 않을 수 없었던 것이다.[3] 그러나 이에 그칠 뿐이었다. 그와는 하늘이 내린 지위를 함께하지

---

2 맹헌자孟獻子 : 노나라의 어진 대부 중손멸仲孫蔑이다.

3 해당亥唐이 … 것이다 : 해당은 진晉나라의 현자이다. 진나라 평공 당시에 현자가 많았는데 해당은 벼슬하지 않은 은자로 지내면서 평공이 찾아오면 자기 신분에 맞게 대접하였다.

않았고, 하늘이 내린 관직을 같이 다스리지 않았으며, 하늘이 내린 녹을 같이 먹지 않았다.[4] 이는 선비가 현자를 존중하는 태도이지 왕공이 현자를 존중하는 태도는 아니다.

순舜이 요堯를 알현하였는데, 요임금은 사위인 순을 별궁에 머물게 하고, 때로는 순에게 음식을 얻어먹어, 번갈아 손님과 주인이 되었으니, 이는 천자로서 필부와 벗한 것이다. 지위가 낮은 사람이 높은 사람을 공경함을 '귀한 이를 귀하게 대접한다.貴貴' 하고, 지위가 높은 사람이 낮은 사람을 공경함을 '현자를 존중한다尊賢'고 한다. '귀귀'와 '존현'은 그 도리가 같다."

萬章問曰: "敢問友."

孟子曰: "不挾長, 不挾貴, 不挾兄弟而友. 友也者, 友其德也, 不可以有挾也. 孟獻子, 百乘之家也. 有友五人焉, 樂正裘, 牧仲, 其三人, 則予忘之矣. 獻子之與此五人者友也, 無獻子之家者也. 此五人者, 亦有獻子之家, 則不與之友矣. 非惟百乘之家爲然也, 雖小國之君亦有之. 費惠公曰: '吾於子思, 則師之矣; 吾於顏般, 則友之矣; 王順·長息, 則事我者

---

4 하늘이 … 않았다 : '천위天位'·'천직天職'·'천록天祿' 즉 군주의 지위·직무·녹봉은 하늘로부터 부여받은 것이므로 자기 마음대로 현자에게 넘겨주거나 같이할 수 없다는 의미로 사용한 용어이다.

也.'

非惟小國之君爲然也, 雖大國之君亦有之. 晉平公之於亥唐也, 入云則入, 坐云則坐, 食云則食. 雖疏食(사)菜羹, 未嘗不飽, 蓋不敢不飽也. 然終於此而已矣. 弗與共天位也, 弗與治天職也, 弗與食天祿也. 士之尊賢者也, 非王公之尊賢也.

舜尙見帝, 帝館甥于貳室, 亦饗舜, 迭爲賓主. 是天子而友匹夫也. 用下敬上, 謂之貴貴; 用上敬下, 謂之尊賢. 貴貴尊賢, 其義一也."

4

만장이 물었다.

"감히 묻겠습니다. 교제는 어떤 마음가짐으로 해야 합니까?"

맹자가 말하였다.

"공경하는 마음가짐으로 해야 한다."

만장이 말하였다.

"예물을 거절하는 것은 공손치 못한 것이라 하는데 어째서입니까?"

맹자가 말하였다.

"존귀한 이가 물건을 주었는데, 받는 이가 '그가 이 물건을

의로운 방법으로 얻은 것일까? 아니면 의롭지 못한 방법으로
얻은 것일까?'를 따져 본 다음에 받는다면, 이는 공손치 못한
것이다. 그리하여 거절하지 못하는 것이다."

만장이 말하였다.

"거절할 때 말을 하지 말고, 마음속으로 거절하면서 '이 물
건은 의롭지 못한 방법으로 백성들에게서 얻은 것이다.'라고
생각하고, 다른 구실을 대어 받지 않으면 안 됩니까?"

맹자가 말하였다.

"상대방이 올바른 도리로 교제해 오고, 예절에 맞게 접촉
해 오면 이런 예물은 공자도 받았다."

만장이 말하였다.

"지금 나라 성문 밖 한적한 곳에서 사람을 붙들고 강도짓
을 한 자가, 올바른 도리로 교제해 오고 예절에 맞게 선물을
한다면 강도질한 물건이라도 받을 수 있습니까?"

맹자가 말하였다.

"안 된다. 『서경書經』「주서周書 강고康誥」에 '사람을 쓰러
뜨려 죽이고 재물을 빼앗고 사나워서 죽음을 두려워하지 않
는 자를 원망하지 않는 이가 없다.'라고 하였다. 이는 굳이 가
르치기를 기다리지 않고 죽일 자이다. 이 제도는 은나라는 하
나라로부터 전해 받고, 주나라는 은나라로부터 전해 받아 변
함이 없었고[5] 지금은 더욱 엄격한데, 어찌 그것을 받겠는가?"

만장이 말하였다.

"지금의 제후들이 백성들에게 재물을 뺏는 것이 강도질한 것과 같은데 예절에 맞게 교제를 잘 하면 이는 군자도 받는다고 하시니, 감히 묻겠습니다. 무슨 말씀입니까?"

맹자가 말하였다.

"자네가 생각하기에 왕자王者가 나온다면 지금의 제후들을 모조리 몰아서 죽이겠는가? 가르쳐서 고치지 않은 뒤에 죽이겠는가? 자기의 소유가 아닌 것을 취하는 자를 도둑이라 하는 것은, 도둑의 종류를 극대화해서 말한 것이다. 공자께서 노나라에서 벼슬하실 적에 노나라 사람들이 엽각獵較[6]을 하자 공자도 엽각을 하였다. 오히려 엽각도 하는데, 하물며 주는 것을 받음이겠는가?"

만장이 말하였다.

"그렇다면 공자께서 벼슬하신 것은 바른 도리를 행하고자 하지 않은 것입니까?"

맹자가 말하였다.

"바른 도를 행하고자 하신 것이다."

---

5 이 제도는 … 없었고 : 원문의 '은수하 주수은 소불사야 어금위열殷受夏, 周受殷, 所不辭也, 於今爲烈.'에 대하여 주희는 말이 잘 이어지지 않는다고 주석하였다.

6 엽각獵較 : 사냥을 하여 많고 적음을 비교하여 상대방의 사냥물을 빼앗는 것과, 사냥한 뒤에 서로 게임을 하여 사냥물을 빼앗는 것이라는 설이 있으나 확실한 근거는 없다.

만장이 말하였다.

"바른 도를 행하고자 하면서 어찌하여 엽각을 하셨습니까?"

맹자가 말하였다.

"공자께서는 먼저 문서로 제기祭器의 수를 바로잡아서, 사방四方의 귀중한 음식물을 공급하지 않도록 하신 것이다."[7]

만장이 물었다.

"어찌하여 떠나가지 않으셨습니까?"

맹자가 말하였다.

"도를 행할 수 있는 조짐을 보신 것이다. 충분히 행할 수 있는 조짐인데도 도가 행해지지 않자 그제서야 떠났다. 이 때문에 3년이 되도록 한 곳에 지체한 적이 없었다. 공자께서는 도를 행할 수 있는 가능성을 보고 벼슬한 적이 있고, 군주가 예절에 맞게 교제함을 보고 벼슬한 적이 있으며, 군주가 현자를 봉양하여 벼슬한 적이 있다. 노나라 계환자季桓子의 경우는 도를 행할 수 있는 가능성을 보고 한 벼슬이고, 위나라 영공衛靈公의 경우는 예절에 맞게 교제함을 보고 한 벼슬이고, 위나라 효공衛孝公의 경우는 현자를 봉양하는 것을 보고 한 벼슬이었다."[8]

---

7 공자께서는 … 것이다 : 공자는 문서로 제사의 음식그릇 수와 바칠 음식을 바르게 정리해서 구하기 어려운 제물을 바치지 않도록 함으로써 그런 풍속이 오래 되면 제사에 쓸 사냥물을 다투지 않게 되어 자연스럽게 '엽각'의 풍속이 없어지게 하려 했다는 해석이 있다.

萬章問曰:"敢問. 交際, 何心也?"

孟子曰:"恭也."

曰:"卻之, 卻之爲不恭, 何哉?"

曰:"尊者賜之, 曰: '其所取之者義乎? 不義乎?' 而後受之, 以是爲不恭. 故弗卻也."

曰:"請無以辭卻之, 以心卻之曰: '其取諸民之不義也,' 而以 他辭無受, 不可乎?"

曰:"其交也以道, 其接也以禮, 斯孔子受之矣."

萬章曰:"今有禦人於國門之外者, 其交也以道, 其饋也以 禮, 斯可受禦與?"

曰:"不可. 康誥曰: '殺越人于貨, 閔不畏死, 凡民罔不譈.' 是 不待教而誅者也. 殷受夏, 周受殷, 所不辭也, 於今爲烈, 如 之何其受之?"

曰:"今之諸侯, 取之於民也, 猶禦也, 苟善其禮際矣, 斯君子 受之, 敢問. 何說也?"

曰:"子以爲有王者作, 將比今之諸侯而誅之乎? 其教之不 改而後誅之乎? 夫謂非其有而取之者, 盜也, 充類至義之盡 也. 孔子之仕於魯也, 魯人獵較, 孔子亦獵較. 獵較猶可, 而

---

8 계환자季桓子의 … 벼슬이었다 : 주희는 주석에서 "계환자는 노魯나 라의 경卿 계손사季孫斯이고, 위령공은 위衛나라 임금인 원元이다. 효공 은 『춘추』와 『사기』에 모두 그러한 인물이 없으니, 아마도 출공出公인 첩 輒인 듯하다."라고 하였다.

況受其賜乎?"

曰:"然則孔子之仕也, 非事道與?"

曰:"事道也."

"事道奚獵較也?"

曰:"孔子先簿正祭器, 不以四方之食, 供簿正."

曰:"奚不去也?"

曰:"爲之兆也. 兆足以行矣, 而不行, 而後去. 是以未嘗有所終三年淹也. 孔子有見行可之仕, 有際可之仕, 有公養之仕. 於季桓子, 見行可之仕也; 於衛靈公, 際可之仕也; 於衛孝公, 公養之仕也."

5

맹자가 말하였다.

"벼슬은 가난을 면하기 위해서만은 아니지만, 때로는 가난을 면하기 위한 경우가 있다. 아내를 얻음은 봉양을 받기 위해서가 아니지만, 때로는 봉양을 위한 경우가 있다. 가난을 면하기 위해서 하는 벼슬은, 높은 자리를 사양하고 낮은 자리에 있으면서 많은 녹봉을 사양하고 적은 녹봉을 받아야 한다. 높은 자리를 사양하고 낮은 자리에 있으며, 많은 녹봉을 사양하고 적은 녹봉을 받는 것은 어떤 것인가? 문지기나 방범을 하는 일이다. 공자께서 일찍이 창고관리직을 맡아서 '출납하는 회계를 정확하게 하면 그뿐이다.' 하였고, 목장지기가 되어서는 '소와 양을 건장하게 잘 키우면 그뿐이다.'라고 하였다. 낮은 지위에 있으면서 조정 고위직의 일을 논하는 것은 죄가 되는 행위이고, 군주의 조정 높은 지위에 있으면서 자신의 올바른 도를 실행하지 못하는 것은 수치스러운 일이다."

孟子曰: "仕非爲貧也, 而有時乎爲貧. 娶妻非爲養也, 而有時乎爲養. 爲貧者, 辭尊居卑, 辭富居貧. 辭尊居卑, 辭富居貧, 惡(오)乎宜乎? 抱關擊柝. 孔子嘗爲委吏矣, 曰: '會計當而已矣.' 嘗爲乘田矣, 曰: '牛羊茁壯長而已矣.' 位卑而言高, 罪也; 立乎人之本朝, 而道不行, 恥也."

6

만장이 말하였다.
"선비[9]가 제후에게 의탁하지 않음은 어째서입니까?"
맹자가 말하였다.

9　선비 : '선비士'는 통상 벼슬하지 않은 '유학자儒學者'를 우리나라 표현 방식으로 표기한 말이다. 다만, '상사上士'·'중사中士'·'하사下士'라고 했

"감히 하지 못하는 것이다. 제후가 나라를 잃은 뒤 다른 제후에게 의탁함은 예이지만, 선비가 제후에게 의탁함은 예가 아니다."

만장이 말하였다.

"군주가 곡식을 주면 그것을 받습니까?"

맹자가 말하였다.

"받는다."

"받는 것은 무슨 도리입니까?"

맹자가 말하였다.

"군주는 이주해 온 백성을 본디 구제한다."

만장이 말하였다.

"구제용으로 주면 받고, 하사하면 받지 않는 것은 어째서입니까?"

맹자가 말하였다.

"감히 받지 못하는 것이다."

만장이 말하였다.

"감히 묻겠습니다. 감히 받지 못하는 것은 어째서입니까?"

맹자가 말하였다.

을 때의 '사士'는 대부大夫 아래 등급의 하급 관리를 의미하며, 통상 사대부士大夫라고 호칭할 때 사용하는 호칭이다. 제후에게 의탁한다는 말은 관직이 없어 녹봉이 없으니 군주에게 도움을 받아 생활한다는 의미이다.

"문지기를 하거나 방범을 하는 자들은 모두 일정한 직무를 수행하고 위에서 주는 녹祿을 먹는데, 일정한 직책이 없으면서 위로부터 하사받는 것은 공손하지 못하다고 여기는 것이다."

만장이 말하였다.

"군주가 구제용으로 주면 받는다 하는데, 계속 유지할 수 있습니까?"

맹자가 말하였다.

"노나라 목공魯繆公이 자사子思를 자주 문안하고 자주 삶은 고기를 주었지만 자사는 기뻐하지 않았다. 나중에는 심부름 온 사람에게 손을 저어 대문 밖으로 나가게 하고, 북쪽을 향하여 머리를 조아려 재배하고 사양하며 '지금에야 군주가 나를 개나 말처럼 기르는 것을 알았다'라고 하였다. 이후로 하인들이 물건을 가져다 주는 일이 없었다. 현자를 좋아하면서 제대로 등용하지 못하고 봉양도 못 한다면, 현자를 좋아한다고 할 수 있겠는가?"

만장이 물었다.

"감히 묻겠습니다. 군주가 군자를 봉양하고자 하면 어떻게 하여야 바르게 봉양한다고 할 수 있습니까?"

맹자가 말하였다.

"군주의 명에 따라 물건을 가져오면 재배하고 머리를 조아리며 받는다. 그 이후로는 창고지기가 곡식을 대주고 푸줏간에서 고기를 대줘도 군주의 명이라고 하지 않는다. 자사는 군주가 삶은 고기를 보내면서 자신을 번거롭게 자주 절하게 하니, 군자를 봉양하는 예가 아니라고 여긴 것이다. 요임금은 아홉 명의 자식들로 순舜을 섬기게 하고, 두 딸을 그에게 시집보내고, 관리들과 가축들과 곡식 창고를 갖추어서 순이 농사짓는 곳으로 보내 봉양하게 하다가, 뒤에는 등용하여 제왕의 자리에 올려놓았다. 그러기에 이를 왕공이 현자를 존중하는 것이라고 한다."

萬章曰: "士之不託諸侯, 何也?"
孟子曰: "不敢也. 諸侯失國, 而後託於諸侯, 禮也, 士之託於諸侯, 非禮也."
萬章曰: "君餽之粟, 則受之乎?"
曰: "受之."
"受之, 何義也?"
曰: "君之於氓也, 固周之."
曰: "周之則受, 賜之則不受, 何也?"
曰: "不敢也."
曰: "敢問. 其不敢, 何也?"
曰: "抱關擊柝者, 皆有常職, 以食於上, 無常職而賜於上者, 以爲不恭也."
曰: "君餽之, 則受之, 不識可常繼乎?"
曰: "繆公之於子思也, 亟(기)問, 亟鼎肉, 子思不悅. 於卒也,

摽使者出諸大門之外, 北面稽首再拜而不受, 曰: '今而後,
知君之犬馬畜(亳)伋.' 蓋自是臺無餽也. 悅賢不能擧, 又不
能養也, 可謂悅賢乎?"

曰: "敢問. 國君欲養君子, 如何斯可謂養矣?"

曰: "以君命將之, 再拜稽首而受. 其後廩人繼粟, 庖人繼肉,
不以君命將之. 子思以爲, 鼎肉使己僕僕爾亟(기)拜也, 非
養君子之道也. 堯之於舜也, 使其子九男事之, 二女女焉,
百官牛羊倉廩備, 以養舜於畎畝之中, 後擧而加諸上位. 故
曰, 王公之尊賢者也."

7

만장이 말하였다.

"감히 묻겠습니다. 제후를 만나보지 않는 것은 무슨 도리
입니까?"

맹자가 말하였다.

"벼슬하지 않고 수도에 사는 사람을 '시정지신市井之臣'이
라 하고, 초야에 있는 사람을 '초망지신草莽之臣'이라 하는데,
이는 모두 서인庶人을 이른다. 서인이 폐백을 바쳐 신하가 되
지 않았으면 감히 제후를 만나지 않는 것이 예이다."

만장이 말하였다.

"서인이 군주가 불러 부역을 시키면 가서 부역을 하고, 군주가 만나고자 부르면 가지 않는 것은 어째서입니까?"

맹자가 말하였다.

"가서 부역하는 것은 의義이고, 만나는 것은 의가 아니기 때문이다. 그리고 군주가 그를 만나고자 함은 어째서인가?"

만장이 말하였다.

"학식이 많고 어질기 때문입니다."

"학식이 많기 때문이라면 천자도 스승은 부르지 않는데, 하물며 제후이겠는가? 그리고 어질기 때문이라면 현자를 만나고자 하면서 불렀다는 말을 나는 들어보지 못하였다. 옛날에 노나라 목공魯繆公이 자주 자사子思를 뵙고서 '옛날에 천승의 군주가 선비와 벗하였다고 했는데, 어떻게 생각하십니까?' 하자, 자사가 좋아하지 않는 기색으로 '옛사람의 말에 섬긴다고는 하였을지언정 어찌 벗한다고 하였겠습니까?'라고 하였다. 자사께서 좋아하지 않은 것은 '지위로 보면 그대는 군주이고 나는 신하이니, 어찌 감히 군주와 벗할 수 있겠는가? 덕으로 보면 그대는 나를 섬기는 자이니, 어찌 나와 벗할 수 있겠는가?'라고 생각한 것이 아니겠는가? 천승의 군주가 벗하고자 하여도 될 수 없는데, 하물며 함부로 부를 수 있단 말인가? 제나라 경공齊景公이 사냥할 적에 우인虞人, 사냥터지기을 '정旌'을 보내서 불렀는데 우인이 오지 않자 죽이려 했던 일이 있다. '지사志士는 자신의 시신이 산골짜기에 나뒹굴 것을 잊지 않고, 용사勇士는 자신의 머리를 잃을 것을 잊지 않는다.'라고 하였으니, 공자께서 우인의 무엇을 높이 산 것인가? 자기를 부르는 예가 아니면 가지 않은 것을 높이 산 것이다."

만장이 말하였다.

"감히 묻겠습니다. 우인을 부를 때는 무엇을 사용합니까?"

맹자가 말하였다.

"피관皮冠을 사용한다. 서인은 전旃을 사용하고, 사士는 기 旂를 사용하고, 대부는 정旌을 사용한다. 대부를 부르는 것으로 우인을 부르자 우인이 죽음을 무릅쓰고 감히 가지 않았는데, 사士를 부르는 것으로 서인을 부른다면 서인이 어찌 감히 갈 수 있겠는가? 하물며 어질지 못한 사람을 부르는 것으로 현사를 부름이겠는가? 현자를 만나보고자 하면서 그에 합당한 도리로 하지 않는 것은, 마치 들어오라고 하면서 문을 닫는 것과 같다. 의義는 사람이 가야 하는 길이고, 예禮는 사람이 출입하는 문이다. 군자만이 이 길을 따르고 이 문을 출입하는 것이다. 『시경詩經』「소아小雅 대동大東」에 '큰 길 숫돌처럼 평탄하고 화살처럼 곧은데, 군자는 그 길로 가고 소인은 바라보았네.'라고 하였다."

만장이 말하였다.

"공자께서는 군주가 명하여 부르면 수레를 기다리지 않고 먼저 걸어 나갔는데, 그렇다면 공자께서 잘못한 것입니까?"

맹자가 말하였다.

"공자는 벼슬을 하여 맡은 직무가 있었고, 그 관직으로 불렀기 때문이다."

萬章曰: "敢問. 不見諸侯, 何義也?"

孟子曰: "在國曰市井之臣, 在野曰草莽之臣, 皆謂庶人. 庶人不傳質(지)爲臣, 不敢見於諸侯, 禮也."

萬章曰: "庶人, 召之役, 則往役; 君欲見之, 召之, 則不往見之, 何也?"

曰: "往役, 義也; 往見, 不義也. 且君之欲見之也, 何爲也哉?"

曰: "爲其多聞也, 爲其賢也."

曰: "爲其多聞也, 則天子不召師, 而況諸侯乎? 爲其賢也, 則吾未聞欲見賢而召之也. 繆公亟(기)見於子思, 曰: '古千乘之國以友士, 何如?' 子思不悅曰: '古之人有言曰, 事之云乎, 豈曰友之云乎?' 子思之不悅也, 豈不曰, '以位, 則子, 君也; 我, 臣也, 何敢與君友也? 以德, 則子事我者也, 奚可以與我友?' 千乘之君, 求與之友, 而不可得也, 而況可召與? 齊景公田, 招虞人以旌, 不至, 將殺之. '志士不忘在溝壑, 勇士不忘喪其元.' 孔子奚取焉? 取非其招不往也."

曰: "敢問. 招虞人何以?"

曰: "以皮冠. 庶人以旃, 士以旂, 大夫以旌. 以大夫之招, 招虞人, 虞人死不敢往, 以士之招, 招庶人, 庶人豈敢往哉? 況乎以不賢人之招, 招賢人乎? 欲見賢人而不以其道, 猶欲其入而閉之門也. 夫義, 路也; 禮, 門也. 惟君子能由是路, 出入是門也. 詩云: '周道如底, 其直如矢, 君子所履, 小人所視.'"

萬章曰: "孔子, 君命召, 不俟駕而行, 然則孔子非與?"

曰: "孔子當仕有官職, 而以其官召之也."

8

맹자가 만장에게 말하였다.

"한 고음에서 인정하는 훌륭한 인물이어야 한 고을의 훌륭한 인물들과 벗할 수 있고, 한 나라에서 인정하는 훌륭한 인물이어야 한 나라의 훌륭한 인물들과 벗할 수 있고, 천하에서 인정하는 훌륭한 인물이어야 천하의 훌륭한 인물들과 벗할 수 있다. 천하의 훌륭한 인물들과 벗하는 것으로도 부족하여, 또다시 윗시대로 올라가서 옛사람을 논하는 것이다. 그의 시詩를 외우고 그의 글을 읽으면서도 그 사람됨을 모른다면 되겠는가? 이 때문에 그가 살던 시대를 논하는 것이니, 이는 시대를 거슬러 위로 올라가 벗하는 것이다."

孟子謂萬章曰: "一鄉之善士, 斯友一鄉之善士; 一國之善

士, 斯友一國之善士; 天下之善士, 斯友天下之善士. 以友
天下之善士, 爲未足, 又尙論古之人. 頌其詩, 讀其書, 不知
其人, 可乎? 是以論其世也, 是尙友也."

9

제나라 선왕齊宣王이 경卿에 대하여 묻자, 맹자가 말했다.

"왕께서는 어떤 경을 물으십니까?"

왕이 말하였다.

"경이 다릅니까?"

맹자가 말하였다.

"다릅니다. 왕과 친척인 경이 있고, 왕과 성이 다른 경이 있
습니다."

왕이 말하였다.

"친척인 경에 대하여 말씀해 주시지요."

맹자가 말하였다.

"군주가 큰 잘못이 있으면 간諫하고, 반복하여 간해도 듣
지 않으면 군주를 바꿉니다."

왕의 안색이 갑자기 변하자, 맹자가 말하였다.

"왕은 괴이하게 여기지 마십시오. 왕께서 신에게 묻기에
감히 올바르게 대답하지 않을 수 없었습니다."

왕이 안색을 안정한 뒤 성이 다른 경에 대해 묻자, 맹자가 말하였다.

　　"군주가 과실이 있으면 간하고, 반복하여도 듣지 않으면 자신이 떠납니다."

齊宣王問卿, 孟子曰: "王何卿之問也?"

王曰: "卿不同乎?"

曰: "不同. 有貴戚之卿, 有異姓之卿."

王曰: "請問貴戚之卿."

曰: "君有大過則諫, 反覆之而不聽, 則易位."

王勃然變乎色, 曰: "王勿異也. 王問臣, 臣不敢不以正對."

于色定, 然後請問異姓之卿, 曰: "君有過則諫, 反覆之而不聽, 則去."

고자 상

告子 上

모두 20장이다. 이 편은 성선설 토론의 장이다. 여러 방향으로 비유하면서 주장하고 반박하는 박진감 넘치는 토론이 정리되어 있다. 고자가 '고리버들'과 '고리'의 관계를 들어 사실상 순자의 '성악설'과 같은 주장을 한 데 대하여, 사람의 본성은 착하다는 주장으로 반박하는 내용으로부터 시작된다. 고자는 또 본성이 물과 같아서 유도하는 대로 가니 본성의 선善과 불선不善이 정해진 바가 없다며 선과 악이 같이 있다고 주장한다. 그러나 맹자는 본성과 후천적인 환경의 혼동을 명쾌하게 설명한다. 후일 송나라 학자 주희의 '이理와 기氣, 인의예지'에 대한 논의를 불러온 논쟁이다.

고자告子[1]가 말하였다.

"사람의 본성은 '고리버들杞柳'과 같고, 의는 '고리'와 같으니[2], 사람의 본성을 가지고 인의를 행하는 것은 고리버들을 가지고 고리를 만드는 것과 같다."[3]

맹자가 말하였다.

"그대는 고리버들의 본성을 그대로 따라 고리를 만드는가? 고리버들의 본성을 손상한 뒤에 고리를 만드는가? 만일 고리버들의 본성을 손상해서 고리를 만든다면, 사람도 본성을 손상해서 인의를 행한단 말인가? 천하 사람을 이끌어서 인의를 손상하게 하는 것은, 필시 그대의 이 말일 것이다."

---

1 고자告子 : 이름이 '불해不害'이다. 『묵자墨子』「공맹公孟」에 묵자가 고자에 대하여 평하는 내용이 나오는 것으로 보아 묵자의 제자인 것으로 추정하며, 맹자보다는 선배인 것으로 파악된다.

2 고리버들杞柳과 … 같으니 : '고리버들'은 습지에 자생하는 버들과 나무로, 가는 가지의 껍질을 벗겨서 고리나 키 등을 만드는 재료로 사용한다. 그러나 원문의 '배권桮棬'은 '고리'가 아닌 액체를 담는 '잔杯' 종류를 지칭한다. 따라서 앞의 '고리버들'을 재료로 하여 만들 수 없는 것이다. 종래의 여러 주석들도 이 부분에 대한 명확한 설명이 없다. 여기서는 우리나라의 '고리버들'과 '고리'로 해석하여 의미 전달에 주안점을 두었다.

3 사람의 본성은 … 같다 : 주희는 주석에서 "'인성人性은 본래 인의仁義가 없어서, 반드시 바르게 한 뒤에야 이루어진다.'라고 한 것이니, 순자荀子의 성악설性惡說과 같다."라고 하였다.

告子曰: "性猶杞柳也, 義猶桮棬也, 以人性爲仁義, 猶以杞
柳爲桮棬."

孟子曰: "子能順杞柳之性, 而以爲桮棬乎? 將戕賊杞柳, 而
後以爲桮棬也? 如將戕賊杞柳而以爲桮棬, 則亦將戕賊人
以爲仁義與? 率天下之人, 而禍仁義者, 必子之言夫."

2

고자가 말하였다.

"사람의 본성은 여울물과 같다. 여울물을 동쪽으로 터놓으
면 동쪽으로 흐르고, 서쪽으로 터놓으면 서쪽으로 흐른다. 사
람의 본성에 선善과 불선不善의 구분이 없는 것은 마치 물의
흐름이 동쪽과 서쪽의 구분이 없는 것과 같다.[4]"

맹자가 말하였다.

"물의 흐름은 진실로 동쪽·서쪽의 구분은 없지만 위아래
의 구분도 없을까? 사람의 본성의 선함은 물이 아래로 흐르
는 것과 같다. 본성이 불선한 사람은 없고, 아래로 흐르지 않
는 물은 없다. 지금 물을 쳐서 튀어 오르게 하면 이마 위까지

---

4 사람의 본성에 … 같다 : 주희는 주석에서 "양웅揚雄의 선과 악이 섞
여 있다는 말에 가깝다."라고 하였다.

오르게 할 수 있고, 퍼 올리면 산 위에도 있게 할 수 있다. 그러나 그것이 어찌 물의 본성이겠는가? 그 형세가 그렇게 만든 것이다. 사람이 불선한 짓을 하게 되는 성性도 이와 같은 것이다."

告子曰:"性猶湍水也. 決諸東方則東流, 決諸西方則西流. 人性之無分於善不善也, 猶水之無分於東西也."
孟子曰:"水信無分於東西, 無分於上下乎? 人性之善也, 猶水之就下也. 人無有不善, 水無有不下. 今夫水, 搏而躍之, 可使過顙; 激而行之, 可使在山. 是豈水之性哉? 其勢則然也. 人之可使爲不善, 其性亦猶是也."

3

고자가 말하였다.
"타고난 본질을 성性이라 한다."

맹자가 말하였다.
"타고난 본질을 '성'이라 함은, 백색을 백색이라고 하는 것과 같은 것인가?"

고자가 말하였다.
"그러하다."

맹자가 말하였다.

"그렇다면 흰 깃白羽의 백색이 흰 눈白雪의 백색과 같으며, 흰 눈의 백색이 흰 옥白玉의 백색과 같은 것인가?"

고자가 말하였다.

"그러하다."

맹자가 말하였다.

"그렇다면 개의 성性이 소의 성과 같으며, 소의 성이 사람의 성과 같단 말인가?"[5]

告子曰: "生之謂性."

5 사람의 본성에 대한 고자와 맹자의 토론에 대하여, 송나라 주희는 '이理와 기氣'로 나누어 다음과 같이 정의하였다. "'성性'이란 사람이 하늘에서 얻어 태어난 '이理'이고, '생生'이란 사람이 하늘에서 얻어 태어난 '기氣'이니, 성性은 형이상形而上이고, 기氣는 형이하形而下이다. 사람이나 동물이 태어날 때 모두 이 성性을 지니고 태어나며, 기氣도 모두 가지고 태어난다. 그러나 기氣를 가지고 말하자면, 지각知覺·운동運動은 사람과 동물이 다르지 않은 듯하다. 하지만 이理를 가지고 말하자면, 인의예지仁義禮智의 본성本性을 어찌 동물이 온전히 받을 수 있겠는가? 이는 사람의 성性이 불선不善함이 없어서 만물의 영장靈長이 되는 이유이다. 고자告子는 성性이 '이理'라는 것을 알지 못하고 이른바 '기氣'를 가지고 성性에 해당시켰다. 이 때문에 기류杞柳·단수湍水의 비유와 식색食色이니, 선善도 없고 불선不善도 없다는 등의 말이 종횡縱橫으로 틀리고 어지럽게 잘못되었다. 이 장章의 오류誤謬가 바로 그 뿌리이다. 그렇게 된 이유는 지각·운동의 움직이는 것이 사람과 동물이 같은 줄만 알고, 인의예지의 순수한 것은 사람과 동물이 다름을 몰랐기 때문이다."

孟子曰:"生之謂性也, 猶白之謂白與?"

曰:"然."

"白羽之白也, 猶白雪之白; 白雪之白, 猶白玉之白與?"

曰:"然."

"然則犬之性, 猶牛之性, 牛之性, 猶人之性與?"

4

고자가 말하였다.

"음식과 남녀관계가 성性이니, 인仁은 내면에 있지 외면에 있는 것이 아니며, 의義는 외면에 있지 내면에 있는 것이 아니다."

맹자가 말하였다.

"무엇을 가지고 인은 내면에 있고 의는 외면에 있다 하는가?"

고자가 말하였다.

"상대가 어른이므로 내가 그를 어른으로 대접하는 것이지, 그를 어른으로 대접하려는 마음이 미리 나에게 있는 것은 아니다. 물체가 백색이기 때문에 내가 그것을 백색이라고 인식하니, 외면에 있는 백색을 내가 백색으로 인식하는 것이다. 그러기에 외면에 있다고 하는 것이다."

맹자가 말하였다.

"백마白馬의 백색과 백인白人의 백색은 다를 것이 없지만, 늙은 말을 늙은 말로 대접하는 것과 나이 많은 어른을 어른으로 대접하는 것이 차이가 없단 말인가? 그리고 어른이 의인가? 어른으로 대접하는 행위가 의인가?"

고자가 말하였다.

"내 아우면 사랑하고, 진秦나라 사람의 아우면 사랑하지 않으니, 이는 나를 위주로 하여 좋아하는 것이다. 그러기에 인이 내면에 있다고 하는 것이다. 초楚나라의 어른도 어른으로 대접하고, 내 집안의 어른도 어른으로 대접하니, 이는 어른을 위주로 하여 좋아하는 것이다. 그러기에 의가 외면에 있다고 하는 것이다."

맹자가 말하였다.

"진나라 사람이 불고기를 좋아하는 것이나 내가 불고기를 좋아하는 것이 다르지 않으니, 외부의 사물 역시 그러한 점이 있다. 그렇다면 불고기를 좋아하는 것도 외면에 있단 말인가?"

告子曰: "食色, 性也, 仁, 內也, 非外也; 義, 外也, 非內也."
孟子曰: "何以謂仁內義外也?"
曰: "彼長而我長之, 非有長於我也. 猶彼白而我白之, 從其白於外也. 故謂之外也."
曰: "異於白馬之白也, 無以異於白人之白也, 不識長馬之長也, 無以異於長人之長與? 且謂, 長者義乎? 長之者義乎?"

曰: "吾弟則愛之, 秦人之弟則不愛也, 是以我爲悅者也. 故謂之內. 長楚人之長, 亦長吾之長, 是以長爲悅者也. 故謂之外也."

曰: "耆秦人之炙, 無以異於耆吾炙, 夫物則亦有然者也. 然則耆炙亦有外與?"

5

맹계자가 공도자에게 물었다.

"어찌하여 의가 내면에 있다 하는가?"

공도자가 말하였다.

"내 마음속의 공경을 행하기 때문에 내면에 있다 하는 것이다."

맹계자가 말하였다.

"마을 사람이 나의 큰형보다 한 살이 더 많으면 누구를 공경하는가?"

공도자가 말하였다.

"형을 공경한다."

맹계자가 말하였다.

"술을 따를 때 누구에게 먼저 하는가?"

공도자가 말하였다.

"마을 사람에게 먼저 술을 따른다."

맹계자가 말하였다.

"공경하는 마음은 큰 형에 있고 어른으로 높이는 것은 마을 사람에 있으니, 의는 과연 외면에 있는 것이지 내면으로부터 나오는 것이 아니다."

공도자가 답변하지 못하고 맹자께 아뢰었다. 맹자가 말하였다.

"'숙부를 공경하는가? 아우를 공경하는가?' 하고 물으면, 맹계자는 '숙부를 공경한다.' 할 것이다. '아우가 시동尸童[6]이 되면 누구를 공경하는가?' 라고 물으면, 맹계자는 '아우를 공경한다.' 할 것이다. 자네가 '그렇다면 숙부를 공경한다는 것이 어디에 있는가?' 라고 물으면, 맹계자는 '아우가 시동의 자리에 있기 때문이다.'라고 대답할 것이다. 그러면 자네도 '마을 사람이 손님의 자리에 있기 때문이다.'라고 하라. 평상시의 공경은 형에게 있고, 잠시의 공경은 마을 사람에게 있는 것이다."

맹계자가 이 말을 듣고 말하였다.

"숙부를 공경할 때에는 숙부를 공경하고, 아우를 공경할

---

6 시동尸童 : 고대에는 위패나 신주가 아닌 어린아이를 대신 앉혀 놓고 제사를 모셨다. 제사에 신주 대신 앉아 있는 아이를 '시동'이라 한다.

때에는 아우를 공경하니, 의義는 과연 외면에 있는 것이지,
내면으로부터 나오는 것이 아니다."

공도자가 말하였다.

"겨울에는 따뜻한 물을 마시고, 여름에는 찬물을 마시는
데, 그렇다면 마시고 먹는 것도 외면에 있다는 것인가?"

孟季子問公都子曰:"何以謂義內也?"

曰:"行吾敬, 故謂之內也."

"鄕人長於伯兄一歲, 則誰敬?"

曰:"敬兄."

"酌則誰先?"

曰:"先酌鄕人."

"所敬在此, 所長在彼, 果在外, 非由內也."

公都子不能答, 以告孟子.

孟子曰:"敬叔父乎? 敬弟乎? 彼將曰:'敬叔父'曰:'弟爲尸,
則誰敬?' 彼將曰:'敬弟.' 子曰:'惡在其敬叔父也?' 彼將曰:
'在位故也.' 子亦曰:'在位故也.' 庸敬在兄, 斯須之敬在鄕
人."

季子聞之曰:"敬叔父則敬, 敬弟則敬, 果在外, 非由內也."

公都子曰:"冬日則飮湯, 夏日則飮水, 然則飮食亦在外也?"

6

공도자가 물었다.

"고자는 '사람의 본성은 선함도 불선함도 없다.'고 합니다. 어떤 이는 '본성은 선하게 할 수도 불선하게 할 수도 있다. 그리하여 문왕과 무왕이 정치를 하면 백성들이 선을 좋아하고, 유왕幽王과 여왕厲王이 정치를 하면 백성들이 포악함을 좋아한다.'고 합니다. 어떤 이는 '본성이 선한 이도 있고 불선한 이도 있다. 그러기에 요堯와 같은 성군이 있었는데도 상象 같은 불량한 사람이 있었고, 고수瞽瞍 같은 아버지 밑에도 순舜과 같은 훌륭한 아들이 있었다. 주왕紂王 같은 포악한 군주를 조카로 두었지만, 미자微子 계啓와 왕자王子 비간比干 같은 훌륭한 이가 있었다.'고 합니다. 그런데 지금 '본성은 선하다.'고 하시니, 그렇다면 저들은 모두 틀린 것입니까?"

맹자가 말하였다.

"그 자질資質[7]로 말하자면 선하다고 할 수 있으니, 이것이

---

7 자질資質 : 원문의 '정情'을 성性의 '본바탕'으로 이해하여 자질로 해석하였다. 청淸나라의 경학자 유월俞樾의 『군경평의 맹자 2 群經平議 孟子二』에 "성性과 정情 두 글자를 후인들은 구분하여 설명하지만, 고인들은 정情을 바로 성性으로 보았다.… 맹자는 측은惻隱은 인仁, 수오羞惡는 의義로 여겼다. 바로 이 점이 정情을 성性으로 본 것이다. 蓋性情二字, 在後人言之, 則區以別矣, 而在古人言之, 則情即性也… 孟子, 以惻隱為仁, 羞惡為義. 正是以情見性."라고 하였다.

내가 말하는 선하다는 것이다. 불선을 하는 것으로 말하면 타고난 재질才質의 죄가 아니다. 불쌍하게 여기는 마음, 즉 측은지심惻隱之心은 누구나 지니고 있으며, 부끄러워하고 미워하는 마음, 즉 수오지심羞惡之心은 누구나 지니고 있으며, 공경하는 마음, 즉 공경지심恭敬之心은 누구나 지니고 있으며, 잘잘못을 판단하는 마음, 즉 시비지심是非之心은 누구나 지니고 있다. 불쌍하게 여기는 마음은 인仁이고, 부끄러워하고 미워하는 마음은 의義이고, 공경하는 마음은 예禮이고, 잘잘못을 판단하는 마음은 지智이다. 인·의·예·지가 밖으로부터 나에게 들어오는 것이 아니고, 나의 고유한 것인데 사람들이 생각하지 못할 뿐이다.

그러기에 '구하면 얻고, 버리면 잃는다.'는 것이다. 사람과 사람의 차이가 갑절이나 되거나, 다섯 갑절, 심지어 계산할 수도 없는 것은, 타고난 재질의 기능을 다 발휘하지 못했기 때문이다. 『시경』「대아大雅 증민蒸民」에 '하늘이 사람을 내시니, 사물이 있으면 법이 있도다. 사람은 변함없는 본성을 지니고 있어, 이 아름다운 덕을 좋아한다.'라고 하였다. 공자께서 '이 시를 지은 이는 바른 도를 안 것이다! 그러기에 사물이 있으면 반드시 법이 있으니, 사람들이 변함없는 본성을 지니고 있기에 이 아름다운 덕을 좋아한다.'라고 하였다."

公都子曰：“告子曰：‘性無善無不善也.’ 或曰：‘性可以爲善,

可以爲不善. 是故文武興, 則民好善; 幽厲興, 則民好暴.' 或曰: '有性善, 有性不善. 是故以堯爲君, 而有象; 以瞽瞍爲父, 而有舜. 以紂爲兄之子, 且以爲君, 而有微子啓, 王子比干.' 今曰: '性善', 然則彼皆非與?"

孟子曰: "乃若其情, 則可以爲善矣, 乃所謂善也. 若夫爲不善, 非才之罪也. 惻隱之心, 人皆有之; 羞惡之心, 人皆有之; 恭敬之心, 人皆有之; 是非之心, 人皆有之. 惻隱之心, 仁也; 羞惡之心, 義也; 恭敬之心, 禮也; 是非之心, 智也. 仁義禮智, 非由外鑠我也, 我固有之也, 弗思耳矣.

故曰: '求則得之, 舍則失之.' 或相倍蓰而無算者, 不能盡其才者也. 詩曰: '天生蒸民, 有物有則. 民之秉彝, 好是懿德.' 孔子曰: '爲此詩者, 其知道乎! 故有物必有則, 民之秉彝也, 故好是懿德.'"

7

맹자가 말하였다.

"풍년에는 착한 행위를 하는 젊은이가 많고, 흉년에는 포악한 행위를 하는 젊은이가 많다. 이는 하늘이 내려 준 자질이 달라서가 아니라, 환경이 그렇게 만드는 것이다. 지금 보리 씨앗을 뿌리고 흙을 덮는데, 토질이 같고 심는 시기가 같으면 일제히 싹이 나서 자라 하지의 계절이 되면 모두 익는다. 비록 똑같지 않은 경우가 있기는 하지만 이는 토질이 비옥하고 척박한 차이가 있고, 비가 적절하게 내리냐와 가꾸는 사람의 노력이 같지 않기 때문이다. 그러기에 종류가 같으면 대부분 비슷하니, 어찌 유독 인간에 대해서만 의심을 하겠는가? 성인도 나와 같은 인류이다.

용자龍子가 '발의 모양을 모르고 신을 만들더라도 나는 삼태기를 만들지는 않을 줄 안다.'라고 하였다. 신이 서로 비슷함은 천하의 발이 같기 때문이다. 입맛도 좋아하는 음식이 같으니, 역아易牙는 먼저 우리 입맛을 잘 알았던 자이다. 가령 입맛에 있어서 사람마다 그 본성의 차이가 우리와 같은 종류가 아닌 개나 말처럼 다르다면, 천하가 어찌 모두 역아가 조리한 맛을 좋아하겠는가? 맛에 있어서는 천하가 역아의 요리를 원하니, 이는 천하의 입맛이 대체로 같은 것이다. 귀도 그러하다. 소리에 있어서는 천하가 사광師曠, 청각이 뛰어난 음악가이 되기를 기약하니, 이는 천하의 귀가 서로 같은 것이다. 눈도 그러하다. 자도子都[8]에 대하여서는 천하가 그 아름다움을 모르는 이가 없으니, 자도의 아름다움을 모르는 자는 눈이

---

8 자도子都 : 고대 미인의 대명사로 사용된다. 『시경』「정풍鄭風 산유부소山有扶蘇」에 "자도를 만나지 못하고 미치광이를 만났네. 不見子都, 乃見狂且."라고 하였는데, 모씨 주석에 "자도는 세상에서 미인으로 일컫는 자이다."라고 하였다.

없는 자이다.

그러기에 '입맛은 좋아하는 것이 같고, 귀는 소리를 듣는 청각이 같고, 눈은 미색에 대하여 아름답게 여기는 기준이 같다.'라고 하는 것이다. 그런데 어찌 마음만 유독 같은 점이 없겠는가? 마음이 같다는 것은 어떤 것인가? 이理와 의義를 말한다. 성인은 우리 마음이 같다는 점을 먼저 터득했다. 그러기에 이와 의가 우리 마음을 기쁘게 하는 것은 마치 육고기가 우리 입맛에 맞는 것과 같은 것이다."

孟子曰: "富歲, 子弟多賴; 凶歲, 子弟多暴. 非天之降才爾殊也, 其所以陷溺其心者, 然也. 今夫麰麥, 播種而耰之, 其地同, 樹之時又同, 浡然而生, 至於日至之時, 皆熟矣. 雖有不同, 則地有肥磽, 雨露之養, 人事之不齊也. 故凡同類者, 舉相似也, 何獨至於人而疑之? 聖人, 與我同類者.
故龍子曰: '不知足而爲屨, 我知其不爲蕢也.' 屨之相似, 天下之足同也. 口之於味, 有同耆也, 易牙先得我口之所耆者也. 如使口之於味也, 其性與人殊, 若犬馬之與我不同類也, 則天下何耆皆從易牙之於味也? 至於味, 天下期於易牙, 是天下之口相似也. 惟耳亦然. 至於聲, 天下期於師曠, 是天下之耳相似也. 惟目亦然. 至於子都, 天下莫不知其姣也, 不知子都之姣者, 無目者也.
故曰: '口之於味也, 有同耆焉; 耳之於聲也, 有同聽焉; 目之

於色也, 有同美焉.' 至於心, 獨無所同然乎? 心之所同然者,
何也? 謂理也, 義也. 聖人先得我心之所同然耳. 故理義之
悅我心, 猶芻豢之悅我口."

8

맹자가 말하였다.

"우산牛山⁹의 나무숲이 예전부터 아름다웠는데, 큰 도시의
교외에 있어 도끼로 매일 나무를 베어 가니 어떻게 아름다움
을 유지할 수 있겠는가? 밤낮으로 자라고 비와 이슬을 머금
어 새싹이 나오지만, 이내 소와 양을 방목하니 이 때문에 저
처럼 민둥산이 되었다. 사람들은 그 민둥산만을 보고 큰 재목
이 있었던 적이 없다고 여기니, 이것이 어찌 이 우산의 본래
모습本性이겠는가?

사람이 지닌 본성에 어찌 인의의 마음이 없었겠는가? 그
러나 그가 양심을 버리는 것이, 매일같이 나무를 도끼로 베어
가는 것과 같으니 아름답게 될 수 있겠는가? 밤낮으로 자라
나는 선한 마음과 이른 아침의 맑은 기운에 선을 좋아하고 악
을 미워하는 마음이 싹트지만, 남들과 비교하면 얼마 되지 않

9 우산牛山 : 제나라의 수도 임치臨淄 남쪽 10리 쯤에 있는 산 이름이다.

는데, 다음날 낮에 하는 행동이 이마저 없애 버린다. 이렇게 없애기를 반복하면 밤에 싹트는 선량한 마음이 보존될 수 없다. 밤에 싹트는 마음이 보존되지 않으면 짐승과의 거리가 멀지 않게 된다. 사람들은 그 짐승 같은 행동만 보고 본래 선량한 자질이 없었다고 여기니, 이것이 어찌 사람의 본래 모습이겠는가?

그러기에 잘 기르면 자라지 못할 사물이 없고, 잘 기르지 못하면 사라지지 않을 사물이 없다. 공자께서 '잡으면 보존되고 놓으면 잃어서, 나가고 들어옴이 정한 때가 없어 그 방향을 알 수 없다.'라고 하였다. 이는 바로 사람의 마음을 두고 말한 것이다."

孟子曰: "牛山之木, 嘗美矣, 以其郊於大國也, 斧斤伐之, 可以爲美乎? 是其日夜之所息, 雨露之所潤, 非無萌蘗之生焉, 牛羊又從而牧之, 是以若彼濯濯也. 人見其濯濯也, 以爲未嘗有材焉, 此豈山之性也哉?

雖存乎人者, 豈無仁義之心哉? 其所以放其良心者, 亦猶斧斤之於木也, 旦旦而伐之, 可以爲美乎? 其日夜之所息, 平旦之氣, 其好惡(오)與人相近也者幾希, 則其旦晝之所爲, 有梏亡之矣. 梏之反覆, 則其夜氣不足以存. 夜氣不足以存, 則其違禽獸不遠矣. 人見其禽獸也, 而以爲未嘗有才焉者, 是豈人之情也哉?

故苟得其養, 無物不長; 苟失其養, 無物不消. 孔子曰: '操則存, 舍則亡, 出入無時, 莫知其鄕.' 惟心之謂與."

9

맹자가 말하였다.

"왕이 슬기롭지 못한 것이 이상하지 않구나! 비록 천하에 잘 자라는 생물이라 하더라도 하루 햇볕 쬐고 열흘 추우면 제대로 자랄 생물이 없다. 내가 왕을 만나는 것은 매우 드물고, 내가 물러 나오면 차갑게 하는 자가 몰려오니, 선량한 마음의 싹이 있다 한들 내가 어떻게 할 수 있겠는가?

지금 바둑 두는 기술이 별것 아닌 듯하나, 마음과 뜻을 오로지 다하지 않으면 터득하지 못한다. 혁추奕秋는 나라에서 바둑을 제일 잘 두는 자이다. 혁추를 시켜서 두 사람에게 바둑을 가르치는데, 그 중에 한 사람은 마음과 뜻을 오로지하여 오직 혁추의 말을 듣고, 그 중 또 한 사람은 비록 듣기는 하지만 한편으로는 '기러기가 오면 활로 잡아야지.' 하고 딴 생각을 한다면, 똑같이 배우더라도 그만 못하게 된다. 이것이 슬기가 그만 못해서인가? 그렇지 않다."

孟子曰: "無或乎王之不智也! 雖有天下易(이)生之物也, 一

日暴之, 十日寒之, 未有能生者也. 吾見亦罕矣, 吾退而寒
之者至矣, 吾如有萌焉何哉?

今夫奕之爲數, 小數也, 不專心致志, 則不得也. 奕秋通國
之善奕者也. 使奕秋誨二人奕, 其一人專心致志, 惟奕秋之
爲聽. 一人雖聽之, 一心以爲有鴻鵠將至, 思援弓繳而射之,
雖與之俱學, 弗若之矣. 爲是其智弗若與? 曰非然也."

10

맹자가 말하였다.

"생선요리도 먹고 싶은 것이고, 곰발바닥요리熊掌도 먹고
싶은 것이지만, 이 두 가지를 한꺼번에 먹을 수 없다면 생선
을 놔두고 곰발바닥요리를 먹겠다. 사는 것도 내가 원하는 것
이고, 의로움도 내가 원하는 것이지만, 이 두 가지를 한꺼번
에 얻을 수 없다면 삶을 버리고 의로움을 선택하겠다. 삶은
내가 원하는 것이지만, 원하는 욕구가 삶보다 더한 것이 있으
므로 구차한 삶을 얻으려 하지 않는 것이다. 죽음은 싫어하는
것이지만, 싫어하는 것이 죽음보다 더한 것이 있으므로 환난
을 구차하게 피하지 않는 것이다.

가령 사람들의 욕구가 삶보다 더한 것이 없다면 살 수 있
는 모든 방법을 어찌 사용하지 않겠는가? 가령 사람들이 싫

어하는 것이 죽음보다 더한 것이 없다면 환난을 피할 수 있는 모든 방법을 어찌 사용하지 않겠는가? 이 때문에 살 수 있는데도 그 방법을 사용하지 않고 죽는 것이다. 이 때문에 화를 피할 수 있는데도 피하지 않고 당하는 경우가 있는 것이다. 그러기에 원하는 것이 삶보다 더한 것이 있으며, 싫어하는 것이 죽음보다 더한 것이 있다. 현자賢者만 이러한 마음을 가지고 있는 것이 아니라 사람마다 다 지니고 있지만 현자만이 이를 잃지 않는다.

한 그릇의 밥과 한 그릇의 국을 얻어먹으면 살고 얻어먹지 못하면 죽을지라도, 혀를 차고 꾸짖으면서 주면 길 가는 사람도 받지 않으며, 발로 차서 주면 걸인도 좋게 여기지 않는다. 그런데 만종萬鍾의 녹봉은 예의를 따지지 않고 받으니, 만종의 녹봉이 나에게 무슨 도움이 있기에 그러는가? 아름다운 주택과 처첩들의 시중과 나를 알고 있는 가난한 자들이 나를 고맙게 여기게 할 수 있어서일 것이다. 지난날엔 죽어도 받지 않다가 아름다운 주택을 위해서는 그런 짓을 하며, 지난날엔 죽어도 받지 않다가 처첩들의 시중을 위해서는 그런 짓을 하며, 지난날 죽어도 받지 않다가 알고 있는 가난한 자들이 나를 고맙게 여기게 할 수 있음을 위해서는 그런 짓을 하니, 이역시 그만둘 수 없는가? 이를 일러 그 본심을 잃었다고 하는 것이다."

孟子曰:"魚我所欲也, 熊掌亦我所欲也, 二者不可得兼, 舍魚而取熊掌者也. 生亦我所欲也, 義亦我所欲也, 二者不可得兼, 舍生而取義者也. 生亦我所欲, 所欲有甚於生者, 故不爲苟得也. 死亦我所惡(오), 所惡(오)有甚於死者, 故患有所不辟(피)也.

如使人之所欲, 莫甚於生, 則凡可以得生者, 何不用也? 使人之所惡, 莫甚於死者, 則凡可以辟患者, 何不爲也? 由是則生, 而有不用也, 由是則可以辟患, 而有不爲也. 是故所欲有甚於生者, 所惡有甚於死者. 非獨賢者有是心也, 人皆有之, 賢者能勿喪耳.

一簞食(사), 一豆羹, 得之則生, 弗得則死, 嘑爾而與之, 行道之人弗受; 蹴爾而與之, 乞人不屑也. 萬鍾則不辨禮義而受之, 萬鍾於我何加焉? 爲宮室之美, 妻妾之奉, 所識窮乏者得我與. 鄉爲身死而不受, 今爲宮室之美爲之; 鄉爲身死而不受, 今爲妻妾之奉爲之; 鄉爲身死而不受, 今爲所識窮乏者得我而爲之, 是亦不可以已乎? 此之謂失其本心."

11

맹자가 말하였다.

"인은 사람의 마음이고, 의는 사람의 길이다. 그 길을 버리고 가지 않고, 그 마음을 잃어버리고 찾을 줄 모르니, 애처롭다! 사람들이 닭이나 개가 도망가면 찾을 줄 알면서, 제 마음을 잃고는 찾을 줄 모른다. 학문하는 방법은 다른 것이 없다. 놓친 마음放心을 찾는 것이다."

孟子曰: "仁, 人心也; 義, 人路也. 舍其路而不由, 放其心而不知求, 哀哉! 人有鷄犬放, 則知求之, 有放心而不知求. 學問之道無他. 求其放心而已矣."

12

맹자가 말하였다.

"지금 무명지無名指가 구부러져서 펴지지 않으면, 비록 아프거나 일에 방해가 되지는 않더라도 만일 이를 펴 주는 자가 있다면 진秦나라나 초楚나라의 길도 멀다 않고 찾아갈 것이니, 손가락이 남과 다르기 때문이다. 손가락이 남과 다르면 이를 싫어할 줄 알면서 마음이 남과 다른 것은 싫어할 줄 모른다. 이를 일러 무엇이 중한지를 모른다고 하는 것이다."

孟子曰; "今有無名之指, 屈而不信, 非疾痛害事也, 如有能信之者, 則不遠秦楚之路, 爲指之不若人也. 指不若人, 則

知惡(오)之, 心不若人, 則不知惡. 此之謂不知類也."

13

맹자가 말하였다.

"한두 뼘 크기의 오동나무와 재나무를 잘 키우고자 하는 경우 사람들은 모두 기르는 방법을 알지만 자신에 대해서는 배양하는 방법을 모른다. 자신을 아끼는 것이 어찌 오동나무나 재나무만 못해서이겠는가? 생각하지 않음이 심한 것이다."

孟子曰:"拱把之桐梓, 人苟欲生之, 皆知所以養之者, 至於身, 而不知所以養之者. 豈愛身不若桐梓哉? 弗思甚也."

14

맹자가 말하였다.

"사람은 자신의 모든 부분을 아낀다. 모든 부분을 아끼면 모두를 가꾼다. 한 자 한 치의 피부도 아끼지 않는 부분이 없다면, 한 자 한 치의 피부를 잘 가꿀 것이다. 잘 가꾸고 잘못 가꾸는 것을 살피는 것에 어찌 다른 방법이 있겠는가? 자신을 보면 그뿐이다.

몸에는 소중하고 덜 소중한 부분이 있고, 크고 작은 부분이 있다. 작은 것으로 큰 것을 해치지 말고, 덜 소중한 것으로 소중한 것을 해치지 말아야 한다. 작은 것을 가꾸는 자는 소인小人이 되고, 큰 것을 가꾸는 자는 대인大人이 된다. 지금 정원사가 오동나무나 가櫃나무는 놔두고 가시나무를 기른다면 자격 없는 정원사이다. 손가락 하나만을 가꾸고 어깨와 등을 놓치면서도 모른다면, 이는 어리석기 짝이 없는 사람이다. 음식을 밝히는 사람을 사람들이 천하게 여기니, 작은 것을 가꾸고 큰 것을 잃기 때문이다. 음식을 밝히는 사람이 큰 것을 잃지 않는다면 입과 배가 어찌 한 자 한 치의 피부에 그칠 뿐이겠는가?"

孟子曰: "人之於身也, 兼所愛. 兼所愛, 則兼所養也. 無尺寸之膚不愛焉, 則無尺寸之膚不養也. 所以考其善不善者, 豈有他哉? 於己取之而已矣.
體有貴賤, 有小大. 無以小害大, 無以賤害貴. 養其小者爲小人, 養其大者爲大人. 今有場師, 舍其梧檟, 養其樲棘, 則爲賤場師焉. 養其一指, 而失其肩背, 而不知也, 則爲狼疾人也. 飮食之人, 則人賤之矣, 爲其養小以失大也. 飮食之人, 無有失也, 則口腹豈適爲尺寸之膚哉?"

공도자가 물었다.

"같은 사람인데 어떤 이는 대인이 되고 어떤 이는 소인이 되니, 어째서입니까?"

맹자가 말하였다.

"대체大體, 마음의 욕구를 따르는 사람은 대인이 되고, 소체 小體, 이목구비의 욕구를 따르는 사람은 소인이 된다."

공도자가 말하였다.

"같은 사람인데 어떤 이는 대체를 따르고 어떤 이는 소체를 따르니, 어째서입니까?"

맹자가 말하였다.

"귀와 눈은 생각하는 기능이 없어 밖의 사물에 가려진다. 사물귀와 눈과 밖의 사물이 서로 접촉하면 거기에 끌려갈 뿐이다. 마음은 생각하는 기능이 있으니, 생각하면 알게 되고 생각하지 못하면 알지 못한다. 이는 하늘이 우리 인간에게 부여한 것이다. 먼저 그 대체를 확립하고 나면 작은 사물들이 빼앗지 못한다. 이것이 대인이 되는 이유이다."

公都子問曰:"鈞是人也, 或爲大人, 或爲小人, 何也?"

孟子曰:"從其大體爲大人, 從其小體爲小人."

曰:"鈞是人也, 或從其大體, 或從其小體, 何也?"

曰: "耳目之官不思, 而蔽於物. 物交物, 則引之而已矣. 心之官則思, 思則得之, 不思則不得也. 此天之所與我者. 先立乎其大者, 則其小者不能奪也. 此爲大人而已矣."

16

맹자가 말하였다.

"하늘이 주는 관작이 있고, 인간이 주는 관작이 있다. 인의와 충신, 끊임없이 선행을 좋아함이 하늘이 주는 관작이고, 공경公卿과 대부大夫는 인간이 주는 관작이다. 옛사람은 하늘이 주는 관작을 수양하여 인간이 주는 관작이 뒤따랐다. 지금 사람들은 하늘이 주는 관작을 수양하여 인간이 주는 관작을 추구한다. 인간이 주는 관작을 얻고 나면 하늘이 주는 관작을 버리니, 어리석기 그지없는 자이다. 끝내는 필시 인간이 주는 관작마저 잃게 된다."

孟子曰: "有天爵者, 有人爵者. 仁義忠信, 樂善不倦, 此天爵也; 公卿大夫, 此人爵也. 古之人修其天爵, 而人爵從之. 今之人修其天爵, 以要人爵. 旣得人爵, 而棄其天爵, 則惑之甚者也. 終亦必亡而已矣."

맹자가 말하였다.

"존귀하게 되고 싶은 것은 누구나 같은 마음이다. 누구나 자신에게 존귀함이 있는데 생각하지 않아서 모를 뿐이다. 남이 존귀하게 해 준 것은 참으로 존귀한 것이 아니다. 조맹趙孟이 존귀하게 해 준 것은 조맹이 다시 비천하게 할 수 있다.[9] 『시경』 「대아大雅 기취旣醉」에 '술에 취하고 덕德에 배부르다.'라고 하였다. 인의의 덕이 풍족하면 남의 산해진미가 부럽지 않고, 훌륭한 명성이 널리 알려지면 남의 비단옷이 부럽지 않음을 말한 것이다."

孟子曰: "欲貴者, 人之同心也. 人人有貴於己者, 弗思耳. 人之所貴者, 非良貴也. 趙孟之所貴, 趙孟能賤之. 詩云: '旣醉以酒, 旣飽以德.' 言飽乎仁義也, 所以不願人之膏粱之味也; 令聞廣譽施於身, 所以不願人之文繡也."

10 조맹趙孟이 … 있다 : 조맹은 진晉나라의 정경正卿이다. 그의 지위로 벼슬을 주어서 귀한 신분으로 만들어 주었다면 다시 벼슬을 빼앗아 비천한 신분으로 만들 수 있다는 말이다.

맹자가 말하였다.

"인仁이 불인不仁을 이기는 것은 물이 불을 이기는 것과 같다. 지금 인을 행하는 자들은 한 잔의 물로 한 수레에 가득 실은 섶의 불을 끄는 것과 같다. 그리하여 불이 꺼지지 않으면 물이 불을 이기지 못한다고 하니, 이는 또 매우 불인한 자를 돕는 행위이다. 역시 끝내 인을 행하려는 마음을 잃게 될 뿐이다.

孟子曰: "仁之勝不仁也, 猶水勝火. 今之爲仁者, 猶以一杯水, 救一車薪之火也. 不熄, 則謂之水不勝火, 此又與於不仁之甚者也. 亦終必亡而已矣."

19

맹자가 말하였다.

"오곡은 종자 중에 아름다운 것이지만, 만일 잘 익지 않으면 피만도 못하다. 인도 익숙하게 행하느냐에 달려 있다."

孟子曰: "五穀者, 種之美者也, 苟爲不熟, 不如荑稗. 夫仁,亦在乎熟之而已矣."

20

맹자가 말하였다.

"예羿가 활쏘기를 가르칠 적에 반드시 시위를 가득 당기는데 뜻을 두게 하니, 배우는 자도 반드시 시위를 가득 당기는데 뜻을 둔다. 큰 목수가 기술을 가르칠 적에 반드시 규規와 구矩를 기준으로 하니, 배우는 자도 반드시 규와 구를 기준으로 한다.

孟子曰:"羿之教人射, 必志於彀, 學者亦必志於彀. 大匠誨人必以規矩, 學者亦必以規矩."

고자 하

告子 下

모두 16장이다. 이 편은 물음에 답하는 형식으로 짤막짤막하게 구성되었다. 맹자의 일관된 성선설에 대한 활성화, 사회화를 엿볼 수 있는 내용이다. 사람의 본성은 선한 것이기에 요순도 인간이고 나도 인간이다. 요순과 같은 선한 말을 하고 선한 일을 행하면 나도 요순과 같이 될 수 있다. 그리고 나아가서 사회생활에서 요순과 같이 인仁과 예禮를 지키고 실행하면 사회가 요순시절과 같게 되고, 이런 시대가 바로 왕도정치의 시대라는 것이다. 그리고 진정한 인자와 현자는 좋은 환경에서 나오는 것이 아니라 언제나 곤궁하고 어려운 처지에서 단련되는데, 그것이 하늘의 뜻이라고 역설했다.

임任나라[1] 사람이 옥려자屋廬子[2]에게 물었다.

"예禮와 음식 중에 어느 것이 더 소중한가?"

옥려자가 대답하였다.

"예가 소중하다."

"아내와 예 중에 어느 것이 더 소중한가?"

옥려자가 말하였다.

"예가 소중하다."

임나라 사람이 물었다.

"예를 지키면 굶어 죽고, 예를 지키지 않으면 밥을 먹을 수 있더라도 반드시 예를 지켜야 하는가? 친영親迎[3]을 하면 아내를 얻지 못하고, 친영을 하지 않으면 아내를 얻는다 해도 반드시 친영을 해야 하는가?"

옥려자가 대답하지 못하고 다음날 추鄒나라[4]에 가서 맹자께 아뢰었다. 맹자가 말하였다.

---

1 임任나라 : 지금의 산동성山東省 제령시濟寧市에 해당하는 곳에 있던 작은 나라이다.

2 옥려자屋廬子 : 맹자의 제자로, 이름은 연連이다.

3 친영親迎 : 혼례를 치를 때 여섯 차례에 걸쳐 예를 행하는데 이를 '육례六禮'라고 한다. 친영은 이 중에 마지막 단계로, 신랑이 직접 신부의 집으로 가서 신부를 맞이하는 것이다.

"그 말에 답하는 것이 무엇이 어려운가? 밑부분은 따지지 않고 끝부분만을 비교한다면, 한 치 길이의 나무를 높은 누대보다 높게 할 수가 있다. 쇠가 깃털보다 무겁다는 것이 어찌 한 개의 갈고리쇠와 한 수레의 깃털을 비교해서 한 말이겠는가? 음식의 중요한 부분과 예의 가벼운 부분을 가지고 비교한다면 어찌 음식이 소중할 뿐이겠으며, 아내를 얻는 중요한 부분과 예의 가벼운 부분을 가지고 비교한다면 어찌 아내가 소중할 뿐이겠는가?

가서 이렇게 대답하라. '형의 팔을 비틀고 밥을 빼앗아 먹으면 먹을 수 있고, 형의 팔을 비틀지 않으면 밥을 먹지 못할지라도 비틀겠는가? 동쪽 집의 담장을 넘어가서 처녀를 납치해 오면 아내를 얻고, 납치해 오지 않으면 아내를 얻지 못할지라도 납치해 오겠는가?'"

任人有問屋廬子曰: "禮與食孰重?"

曰: "禮重."

"色與禮孰重?"

曰: "禮重."

曰: "以禮食, 則飢而死; 不以禮食, 則得食, 必以禮乎? 親迎,

---

4 추鄒나라 : 지금의 산동성 추현鄒縣 동남 방향에 있었다. 임任나라와는 약 100리 정도의 거리이다.

則不得妻; 不親迎, 則得妻, 必親迎乎?"

屋廬子不能對, 明日之鄒以告孟子.

孟子曰: "於答是也, 何有? 不揣其本, 而齊其末, 方寸之木, 可使高於岑樓. 金重於羽者, 豈謂一鉤金, 與一輿羽之謂哉? 取食之重者, 與禮之輕者而比之, 奚翅食重, 取色之重者, 與禮之輕者而比之, 奚翅色重?

往應之曰: '紾兄之臂而奪之食, 則得食; 不紾, 則不得食, 則將紾之乎? 踰東家牆而摟其處子, 則得妻; 不摟, 則不得妻, 則將摟之乎?'"

2

조교曹交[5]가 물었다.

"사람은 누구나 요순이 될 수 있다고 하는데, 그런 말이 있습니까?"

맹자가 말하였다.

"그런 말이 있다."

"제가 들으니, 문왕은 키가 10척이고, 탕왕은 9척이라 합니

---

5 조교曹交 : 조기趙岐의 주석에 "조曹 나라 군주의 아우이고, 교交는 이름이다."라고 하였다.

다. 지금 저는 9척 4촌의 키로 곡식만 축낼 뿐이니, 어찌하면 좋겠습니까?"

맹자가 말하였다.

"그것이 무슨 상관이 있겠는가? 역시 실천하는 데 달려 있을 뿐이다. 여기에 어떤 사람이 있는데, 자신은 오리 한 마리도 이길 수 없다고 한다면 힘이 없는 사람이고, 3천 근을 들수 있다고 한다면 힘이 있는 사람이다. 그러니 오확烏獲[6]이 들던 짐을 든다면 이 역시 오확과 같은 사람이다. 사람이 어찌 남만 못함을 걱정하는가? 자기가 행동하지 않을 뿐이다. 천천히 걸어서 어른보다 뒤에 가는 것을 공경하는 태도라 하고, 빨리 걸어서 어른보다 앞서가는 것을 공경하지 못한 태도라고 한다. 천천히 걷는 것이 어찌 사람이 할 수 없는 것이겠는가? 자기가 하지 않는 것이다. 요순이 추구한 도는 효제孝弟일 뿐이다. 그대가 요임금이 입던 옷을 입고 요임금의 말을 하며, 요임금이 행하던 일을 행한다면 바로 요임금이다. 그대가 걸왕桀王이 입던 옷을 입고 걸왕이 하던 말을 하며, 걸왕이 했던 일을 행한다면 바로 걸왕이다."

조교가 말하였다.

"제가 추鄒나라 군주를 만나면 관사館舍를 빌릴 수 있을 것이니, 여기에 머물면서 문하에서 수업하기를 원합니다."

---

6 오확烏獲 : 고대에 힘센 사람의 대명사로 사용되는 이름이다.

맹자가 말하였다.

"도道는 큰 길과 같으니, 어찌 이해하기 어렵겠는가? 사람들이 추구하지 않는 것이 병통일 뿐이다. 그대가 돌아가 찾는다면 스승은 얼마든지 있을 것이다."

曹交問曰: "人皆可以爲堯舜, 有諸?"

孟子曰: "然."

"交聞, 文王十尺, 湯九尺. 今交九尺四寸以長, 食粟而已, 如何則可?"

曰: "奚有於是? 亦爲之而已矣. 有人於此, 力不能勝一匹雛, 則爲無力人矣; 今日擧百鈞, 則爲有力人矣. 然則擧烏獲之任, 是亦爲烏獲而已矣. 夫人豈以不勝爲患哉? 弗爲耳. 徐行後長者, 謂之弟; 疾行先長者, 謂之不弟. 夫徐行者, 豈人所不能哉? 所不爲也. 堯舜之道, 孝弟而已矣. 子服堯之服, 誦堯之言, 行堯之行, 是堯而已矣. 子服桀之服, 誦桀之言, 行桀之行, 是桀而已矣."

曰: "交得見於鄒君, 可以假館, 願留而受業於門."

曰: "夫道若大路然, 豈難知哉? 人病不求耳. 子歸而求之, 有餘師."

3

공손추가 물었다.

"고자高子[7]가 '소반小弁[8]은 소인이 지은 시이다.'라고 하였습니다."

맹자가 말하였다.

"무엇을 가지고 그렇게 말하는가?"

공손추가 말하였다.

"원망하는 내용이기 때문입니다."

맹자가 말하였다.

"고씨 노인高叟의 시 해석이 고지식하구나! 여기에 한 사람이 있다. 월越나라 사람이 활을 당겨 그를 쏘았는데 웃으면서 말하는 것은, 다름이 아니라 관계가 멀기 때문이다. 자신의 형이 활을 당겨 쏘았다면 눈물을 흘리며 울면서 말하는데, 다름이 아니라 형이 친척이기 때문이다. 소반의 시에서 원망

---

7 고자高子 : 주희의 주석에는 제나라 사람이라 하였다. 맹자에 나오는 몇 번의 '고자高子'에 대하여 조기는 맹자의 제자라고 하였는데 여기서 '고씨 노인高叟'이라고 한 것으로 보면, 맹자보다 연배가 높은 다른 사람으로 보인다.

8 소반小弁 : 『시경詩經』 「소아小雅」의 편 이름으로, 주나라 유왕幽王을 풍자한 시이다. 유왕이 처음 신申나라에 장가들어 태자 의구宜臼를 낳았는데 뒤에 포사褒姒를 얻어 백복伯服을 낳자 태자로 삼고 신후申后와 의구를 폐하고 살해하려 하였다. 이에 대해 의구의 사부가 읊은 시이다.

함은 친애하는 어버이와의 관계이기 때문이다. 어버이를 친애함은 인仁이다. 고씨 노인의 시 해석이 고지식하구나!"

공손추가 말하였다.

"개풍凱風⁹은 어찌하여 원망하지 않았습니까?"

맹자가 말하였다.

"개풍은 어버이의 과실이 작은 것이고, 소반은 어버이의 과실이 큰 것이다. 어버이의 과실이 큰데도 원망하지 않는다면 이는 더욱 관계를 멀리 여기는 것이고, 어버이의 과실이 작은데도 원망한다면 이는 조그만 일에도 격노하는 것이다. 관계를 더욱 멀리 여기는 것도 불효이고, 조그만 일에 격노하는 것도 불효이다. 공자께서 '순임금은 지극한 효자였다. 50세까지도 부모를 사모하였다.'라고 하였다."

公孫丑問曰: "高子曰: '小弁(반), 小人之詩也.'"

孟子曰: "何以言之?"

曰: "怨."

曰: "固哉, 高叟之爲詩也! 有人於此, 越人關(만)弓而射(석)之, 則己談笑而道之, 無他, 疏之也. 其兄關弓而射之, 則己

---

9 개풍凱風 : 『시경』「국풍國風 패풍邶風」의 편 이름이다. 자신들을 버리고 간 어머니를 원망하지 않고 7명의 자식 모두가 자신들을 자책하는 내용이다.

垂涕泣而道之, 無他, 戚之也. 小弁之怨, 親親也. 親親, 仁
也. 固矣夫, 高叟之爲詩也!"

曰:"凱風, 何以不怨?"

曰:"凱風, 親之過小者也; 小弁, 親之過大者也. 親之過大而
不怨, 是愈疏也; 親之過小而怨, 是不可磯也. 愈疏, 不孝也;
不可磯, 亦不孝也. 孔子曰:'舜其至孝矣, 五十而慕.'"

4

송경宋牼[10]이 초楚나라로 가려고 할 적에 맹자가 그를 석구
石丘에서 만났다. 맹자가 말하였다.

"선생은 어디로 가려 하십니까?"

송경이 말하였다.

"듣자니 진秦나라와 초나라가 전쟁을 하려고 한다 하니,
초왕楚王을 만나 설득하여 싸움을 그만두게 하겠소. 만일 초
왕이 말을 듣지 않으면 진왕秦王을 만나 설득하여 싸움을 그
만두게 할 예정이오. 두 왕 중에 필시 나와 뜻이 맞는 사람이
있을 것이오."

---

10 송경宋牼 : 전쟁을 막기 위해서 노력한 전국시대의 학자로, 송나라
사람이다.

맹자가 말하였다.

"나는 자세한 내용은 묻지 않겠소만, 그대의 큰 뜻을 듣고 싶소. 어떻게 설득하겠소?"

송경이 말하였다.

"전쟁이란 '이롭지 못한 것不利'임을 들어서 말하렵니다."

맹자가 말하였다.

"선생의 뜻은 크지만 선생의 제안은 옳지 않습니다. 선생이 이롭고 해로움을 가지고 진·초의 왕을 설득하면 진·초의 왕이 이익을 좋아하여 군대의 출동을 중지할 것이니, 이는 출동을 중지하는 군사들이 이익을 좋아하여 중지하는 것입니다. 신하 된 자가 이익을 위하여 그 군주를 섬기고, 자식 된 자가 이익을 위하여 그 부모를 섬기며, 아우 된 자가 이익을 위하여 그 형을 섬기면, 이는 군신과 부자와 형제가 마침내 인의를 버리고 이익을 위하여 서로를 대하는 것이니, 이렇게 하고서도 망하지 않는 자는 없습니다.

선생이 인의를 가지고 진·초의 왕을 설득한다면 진·초의 왕이 인의를 좋아하여 군대 출동을 중지할 것이니, 이는 출동을 중지한 군사들이 인의를 좋아하여 중지한 것입니다. 신하 된 자가 인의를 행하여 그 군주를 섬기고, 자식 된 자가 인의를 행하여 그 부모를 섬기며, 아우 된 자가 인의를 행하여 그 형을 섬기면, 이는 군신과 부자와 형제가 이익을 버리고 인의를 행하여 서로를 대하는 것이니, 이렇게 하고서도 왕 노릇 하지 못하는 자는 없습니다. 하필이면 이익을 말합니까?"

宋牼將之楚, 孟子遇於石丘. 曰:"先生將何之?"
曰:"吾聞秦楚構兵, 我將見楚王說(세)而罷之. 楚王不悅, 我
將見秦王說而罷之. 二王我將有所遇焉."
曰:"軻也, 請無問其詳, 願聞其指. 說之將如何?"
曰:"我將言其不利也."
曰:"先生之志則大矣, 先生之號則不可. 先生以利說秦楚
之王, 秦楚之王悅於利, 以罷三軍之師, 是三軍之士樂罷而
悅於利也. 爲人臣者, 懷利以事其君; 爲人子者, 懷利以事
其父; 爲人弟者, 懷利以事其兄, 是君臣·父子·兄弟, 終去仁
義, 懷利以相接, 然而不亡者, 未之有也.
先生以仁義說秦楚之王, 秦楚之王悅於仁義, 而罷三軍之
師, 是三軍之士, 樂罷而悅於仁義也. 爲人臣者, 懷仁義以
事其君; 爲人子者, 懷仁義以事其父; 爲人弟者, 懷仁義以
事其兄, 是君臣·父子·兄弟去利, 懷仁義以相接也, 然而不
王者, 未之有也. 何必曰利?"

5

맹자가 추鄒나라에 있을 적에 계임季任[11]이 임任나라를 맡아 국정을 수행하면서 폐백을 보내 교제를 청하였는데, 맹자는 폐백을 받고 답례를 하지 않았다. 맹자가 평륙平陸[12]에 있을 적에는 저자儲子가 정승이었는데, 폐백을 보내 교제를 청하였으나 폐백을 받고 답례를 하지 않았다. 얼마 후 추나라를 떠나 임나라에 가서는 계자季子를 만나보고, 평륙에서 제나라 수도에 가서는 저자를 만나지 않았다.

옥려자屋廬子가 "선생님의 허점을 찾았다."고 좋아하며 물었다.

"선생님께서 임나라에 가서는 계자를 만나고, 제나라에 가서는 저자를 만나지 않으셨습니다. 저자가 제나라의 정승이기 때문입니까?"

맹자가 말하였다.

"아니다. 『서경』「주서周書 낙고洛誥」에 '예물을 바치는 것享은 의식 절차가 중요하다. 그에 맞는 의식절차가 따르지 못하면 예물을 바치지 않은 것不享이라 한다. 이는 예물을 바치는 사람의 마음이 예물에 없기 때문이다.'라고 하였다. 저자가 예물 바치는 의식절차를 갖추지 못하였기 때문이다."

옥려자가 좋아하자, 어떤 이가 이유를 물었다. 옥려자가 말

---

11 계임季任 : 임任나라 군주의 아우이다. 계임은 군주 대신 나라를 다스리는 직책에 있어서 타국인 추나라로 맹자를 만나러 올 수 없었다.

12 평륙平陸 : 제나라의 땅으로, 지금의 문상현汶上縣이다. 당시 제나라 수도 임치臨淄 와는 600리 거리에 있었다.

하였다.

　"계자는 추나라에 갈 수 없었고, 저자는 평륙에 갈 수 있었기 때문이다."

孟子居鄒, 季任爲任處守, 以幣交, 受之而不報. 處於平陸,
儲子爲相, 以幣交, 受之而不報. 他日, 由鄒之任, 見季子;
由平陸之齊, 不見儲子.
屋廬子喜曰: "連得間矣." 問曰: "夫子之任, 見季子; 之齊,
不見儲子, 爲其爲相與?"
曰: "非也. 書曰: '享多儀, 儀不及物, 曰不享. 惟不役志于
享.' 爲其不成享也."
屋廬子悅, 或問之. 屋廬子曰: "季子不得之鄒, 儲子得之平
陸."

6

　순우곤淳于髡이 말하였다.

　"명예와 업적을 중시하는 자는 백성을 위하는 것이고, 명예와 업적을 중시하지 않는 자는 자신만을 위하는 것입니다. 선생께서는 제나라 삼경三卿 중 한 자리에 계셨지만, 위로는 군주와 아래로는 백성에게 명예와 업적이 없이 떠나니, 인자

仁者는 본디 이러합니까?"

맹자가 말하였다.

"낮은 지위에 있으면서 현자로서 어질지 못한 군주를 섬기지 않은 이는 백이伯夷였고, 다섯 번 탕왕湯王을 찾아가고 다섯 번 걸왕桀王을 찾아간 이는 이윤伊尹이었고, 무도한 군주를 싫어하지 않고 작은 관직을 사양하지 않은 이는 유하혜柳下惠였다. 이 세 분은 행동은 달랐지만 그 방향은 같았다. 같다는 것은 무엇인가? 인仁이다. 군자는 역시 인을 추구하면 그뿐이니, 어찌 굳이 행동이 같을 것이 있겠는가?"

순우곤이 말하였다.

"노나라 목공魯繆公 때에는 공의자公儀子[13]가 국정을 수행하였고, 자류子柳[14]와 자사子思가 신하였지만, 노나라의 국토는 더욱 좁아졌습니다. 현자가 나라에 도움이 되지 않는 것이 이렇습니다."

맹자가 말하였다.

"우虞나라는 백리해百里奚를 쓰지 않아 망하였고, 진목공秦穆公은 그를 등용하여 패자覇者가 되었다. 현인을 쓰지 않으면 나라가 망하는데, 국토가 좁아지는 것에 그치겠는가?"

순우곤이 말하였다.

---

13 공의자公儀子 : 노나라 재상인 공의휴公儀休이다.

14 자류子柳 : 설유泄柳이다.

"옛적에 노래 잘 하는 왕표王豹가 기수淇水 가에 사니 하서河西 지방 사람들이 노래를 잘하였고, 면구綿駒가 고당高唐에 살자 제齊나라 서쪽 지방 사람들이 노래를 잘 불렀고, 제나라 화주華周와 기량杞梁이 전사하여 그들의 아내가 슬프게 울자 나라의 풍속이 그렇게 변했습니다. 안에 지니고 있으면 반드시 밖으로 나타나는 것입니다. 일정한 일을 하고서 일정한 공적이 없는 이를 나는 본 적이 없습니다. 그러므로 지금은 현자가 없는 것이니, 있다면 제가 반드시 알 것입니다."

맹자가 말하였다.

"공자께서 노나라의 사구司寇가 되었는데 군주가 신임을 하지 않았다. 그리고 제사 뒤에 제사고기가 오지 않자, 면류관을 벗을 시간조차 없이 떠났다 공자를 모르는 자들은 고기 때문에 떠났다 하고, 공자를 아는 자들은 무례하기 때문이라고 하였다. 그러나 공자께서는 하찮은 잘못을 구실 삼아 떠나고자 하였고, 구차히 떠나려고 하지 않은 것이다. 군자의 행하는 바를 보통 사람들은 본디 모르는 것이다."

淳于髡曰:"先名實者, 爲人也; 後名實者, 自爲也. 夫子在三卿之中, 名實未加於上下而去之, 仁者固如此乎?"
孟子曰:"居下位, 不以賢事不肖者, 伯夷也; 五就湯, 五就桀者, 伊尹也; 不惡(오)汚君, 不辭小官者, 柳下惠也. 三子者不同道, 其趣 一也. 一者何也? 曰仁也. 君子亦仁而已矣, 何

必同?"

曰:"魯繆公之時, 公儀子爲政, 子柳子思爲臣, 魯之削也滋甚. 若是乎, 賢者之無益於國也."

曰:"虞不用百里奚而亡, 秦穆公用之而霸. 不用賢則亡, 削何可得與?"

曰:"昔者王豹處於淇, 而河西善謳; 綿駒處於高唐, 而齊右善歌; 華周杞梁之妻, 善哭其夫, 而變國俗. 有諸內, 必形諸外. 爲其事而無其功者, 髡未嘗覩之也. 是故無賢者也, 有則髡必識之."

曰:"孔子爲魯司寇, 不用. 從而祭, 燔肉不至, 不稅(탈)冕而行. 不知者以爲爲肉也, 其知者以爲爲無禮也. 乃孔子則欲以微罪行, 不欲爲苟去. 君子之所爲, 衆人固不識也."

7

맹자가 말하였다.

"오패五霸는 삼왕三王[15]의 죄인이고, 지금의 제후들은 오패

---

[15] 오패五霸는 삼왕三王 : 오패는 제齊나라의 환공桓公, 진晉나라의 문공文公, 진秦나라의 목공穆公, 송宋나라의 양공襄公, 초楚나라의 장왕莊王이다. 삼왕은 하夏나라의 우왕禹王, 상商나라의 탕왕湯王, 주周나라의 문왕文王·무왕武王이다.

의 죄인이고, 지금의 대부들은 제후의 죄인이다. 천자가 제후국에 가는 것을 순수巡狩라 하고, 제후가 천자에게 조회 가는 것을 술직述職이라 한다. 봄에는 경작하는 상태를 살펴 부족한 것을 보조하고, 가을에는 수확하는 상태를 살펴 부족한 것을 보조한다. 그 나라 경내에 들어갔을 적에 토지가 잘 개척되고, 농지가 잘 다스려졌으며, 노인을 봉양하고 어진 이를 존중하며, 훌륭한 인재가 벼슬자리에 있으면 상을 내리는데, 토지를 상賞으로 준다. 경내에 들어갔을 적에 토지가 황폐하고, 노인이 버림을 당하고 어진 이를 등용하지 않으며, 재산을 긁어모으는 자가 높은 지위에 있으면 벌을 준다. 한 번 조회 오지 않으면 그 관작을 강등시키고, 두 번 조회 오지 않으면 그 국도를 줄이고, 세 번 조회 오지 않으면 천자이 군대를 출동한다. 그러기에 천자는 죄를 성토만 하고 직접 정벌하지 않으며, 제후는 직접 정벌하고 성토하지 않는다. 그런데 오패는 제후를 이끌어 제후를 정벌하였다. 그리하여 내가 오패는 삼왕의 죄인이라고 하는 것이다.

오패 중에 환공桓公이 가장 강성하였다. 규구葵丘[16]의 회맹에서 제후들은 희생犧牲을 묶어놓은 다음 그 위에 맹세하는 글을 올려놓고, 피를 마시는 의식은 행하지 않았다. 첫 번째

---

16 규구葵丘 : 춘추시기 송宋나라에 소속된 지역으로, 지금의 하남성 고성현考城縣 동쪽 30리에 있다. 이곳에 맹대盟臺가 있었던 것으로 전한다.

명하기를 '불효하는 자를 처벌하며, 이미 책봉한 세자를 바꾸지 말며, 첩을 아내로 삼지 말라.' 하였다. 두 번째 명하기를 '어진 이를 존중하고 인재를 길러서 덕이 있는 이를 표창하라.' 하였다. 세 번째 명하기를 '노인을 공경하고 어린이를 사랑하며, 손님과 나그네 접대를 소홀히 하지 말라.' 하였다. 네 번째 명하기를 '사인土人은 관직을 세습하지 말며, 관청의 일을 겸직시키지 말며, 사인을 뽑을 적에는 반드시 적임자를 뽑으며, 마음대로 대부를 죽이지 말라.' 하였다. 다섯 번째 명하기를 '제방을 굽게 쌓지 말며, 곡식을 수입해 가는 것을 막지 말며, 대부를 봉하고서 고하지 않는 일이 없도록 하라.' 하였다. 말하기를 '동맹한 모든 사람들은 맹약한 뒤에 우호를 유지하도록 하자.' 하였다. 지금 제후들은 모두 이 다섯 가지 금하는 것을 범하였다. 그러기에 내가 지금 제후들은 오패의 죄인이라고 하는 것이다.

군주의 악행을 도와주는 것은 죄가 작고, 군주가 악행을 하도록 유도하는 것은 그 죄가 크다. 그런데 지금의 대부들은 모두 군주가 악행을 하도록 유도하고 있다. 그러기에 내가 지금의 대부들은 제후의 죄인이라고 하는 것이다."

孟子曰: "五霸者, 三王之罪人也; 今之諸侯, 五霸之罪人也; 今之大夫, 今之諸侯之罪人也. 天子適諸侯曰巡狩, 諸侯朝於天子曰述職. 春省耕而補不足, 秋省斂而助不給. 入其疆,土地辟, 田野治, 養老尊賢, 俊傑在位, 則有慶, 慶以地. 入其疆, 土地荒蕪, 遺老失賢, 掊克在位, 則有讓. 一不朝, 則貶其爵; 再不朝, 則削其地; 三不朝, 則六師移之. 是故天子討而不伐, 諸侯伐而不討. 五覇者, 摟諸侯以伐諸侯者也. 故曰, 五覇者, 三王之罪人也.

五覇, 桓公爲盛. 葵丘之會, 諸侯束牲載書, 而不歃血. 初命曰: '誅不孝, 無易樹子, 無以妾爲妻.' 再命曰: '尊賢育才, 以彰有德.' 三命曰: '敬老慈幼, 無忘賓旅.' 四命曰: '士無世官, 官事無攝, 取士必得, 無專殺大夫.' 五命曰: '無曲防, 無遏糴, 無有封而不告.' 曰: '凡我同盟之人, 旣盟之後, 言歸于好.' 今之諸侯, 皆犯此五禁. 故曰, 今之諸侯, 五覇之罪人也. 長君之惡, 其罪小; 逢君之惡, 其罪大. 今之大夫, 皆逢君之惡. 故曰, 今之大夫, 今之諸侯之罪人也."

$$8$$

노魯나라가 신자愼子[17]를 장군으로 삼으려 하였다. 맹자가 말하였다.

"백성을 가르치지 않고 전쟁에 동원하는 것을 백성에게 재

---

17 신자愼子: 노나라 사람으로, 이름이 골리滑釐이다.

앙을 내리는 것이라고 한다. 백성에게 재앙을 내리는 자는 요순의 세상에서는 용납되지 못하였다. 한 번 싸워 제齊나라를 이겨서 마침내 남양南陽[18]을 소유한다 하더라도 안 된다."

신자가 발끈 화를 내며 말하였다.

"그것은 골리滑釐가 알 바가 아닙니다."

맹자가 말하였다.

"내 분명히 그대에게 말하겠다. 천자의 땅은 사방 1,000리인데, 1,000리가 못 되면 제후를 접대할 수 없다. 제후의 땅은 사방 100리인데, 100리가 못 되면 종묘의 제도를 지킬 수 없다. 주공周公을 노나라에 봉작할 적에 사방 100리였다. 땅이 더 없는 것은 아니었지만 100리로 한정하였다. 태공太公을 제나라에 봉작할 적에도 사방 100리였다. 땅이 더 없는 것은 아니었지만 100리로 한정하였다. 오늘날 노나라는 사방 100리 되는 지역이 다섯이다. 그대는 지금 왕 노릇 할 자가 나온다면 노나라의 영토를 줄이는 쪽에 있을 것 같은가? 더 보태는 쪽에 있을 것 같은가? 그냥 저쪽에서 가져다 이쪽에 주는 것도 인자仁者는 하지 않는데, 하물며 사람을 죽이면서까지 구한단 말인가? 군자가 군주를 섬기는 것은, 군주를 인도하

---

18 남양南陽 : 태산泰山의 서남西南, 문수汶水의 북쪽에 있는 문양汶陽이다. 본래 노나라 영토였는데 제나라가 침범해서 노나라와 다투는 땅이 되었다.

여 올바른 길로 가게 하여 인仁에 뜻을 두게 하도록 힘쓸 뿐이다."

魯欲使愼子爲將軍. 孟子曰; "不敎民而用之, 謂之殃民. 殃民者, 不容於堯舜之世. 一戰勝齊, 遂有南陽, 然且不可."
愼子勃然不悅曰; "此則滑釐所不識也."
曰; "吾明告子. 天子之地方千里, 不千里, 不足以待諸侯. 諸侯之地方百里, 不百里, 不足以守宗廟之典籍. 周公之封於魯, 爲方百里也. 地非不足, 而儉於百里. 太公之封於齊也, 亦爲方百里也. 地非不足也, 而儉於百里. 今魯方百里者五. 子以爲有王者作, 則魯在所損乎? 在所益乎? 徒取諸彼以與此, 然且仁者不爲, 況於殺人以求之乎? 君子之事君也, 務引其君以當道, 志於仁而已."

9

맹자가 말하였다.

"지금 군주를 섬기는 자들이 '나는 군주를 위하여 토지를 개척하여, 창고를 가득 채울 수 있다.'라고 하는데, 지금은 이른바 훌륭한 신하이고, 옛날에는 이른바 백성의 적賊이었다. 군주가 올바른 도를 지향하지 않아 인仁에 뜻을 두지 않는데도 그의 부유함을 추구하니, 이는 걸왕을 부유하게 하는 것이다. '나는 군주를 위하여 우호국과 동맹을 맺어 전쟁을 하면 반드시 승리할 수 있다.'라고 하는데, 지금은 이른바 훌륭한 신하이고, 옛날에는 이른바 백성의 적賊이었다. 군주가 올바른 도를 지향하지 않아 인에 뜻을 두지 않는데도 그를 위하여 힘써 전쟁을 추구하니, 이는 걸왕을 돕는 것이다. 지금의 이런 길을 그대로 따라서 이런 습속을 고치지 않는다면, 비록 천하를 준다 해도 하루아침도 유지할 수 없을 것이다."

孟子曰: "今之事君者曰: '我能爲君辟土地, 充府庫.' 今之所謂良臣, 古之所謂民賊也. 君不鄕道, 不志於仁, 而求富之, 是富桀也. '我能爲君約與國, 戰必克.' 今之所謂良臣, 古之所謂民賊也. 君不鄕道, 不志於仁, 而求爲之强戰, 是輔桀也. 由今之道, 無變今之俗, 雖與之天下, 不能一朝居也."

10

백규白圭[19]가 말하였다.

"저는 조세租稅로 20분의 1을 징수하고자 하는데, 어떻습니까?"

맹자가 말하였다.

"그대의 방도는 오랑캐 나라인 맥貊의 방도이다. 1만 호의 나라에서 한 사람이 질그릇을 구우면 되겠는가?"

백규가 말하였다.

"안 됩니다. 사용할 그릇이 부족합니다."

맹자가 말하였다.

"맥국貊國은 오곡이 생산되지 않고, 오직 기장만 생산된다. 성곽도 궁궐도 없고, 종묘와 제사의 예절도 없으며, 제후들과 예물을 교환하고 음식을 접대하는 일도 없고, 관리도 담당자도 없기 때문에 20분의 1만 징수하여도 충분하다. 지금 중국中國에 거주하면서 인간 간의 도리를 저버리고 관리가 없다면 어떻게 되겠는가? 질그릇이 너무 적어도 나라를 다스릴 수 없는데, 하물며 관리가 없음이랴! 요순의 도인 10분의 1보다 적게 징수하고자 하는 자는 큰 맥국 작은 맥국이고, 요순의 도보다 더 많이 징수하고자 하는 자는 큰 걸왕 작은 걸왕이다."

白圭曰:"吾欲二十而取一, 何如?"

孟子曰:"子之道, 貉道也. 萬室之國, 一人陶, 則可乎?"

曰:"不可, 器不足用也."

---

19 백규白圭 : 이름은 단丹이다. 위魏나라의 재상을 지냈다. 제방을 쌓아서 치수를 잘 하고 생산력을 높인 인물로 알려졌다.

曰:"夫貉, 五穀不生, 惟黍生之. 無城郭·宮室·宗廟·祭祀之
禮, 無諸侯幣帛饔飧, 無百官有司, 故二十取一而足也. 今
居中國, 去人倫, 無君子, 如之何其可也? 陶以寡, 且不可以
爲國, 況無君子乎! 欲輕之於堯舜之道者, 大貉小貉也; 欲
重之於堯舜之道者, 大桀小桀也."

11

백규가 말하였다.

"제가 물을 다스림이 우왕禹王보다 낫습니다."

맹자가 말하였다.

"그대의 말이 지나치다. 우왕이 물을 다스림은 물의 본성
을 따른 것이다. 때문에 우왕은 물이 사해로 흘러들게 하였는
데, 지금 그대는 이웃 나라로 흘러들게 하였다. 물이 역류하
는 것을 홍수라고 하는데, 홍수洚水는 바로 홍수洪水이다. 사
람을 아끼는 어진 마음을 가진 이는 이를 싫어한다. 그대의
말이 지나치다."

白圭曰:"丹之治水也, 愈於禹."

孟子曰:"子過矣. 禹之治水, 水之道也. 是故禹以四海爲壑,
今吾子以鄰國爲壑. 水逆行謂之洚水, 洚水者, 洪水也. 仁

人之所惡(오)也. 吾子過矣."

12

맹자가 말하였다.

"군자가 진실하지 못하면 무슨 일을 할 수 있겠는가?"

孟子曰:"君子不亮, 惡(오)乎執?"

13

노魯 나라에서 악정자에게 국정을 맡기려고 하였다. 맹자가 말하였다.

"나는 그 말을 듣고 기뻐서 잠을 이루지 못했다."

공손추가 말하였다.

"악정자는 강인합니까?"

맹자가 말하였다.

"아니다."

"지혜와 사려가 깊습니까?"

맹자가 말하였다.

"아니다."

"학식이 풍부합니까?"

맹자가 말하였다.

"아니다."

"그렇다면 어찌하여 기뻐서 잠을 이루지 못하셨습니까?"

맹자가 말하였다.

"그 사람은 선善을 좋아한다."

"선을 좋아하면 충분합니까?"

맹자가 말하였다.

"선을 좋아하면 천하 다스리기에도 충분한데, 하물며 노나라이겠는가? 선을 좋아하면 사해 안에서 천리 길도 멀다 않고 찾아와 선을 말해 줄 것이고, 선을 좋아하지 않으면 사람들은 '스스로 잘난 체하니 내 이미 안다.'라고 할 것이다. 스스로 잘난 체하는 말과 태도는 사람을 천리 밖에서 막는다. 그리하여 어진 선비가 천리 밖에서 발걸음을 멈춘다면 아첨하고 비위나 맞추는 사람들이 다가올 것이다. 아첨하고 비위나 맞추는 사람들과 생활한다면 나라를 다스리고자 한들 되겠는가?"

魯欲使樂正子爲政. 孟子曰: "吾聞之, 喜而不寐."

公孫丑曰: "樂正子强乎?"

曰: "否."

"有知慮乎?"

曰:"否."

"多聞識乎?"

曰:"否."

"然則奚爲喜而不寐?"

曰:"其爲人也好善."

"好善足乎?"

曰:"好善優於天下, 而況魯國乎? 夫苟好善, 則四海之內, 皆將輕千里而來, 告之以善; 夫苟不好善, 則人將曰: '訑訑, 予旣已知之矣.' 訑訑之聲音顏色, 距人於千里之外. 士止於千里之外, 則讒諂面諛之人至矣. 與讒諂面諛之人居, 國欲治, 可得乎?"

14

진자陳子가 말하였다.

"옛날 군자들은 어떤 경우에 벼슬하였습니까?"

맹자가 말하였다.

"벼슬에 나아가는 경우가 세 가지이고, 벼슬에서 떠나는 경우가 세 가지이다. 지극히 공경하고 예절을 갖추어 맞이하면서 앞으로 말씀을 실행하겠다고 하면 나아갔다가 예우는 잘 하지만 자신의 말이 실행되지 않으면 떠난다. 그다음은 비록 그 말을 실행하지는 않지만, 지극히 공경하고 예절을 갖추어 맞이하면 나아갔다가 예절이 소홀하면 떠난다. 그 아래로는 아침도 먹지 못하고 저녁도 먹지 못하여 굶주려 문밖을 나갈 수 없는 처지인데, 군주가 이 말을 듣고서 '나는 크게는 그의 도를 실행하지 못하고, 또 그의 말을 따르지 못하지만 내 땅에서 굶주리게 하는 것을 부끄러워한다.'라고 하며 구제하면, 역시 받을 수 있지만 죽음을 면할 정도일 뿐이다."

陳子曰: "古之君子, 何如則仕?"
孟子曰: "所就三, 所去三. 迎之致敬以有禮, 言將行其言也, 則就之, 禮貌未衰, 言弗行也, 則去之. 其次, 雖未行其言也, 迎之致敬以有禮, 則就之, 禮貌衰, 則去之. 其下, 朝不食, 夕不食, 飢餓不能出門戶, 君聞之, 曰: '吾大者不能行其道, 又不能從其言也, 使飢餓於我土地, 吾恥之.' 周之, 亦可受也, 免死而已矣."

15

맹자가 말하였다.

"순舜임금은 농사짓다가 발탁되었고, 부열傅說은 판축版築하는 공사장에서 등용되었고, 교격膠鬲은 생선과 소금 팔다가 등용되었고, 관이오管夷吾는 옥에 갇혔다가 등용되었고, 손숙오孫叔敖는 바닷가에서 살다가 등용되었고, 백리해百里奚는 시장에서 등용되었다.[20]

그러기에 하늘이 앞으로 큰 임무를 그 사람에게 맡기려 할 적에는 반드시 먼저 그 심지心志를 괴롭게 하며, 그 근골筋骨을 수고롭게 하며, 그 창자를 굶주리게 하며, 그 몸을 곤궁하게 하여, 행하는 일마다 뜻대로 되지 않게 하니, 이는 마음을 분발시키고 성정을 강인하게 하여 그 능력을 증가시키는 것이다.

사람은 언제나 잘못이 있은 뒤에 고친다. 마음이 피곤하고 생각이 막힌 뒤에야 비로소 분발하고 행동하여, 얼굴에 나타나고 말로 해설한 뒤에야 이해하게 된다. 나라 안에는 법도 있는 가문과 보필하는 선비가 없고, 밖에는 서로 대적하는 나라와 외환外患이 없는 나라는 멸망할 날이 따로 없다. 이를 보면 우환 속에서는 살아나고 안락 속에서는 죽는다는 것을 알 수 있다."

20 순舜임금은 … 등용되었다 : 주희의 주석에 따르면 "순임금은 역산歷山에서 농사를 짓고 살다가 30세에 등용되었고, 부열은 부암傅巖이란 곳에서 제방을 쌓고 있었는데 무정武丁이 등용하였고, 교격은 난리를 만나 생선과 소금을 팔며 살고 있었는데 문왕文王이 등용하였으며, 관중管仲은 옥에 갇혀 있었는데 제나라 환공桓公이 등용하여 재상으로 삼았고, 손숙오孫叔敖는 바닷가에 은거하고 있었는데 초장왕楚莊王이 등용하여 영윤令尹으로 삼았다. 백리해에 대한 일은 전편前篇에 보인다."라고 하였다.

孟子曰: "舜發於畎畝之中, 傅說(열)擧於版築之間, 膠鬲擧於魚鹽之中, 管夷吾擧於士, 孫叔敖擧於海, 百里奚擧於市. 故天將降大任於是人也, 必先苦其心志, 勞其筋骨, 餓其體膚, 空乏其身, 行拂亂其所爲, 所以動心忍性, 曾益其所不能.

人恒過, 然後能改. 困於心, 衡於慮, 而後作, 徵於色, 發於聲, 而後喩. 入則無法家拂(필)士, 出則無敵國外患者, 國恒亡. 然後知生於憂患而死於安樂也."

16

맹자가 말하였다.

"가르치는 방법은 매우 많다. 내가 쉽게 가르치지 않는 것도 그를 가르치는 것이다."

孟子曰: "教亦多術矣. 予不屑之教誨也者, 是亦教誨之而已矣."

진심 상

盡心 上

모두 46장이다. 이 편은 짤막짤막하게 편집된 맹자의 가르침이 대부분이다. 다양한 비유와 사례를 드는 촌철의 가르침이 빛난다. 특히 맹자 철학사상의 기초인 '심心', '성性', '천天'에 대한 내용이 전편에 흐른다. 세상 만물의 이치는 모두 나에게 갖추어져 있고, 자신에게 돌이켜서 진실하면 그보다 즐거울 수가 없다. 그러면 마음의 역량을 다하고 본성을 알게 되고 하늘의 뜻을 알게 된다는 것이다. 운명에 대해서도 말한다. 올바른 도리를 실천하다가 하늘이 부여한 수명을 받아들이는 것이 운명이다. 그래서 운명을 아는 자는 위험한 담장 아래 서지 않는다. 올바른 도리를 다하고 죽는 것은 바른 수명이지만 범죄로 죽는 것은 바른 수명이 아니라고 정의한다. '군자삼락'에 대한 내용도 이 편에 나온다. '세 가지 즐거움'의 기준도 자신에게 내재한 인의를 실천하는 것일 뿐 외부의 어떠한 조건도 즐거움의 대상이 아님을 강조한다.

1

맹자가 말하였다.

"마음을 최대로 다 활용하는 사람은 그 본성本性을 아는 것이다. 그 본성을 알면 하늘이 나에게 부여한 운명을 알게 된다. 그 마음을 잘 보존하고 그 본성을 잘 배양함은 하늘의 명을 잘 섬기는 것이다. 단명하거나 장수하거나를 의심하지 않고, 몸과 마음을 수양하여 천명을 기다리는 것이 천명을 받드는 것이다."¹

---

1 마음을 … 것이다 : 이 부분에 대해서 송나라 학자들의 다양한 해석이 있어 소개한다. 먼저 정자程子는 "심心과 성性과 천天은 같은 '이리'이다. 이리의 기준에서 말하면 '천天'이라 하고, 인간이 품수稟受한 기준에서 말하면 '성性'이라 하고, 사람에게 보존된 기준에서 말하면 '심心'이라고 한다. 心也, 性也, 天也, 一理也. 自理而言, 謂之天; 自稟受而言, 謂之性; 自存諸人而言, 謂之心."라고 하였다.

장재張載는 "공허太虛 하기 때문에 '천天'이란 명칭이 있고, 기운의 변화氣化 때문에 '도道'라는 명칭이 있고, 공허虛 함과 기운氣을 합하여 '성性'이란 명칭이 있고, 성性과 지각知覺을 합하여 '심心'이라는 명칭이 있는 것이다. 由太虛, 有天之名; 由氣化, 有道之名; 合虛與氣, 有性之名; 合性與知覺, 有心之名."라고 하였다.

주희는 "타고난 선량한 마음心을 다 활용하고 본성性을 알고 하늘天을 아는 것은 그 이리理의 경지에 나아간 것이고, 타고난 선량한 마음을 잘 보존하고 본성性을 길러서 하늘天을 섬기는 것은 그 일을 실천하는 것이니, 그 이리理를 모르면 진실로 그 일을 실천할 수 없다. 그러나 그 이리理의 경

孟子曰: "盡其心者, 知其性也. 知其性, 則知天矣. 存其心, 養其性, 所以事天. 殀壽不貳, 修身以俟之, 所以立命也."

2

맹자가 말하였다.

"운명 아닌 것이 없다. 하늘이 부여한 정명正命을 순응하여 받아들여야 한다. 그러기에 운명을 아는 자는 위험한 담장 아래에 서지 않는다. 올바른 도리를 다하고 죽는 것은 정명이고, 범죄로 죽는 것은 정명이 아니다."

孟子曰: "莫非命也. 順受其正. 是故知命者, 不立乎巖墻之

지에 나아가기만 하고 그 일을 실천하지 않는다면, 역시 자신에게 이것이 있다 할 수 없다. 하늘을 알아 일찍 죽거나 장수하는 것을 의심하지 않는 것은 슬기智의 극진한 경지이고, 하늘을 섬겨서 수양하여 죽음을 기다림은 인仁의 지극한 경지이다. 슬기로움이 극진하지 못하면 진실로 인仁의 실천을 모른다. 그렇지만 슬기롭기만 하고 인仁을 실행하지 못하면, 역시 기준이 없고 법도가 없어서 슬기로움이 되기에 부족하다. 盡心知性而知天, 所以造其理也, 存心養性以事天, 所以履其事也, 不知其理, 固不能履其事. 然徒造其理, 而不履其事, 則亦無以有諸己矣. 知天而不以殀壽貳其心, 智之盡也, 事天而能修身以俟死, 仁之至也. 智有不盡, 固不知所以爲仁. 然智而不仁, 則亦將流蕩不法而不足以爲智矣."라고 하였다.

下. 盡其道而死者, 正命也; 桎梏死者, 非正命也."

3

맹자가 말하였다.

"구하면 얻고 놓으면 잃으니, 이는 얻기를 추구하는 것이 유익하다. 자신에게 있는 것[2]을 구하기 때문이다. 구하는 데 올바른 도리가 있고, 얻는 데 운명이 있으니, 이는 얻기를 추구하는 것이 무익하다. 밖에 있는 것을 구하기 때문이다."

孟子曰: "求則得之, 舍則失之, 是求有益於得也. 求在我者也. 求之有道, 得之有命, 是求無益於得也. 求在外者也."

4

맹자가 말하였다.

"모든 것이 나에게 갖추어져 있으니, 자신을 돌이켜보아

---

2 자신에게 있는 것 : 인의예지仁義禮智를 말한다. 밖에 있는 부귀공명富貴功名과 상대적으로 말한 것이다.

진실하면 즐거움이 이보다 더 클 수 없다. 남의 마음을 내 마음처럼 여겨 힘써 행하면 인덕을 구하는 길이 이보다 가까울 수 없다."

孟子曰: "萬物皆備於我矣, 反身而誠, 樂莫大焉. 强恕而行, 求仁莫近焉."

5

맹자가 말하였다.

"행하면서도 밝게 알지 못하며, 익숙하면서도 정밀하게 살피지 못한다. 그리하여 종신토록 행하면서도 올바른 도리를 모르는 사람이 많다."

孟子曰: "行之而不著焉, 習矣而不察焉. 終身由之而不知其道者衆也."

6

맹자가 말하였다.

"사람은 수치스럽게 여기는 마음이 없어서는 안 된다. 수치스럽게 여기는 마음이 없음을 수치스럽게 여긴다면, 수치스러운 일이 없을 것이다."

孟子曰: "人不可以無恥. 無恥之恥, 無恥矣."

7

맹자가 말하였다.

"수치스럽게 여기는 마음이 사람에게 매우 중요하다. 교묘하게 바꾸고 속임수를 쓰는 자는 수치스러운 마음을 사용할 곳이 없다. 수치스럽게 여기는 것이 남과 같지 않다면, 무엇이 남과 같은 것이 있겠는가?"

孟子曰: "恥之於人大矣. 爲機變之巧者, 無所用恥焉. 不恥不若人, 何若人有?"

8

맹자가 말하였다.

"옛날 어진 군왕들은 선을 좋아하고 세력을 잊었다. 옛 현사賢士가 어찌 유독 그렇지 않았겠는가? 바른 도를 즐거워하고 남의 세력은 잊었다. 그리하여 왕공이 극진히 공경하고 예절을 다 갖추지 않으면 그를 자주 만나볼 수 없었다. 만나보는 것도 오히려 자주 할 수 없는데, 더구나 그를 신하로 삼겠는가?"

孟子曰: "古之賢王, 好善而忘勢. 古之賢士, 何獨不然? 樂其道而忘人之勢. 故王公不致敬盡禮, 則不得亟(기)見之. 見且猶不得亟, 而況得而臣之乎?"

9

맹자가 송구천宋句踐에게 말하였다.

"그대는 유세遊說하기를 좋아하는가? 내 그대에게 유세하는 것에 대하여 말해 주겠다. 남이 알아주더라도 초연하고, 남이 알아주지 않더라도 초연해야 한다."

송구천이 말하였다.

"어떻게 해야 초연할 수 있습니까?"

맹자가 말하였다.

"덕을 존중하고 의를 좋아하면 초연할 수 있다. 그리하여 선비는 곤궁해도 의를 잃지 않고, 영달해도 도를 떠나지 않는다. 곤궁해도 의를 잃지 않기 때문에 선비는 자신의 지조를 지키고, 영달하여도 도를 떠나지 않기 때문에 백성들이 실망하지 않는다. 옛사람들은 뜻을 얻으면 은택을 백성에게 널리 베풀고, 뜻을 얻지 못하면 자기 한 몸을 수양하여 세상에 드러냈다. 곤궁하면 자신 한 몸을 홀로 선하게 지키고, 영달하면 천하와 함께 선을 행하는 것이다.”

孟子謂宋句踐曰: “子好遊乎? 吾語子遊. 人知之, 亦囂囂; 人不知, 亦囂囂.”
曰: “何如斯可以囂囂矣?”
曰: “尊德樂義, 則可以囂囂矣. 故士窮不失義, 達不離道. 窮不失義, 故士得己焉; 達不離道, 故民不失望焉. 古之人, 得志, 澤加於民; 不得志, 修身見(현)於世. 窮則獨善其身; 達則兼善天下.”

10

맹자가 말하였다.
“문왕이 세상에 나온 뒤에야 분발하는 자는 일반 백성이다. 호걸스러운 선비는 문왕이 없을지라도 분발한다.”

孟子曰: "待文王而後興者, 凡民也. 若夫豪傑之士, 雖無文
王猶興."

11

맹자가 말하였다.

"한韓·위魏 가문[3]만큼의 부강함을 더해 주어도 이를 하찮
게 여긴다면, 보통 사람보다 훨씬 뛰어난 사람이다."

孟子曰: "附之以韓魏之家, 如其自視欲然, 則過人遠矣."

12

맹자가 말하였다.

"백성을 편안하게 해 주기 위하여 백성을 부리면 비록 수
고롭지만 원망하지 않으며, 백성을 살려 주기 위하여 백성을
죽이면 비록 죽더라도 죽이는 자를 원망하지 않는다."

---

3 한韓·위魏 가문 : 춘추시기 진晉나라의 부강했던 경대부 한韓씨와 위
魏씨 가문을 말한다.

孟子曰: "以佚道使民, 雖勞不怨; 以生道殺民, 雖死不怨殺
者."

13

맹자가 말하였다.

"패자覇者의 백성들은 환호하지만 왕자王者의 백성들은 스
스로 만족한다. 죽여도 원망하지 않으며, 이롭게 하여도 통치
자의 공으로 여기지 않는다. 그러므로 백성들이 날로 선한 방
향으로 옮겨가면서도 누가 그렇게 만든 줄 모른다. 성인은 지
나는 곳마다 교화되고, 머무는 곳이 신묘神妙해진다. 위로는
하늘, 아래로는 땅과 함께 운행하니, 어찌 작은 보탬만 있다
고 하겠는가?"

孟子曰: "覇者之民, 驩虞如也; 王者之民, 皞皞如也. 殺之而
不怨, 利之而不庸. 民日遷善而不知爲之者. 夫君子所過者
化, 所存者神. 上下與天地同流, 豈曰小補之哉?"

14

맹자가 말하였다.

"인자한 말仁言은 사람의 마음속 깊이 들어가는 인자하다는 명성仁聲만 못하다.⁴ 선량한 정치善政는 백성들의 마음을 얻는 선량한 교육善教만 못하다. 선량한 정치는 백성들이 두려워하고, 선량한 교육은 백성들이 사랑한다. 선량한 정치는 백성의 재물을 얻고, 선량한 교육은 백성의 마음을 얻는다.⁵"

孟子曰: "仁言不如仁聲之入人深也. 善政不如善教之得民也. 善政民畏之; 善教民愛之. 善政得民財; 善教得民心."

맹자가 말하였다.

---

4 인자한 … 못하다 : 백성들에게 인자한 말로 정치하는 것보다는 실제로 인자한 행동을 해야 인자하다는 명성이 사람들에게 더 깊이 받아들여진다는 뜻이다.

5 선량한 … 얻는다 : 선량한 정치를 통해 백성들이 부유하게 되면 나라는 백성들로부터 세금을 거두니 나라도 부강해진다. 선량한 교육을 통해 백성들이 스스로 선량한 도리를 알게 되면 부모와 군주를 섬기게 된다.

"사람이 배우지 않고도 능한 것은 양능良能이고, 생각하지 않고도 아는 것은 양지良知이다. 2~3세 어린아이도 모두 그 어버이를 사랑할 줄 알며, 자라서는 모두 형을 공경할 줄 안다. 어버이를 친애함은 인仁이고, 어른을 공경함은 의義이다. 이는 다른 이유가 있는 것이 아니라 온 천하가 공통되기 때문이다."

孟子曰:"人之所不學而能者, 其良能也; 所不慮而知者, 其良知也. 孩提之童, 無不知愛其親也, 及其長也, 無不知敬其兄也. 親親仁也; 敬長義也. 無他, 達之天下也."

16

맹자가 말하였다.

"순임금이 깊은 산중에 살 적에 나무와 돌과 함께하고, 사슴, 멧돼지와 함께 노닐었는데 깊은 산속의 야인野人과 다른 점이 별로 없었다. 그런데 한 번 선량한 말을 듣고, 한 번 선량한 행동을 보게 되자 마치 큰 강물을 터놓은 듯 거침이 없어 능히 막을 수가 없었다."

孟子曰:"舜之居深山之中, 與木石居, 與鹿豕遊, 其所以異

於深山之野人者幾希. 及其聞一善言, 見一善行, 若決江河,
沛然莫之能禦也."

17

맹자가 말하였다.

"하지 않아야 할 것을 하지 않으며, 하고자 해서는 안 되는
것을 하고자 하지 않아야 한다. 이렇게만 하면 된다."[6]

孟子曰: "無爲其所不爲, 無欲其所不欲. 如此而已矣."

18

맹자가 말하였다.

"도덕과 지혜와 학술과 재지才智를 지닌 사람은 항상 어려
움 속에 있다. 외로운 신하와 서얼은 그 마음가짐이 더 조심

---

6 하지 … 된다 : 발로되는 욕구를 예禮와 의義로 자제하면 '부끄러워하
는 마음羞惡之心'이 충만하여 의로움이 넘칠 것이므로 "이렇게만 하면 된
다."고 한 것이다.

스럽고 걱정이 더 깊기 때문에 사리에 통달하는 것이다."

孟子曰: "人之有德慧術知者, 恒存乎疢疾. 獨孤臣孼子, 其操心也危, 其慮患也深, 故達."

19

맹자가 말하였다.

"군주를 섬기는 자가 있으니, 섬겨서 군주를 기쁘게 하는 자이다. 국가를 안정시키는 신하가 있으니, 국가를 안정시키는 것을 기쁨으로 삼는 자이다. 천민天民인 자가 있으니, 현달하면 천하에 자신의 도를 행할 수 있게 된 뒤에야 나아가서 자신의 도를 실행하는 자이다. 대인大人인 자가 있으니, 자기 몸을 바르게 함으로써 남이 바르게 되도록 하는 자이다."

孟子曰: "有事君人者, 事是君則爲容悅者也. 有安社稷臣者, 以安社稷爲悅者也. 有天民者, 達可行於天下而後行之者也. 有大人者, 正己而物正者也."

20

맹자가 말하였다.

"군자에게 세 가지 즐거움이 있는데, 천하에 왕 노릇 함은
여기에 포함되지 않는다. 부모가 모두 생존해 계시고 형제가
별 탈 없는 것이 첫 번째 즐거움이다. 위로는 하늘에 부끄럽
지 않고, 아래로는 인간에게 부끄럽지 않은 것이 두 번째 즐
거움이다. 천하의 훌륭한 인재를 얻어 교육하는 것이 세 번째
즐거움이다. 군자에게 세 가지 즐거움이 있는데, 천하에 왕
노릇 함은 여기에 포함되지 않는다."

孟子曰: "君子有三樂, 而王天下不與存焉, 父母俱存, 兄弟
無故, 一樂也. 仰不愧於天, 俯不怍於人, 二樂也. 得天下英
才而敎育之, 三樂也. 君子有三樂, 而王天下不與存焉."

21

맹자가 말하였다.

"넓은 영토와 많은 백성을 보유하는 것이 군자의 희망이지
만, 즐거움은 여기에 있지 않다. 천하의 중앙에서 천하의 백
성을 안정시키는 것을 군자가 즐거워하지만, 본성은 여기에

있지 않다. 군자의 본성은 뜻이 크게 행해져도 더 늘어나지 않으며, 비록 곤궁하게 은거하더라도 줄어들지 않으니, 본분이 정해져 있기 때문이다. 군자의 본성은 인의예지가 마음속에 뿌리를 박아 그 얼굴에 순수하고 온화하게 드러나고, 등과 사지에까지 가득 넘쳐서 굳이 말하지 않아도 사지가 저절로 깨달아 행동한다."

孟子曰: "廣土衆民, 君子欲之, 所樂不存焉. 中天下而立, 定四海之民, 君子樂之, 所性不存焉. 君子所性, 雖大行不加焉, 雖窮居不損焉, 分定故也. 君子所性, 仁義禮智根於心, 其生色也睟然見(현)於面, 盎於背, 施於四體, 四體不言而喩."

22

맹자가 말하였다.

"백이가 주왕을 피하여 북쪽 바닷가로 가서 살다가, 문왕이 나라를 세웠다는 말을 듣고 기뻐하며 '내 어찌 그에게 돌아가지 않겠는가! 서백西伯은 늙은이를 잘 봉양한다고 하더라.'라고 하였다. 태공이 주왕을 피하여 동쪽 바닷가로 가서 살다가, 문왕이 나라를 세웠다는 말을 듣고 기뻐하며 '내 어찌 그에게 돌아가지 않겠는가! 서백은 늙은이를 잘 봉양한다고 하더라.'라고 하였다. 천하에 늙은이를 잘 봉양하는 자가 있으면 인인仁人들이 자기의 돌아갈 곳으로 삼는 것이다.

5묘畝의 집 담장 아래에 뽕나무를 심어 한 여인이 누에를 치면 늙은이가 충분히 비단옷을 입을 수 있다. 다섯 마리의 암탉과 두 마리의 암퇘지를 길러 새끼 칠 때를 놓치지 않게 하면 늙은이가 충분히 고기를 먹을 수 있다. 100묘의 토지를 한 남자가 경작하면 여덟 식구의 집안에 굶주림이 없을 것이다.

이른바 서백이 늙은이를 잘 봉양했다는 것은, 살 집과 농토를 정해 주고, 곡식 심고 가축 기르는 것을 가르치며, 그들의 처자를 인도하여 그들의 노인을 봉양하게 한 것이다. 50세에는 비단이 아니면 따뜻하지 않고, 70세에는 고기가 아니면 배부르지 않으니, 따뜻하지 않고 배부르지 않음을 '얼고 굶주림凍餒'이라 한다. 문왕의 백성에 얼고 굶주린 늙은이가 없다는 것은 이를 말한 것이다."

孟子曰: "伯夷辟(피)紂, 居北海之濱, 聞文王作, 興曰: '盍歸乎來! 吾聞西伯善養老者.' 大公辟紂, 居東海之濱, 聞文王作, 興曰: '盍歸乎來! 吾聞西伯善養老者.' 天下有善養老, 則仁人以爲己歸矣.

五畝之宅, 樹墻下以桑, 匹婦蠶之, 則老者足以衣帛矣. 五母鷄, 二母彘, 無失其時, 老者足以無失肉矣. 百畝之田, 匹夫耕之, 八口之家可以無飢矣.

所謂西伯善養老者, 制其田里, 教之樹畜, 導其妻子使養其
老. 五十非帛不煖, 七十非肉不飽, 不煖不飽, 謂之凍餒. 文
王之民無凍餒之老者, 此之謂也.”

23

맹자가 말하였다.

“농사를 잘 짓도록 하고 세금을 적게 거두면 백성을 부유
하게 할 수 있다. 계절에 맞추어 먹고 예절에 따라 사용하면,
재물이 남아돌 것이다. 백성들은 물과 불이 없으면 생활할 수
가 없는데, 저물녘에 남의 집을 찾아가 물과 불을 요구할 때
주지 않는 자가 없는 것은 지극히 풍족하기 때문이다. 성인은
천하를 다스리면서 콩과 곡식을 물이나 불처럼 풍족하게 하
니, 콩과 곡식이 물이나 불처럼 풍족하면 어찌 어질지 못한
백성이 있겠는가?”

孟子曰: “易(이)其田疇, 薄其稅斂, 民可使富也. 食之以時,
用之以禮, 財不可勝用也. 民非水火不生活, 昏暮叩人之門
戶求水火, 無弗與者, 至足矣. 聖人治天下, 使有菽粟如水
火, 菽粟如水火, 而民焉有不仁者乎?”

24

맹자가 말하였다.

"공자께서 노魯나라 동산에 올라가서는 노나라가 작다고
여겼고, 태산에 올라가서는 천하가 작다고 여겼다. 그래서 바
다를 본 자에게 웬만한 물은 눈에 들기가 어렵고, 성인의 문
하에서 학문한 자에게 웬만한 학설은 마음에 들기 어렵다. 물
을 관찰하는 데에는 방법이 있으니, 반드시 여울을 보아야 한
다. 해와 달은 밝은 빛이 있어서 빛을 용납하는 곳에는 반드
시 비춘다. 흐르는 물의 성질은 웅덩이를 다 채우지 않으면
더 흘러가지 않는다. 도에 뜻을 둔 군자도 일정한 단계를 이
루지 못하면 더 나아가지 못한다."

孟子曰:"孔子登東山而小魯, 登太山而小天下. 故觀於海
者, 難爲水; 遊於聖人之門者, 難爲言. 觀水有術, 必觀其瀾.
日月有明, 容光必照焉. 流水之爲物也, 不盈科不行. 君子
之志於道也, 不成章不達."

25

맹자가 말하였다.

"닭이 울면 일어나 부지런히 선행을 하는 자는 순舜의 무리이다. 닭이 울면 일어나 부지런히 이익을 위한 짓을 하는 자는 척蹠[7]의 무리이다. 순과 척의 구분을 알고자 하면 다른 것이 없다. 이利와 선善의 차이이다."

孟子曰: "鷄鳴而起, 孳孳爲善者, 舜之徒也. 鷄鳴而起, 孳孳爲利者, 蹠之徒也. 欲知舜與蹠之分, 無他. 利與善之間也."

26

맹자가 말하였다.

"양자楊子, 이름은 주朱는 '자신만을 위함爲我'의 학설을 주장하여, 자신의 털 하나를 뽑아서 천하가 이로울지라도 하지 않았다. 묵자墨子, 이름은 적翟는 '모두를 사랑함兼愛'의 학설을 주장하여, 이마에서부터 발꿈치까지 닳더라도 천하가 이로우면 그렇게 했다. 자막子莫은 이 중간을 잡았으니, 중간을 잡는 것이 도에 가깝기는 하지만, 중간만을 잡고 저울질이 없는 것

7　척蹠: 춘추시기의 큰 도적으로 알려진 인물이다. 『장자莊子』「도척盜跖」에 그를 따르는 무리가 9천 명에 이르며, 천하를 휩쓸고 다니면서 포악한 짓을 한 것으로 기록되어 있다.

은 한쪽을 잡는 것과 같다.[8] 한쪽만 잡는 것을 싫어함은 도를 해치기 때문이니, 하나를 들고 백 가지는 버리는 것이다."

孟子曰: "楊子取爲我, 拔一毛而利天下, 不爲也. 墨子兼愛, 摩頂放踵, 利天下, 爲之. 子莫執中, 執中爲近之, 執中無權, 猶執一也. 所惡(오)執一者, 爲其賊道也, 擧一而廢百也."

27

　맹자가 말하였다.

　"굶주린 자는 모든 음식이 맛있고, 목마른 자는 어떤 물이든 맛있다. 이는 음식의 올바른 맛을 알지 못하는 것으로, 굶주림과 목마름이 해치기 때문이다. 어찌 입과 배에만 굶주리고 목마른 피해가 있겠는가? 마음에도 이런 피해가 있다. 사람이 굶주림과 목마름의 피해와 같은 마음의 피해를 받지 않을 수 있다면 남만 못함을 걱정할 것이 없다."

8　자막子莫은 … 같다 : 자막은 노나라의 현자이다. 양주楊朱나 묵적墨翟의 학설이 한쪽으로 치우친 점을 알아 이 두 학설의 중간을 주장하였다. 그러나 인仁과 의義를 실천하는 데에는 수많은 경우의 수가 있고 그에 따라 중도中道가 다르기 때문에 그때마다 저울질을 해서 중도를 선택해야 한다.

孟子曰: "飢者甘食, 渴者甘飲. 是未得飲食之正也, 飢渴害
之也. 豈惟口腹有飢渴之害? 人心亦皆有害. 人能無以飢渴
之害爲心害, 則不及人, 不爲憂矣."

28

맹자가 말하였다.

"유하혜는 삼공의 관직과 그의 절개를 바꾸지 않았다."

孟子曰: "柳下惠, 不以三公易其介."

29

맹자가 말하였다.

"무엇을 한다는 것은 비유하면 우물을 파는 것과 같다. 우
물을 아홉 길을 팠더라도 물이 나오기 전에 그만두면 우물을
버리는 것과 마찬가지이다."

孟子曰: "有爲者, 辟若掘井. 掘井九軔而不及泉, 猶爲棄井
也."

30

맹자가 말하였다.

"요·순은 본성대로 행한 것이고, 탕·무는 실천한 것이고, 오패五覇는 명분만 빌린 것이다. 빌린 지 오래도록 돌려주지 않으니, 어찌 자신의 것이 아님을 알겠는가?"

孟子曰: "堯·舜, 性之也; 湯·武, 身之也; 五覇, 假之也. 久假而不歸, 惡(오)知其非有也?"

31

공손추가 말하였다.

"이윤이 '나는 의리를 따르지 않는 사람은 가까이할 수 없다.' 하여 태갑太甲을 동읍桐邑으로 추방하자 백성들이 크게 기뻐하였고, 태갑이 뉘우쳐 다시 그를 돌아오게 하자 백성들이 크게 기뻐하였습니다. 현자는 신하로서 군주가 어질지 못하면 추방해도 됩니까?"

맹자가 말하였다.

"이윤과 같은 마음이면 가능하지만, 이윤과 같은 마음이 없으면 군주의 자리를 빼앗은 것이다."

公孫丑曰："伊尹曰：'予不狎于不順.' 放太甲于桐, 民大悅, 太甲賢, 又反之, 民大悅. 賢者之爲人臣也, 其君不賢, 則固可放與?"

孟子曰："有伊尹之志, 則可; 無伊尹之志, 則簒也."

32

공손추가 말하였다.

"『시경』「위풍魏風 벌단伐檀」에 '공밥을 먹지 않는다.'라고 하였습니다. 군자가 농사짓지 않고 먹는 것은 어째서입니까?"

맹자가 말했다.

"군자가 그 나라에 살 때 군주가 그를 등용하면 나라가 평안하고 부유하고 존귀하고 명예롭게 된다. 자제들이 그를 믿고 따르면 효孝·제弟·충忠·신信을 하게 된다. 공밥을 먹지 않는 것이 이보다 더한 것이 있는가?"

公孫丑曰："詩曰：'不素餐兮.' 君子之不耕而食, 何也?"

孟子曰："君子居是國也, 其君用之, 則安富尊榮. 其子弟從之, 則孝弟忠信. 不素餐兮, 孰大於是?"

제나라의 왕자 점墊이 물었다.

"선비는 무엇을 일삼습니까?"

맹자가 말하였다.

"뜻을 고상히 한다."

왕자 점이 물었다.

"어떻게 하는 것을 뜻을 고상히 한다고 합니까?"

맹자가 말하였다.

"인과 의를 행할 뿐이다. 무죄한 사람을 한 사람이라도 죽이면 인이 아니고, 자기의 소유가 아닌데 차지하는 것은 의가 아니다. 사는 집이 어디인가? 인이 살 집이다. 가는 길은 어디에 있는가? 의가 그것이다. 인의 집에 살고 의의 길을 따라간다면 대인의 일이 구비된 것이다."

王子墊問曰: "士何事?"

孟子曰: "尙志."

曰: "何謂尙志?"

曰: "仁義而已矣. 殺一無罪, 非仁也; 非其有而取之, 非義也. 居惡(오)在? 仁是也. 路惡在? 義是也. 居仁由義, 大人之事備矣."

맹자가 말하였다.

"진중자陳仲子가 의롭지 못한 방법으로는 제齊나라를 준다 하더라도 받지 않을 것임을 사람들은 모두 믿겠지만, 이는 한 그릇의 밥과 한 그릇의 국을 버리는 작은 의리이다. 사람에게 는 인륜보다 더 큰 것이 없는데, 친척과 군신과 상하가 없는 것처럼 했으니, 작은 의리를 가지고 큰 의리라고 믿는 것이 어찌 옳겠는가?"

孟子曰: "仲子, 不義與之齊國而弗受, 人皆信之, 是舍簞食 豆羹之義也. 人莫大焉, 亡(무)親戚君臣上下, 以其小者, 信 其大者, 奚可哉?"

35

도응桃應[9]이 물었다.

"순은 천자이고, 고요는 법관인데, 순의 아버지 고수가 사 람을 죽였다면 어떻게 했을까요?"

---

9 도응桃應 : 맹자의 제자이다.

맹자가 말하였다.

"법대로 체포할 뿐이다."

"그러면 순이 막지 못합니까?"

맹자가 말하였다.

"순이 어떻게 막을 수 있겠는가? 전해오는 법이 있다."

"그렇다면 순은 어떻게 했을까요?"

맹자가 말하였다.

"순은 헌신짝 버리듯 천자의 자리를 버리고, 고수를 몰래 업고 도망하여 바닷가에서 종신토록 즐겁게 지내며 천하를 잊었을 것이다."[10]

桃應問曰: "舜爲天子, 皐陶爲士, 瞽瞍殺人, 則如之何?"

孟子曰: "執之而已矣."

"然則舜不禁與?"

曰: "夫舜惡(오)得而禁之? 夫有所受之也."

"然則舜如之何?"

---

10 도응桃應이 … 것이다 : 주희朱熹는 이 장을 이렇게 해석하였다. "이 장은 법관士이 된 자는 법이 있음만 알고, 천자의 아버지가 높다는 것은 알지 못하며, 자식 된 자는 아버지가 있음만 알고, 천하가 큼은 알지 못함을 말한 것이다. 그 마음은 천리天理의 지극함과 인륜人倫의 지극함이 아님이 없다. 배우는 자가 이를 살펴서 터득함이 있다면 따지고 의논하고 헤아리기를 기다리지 않아도 천하에 처리하기 어려운 일이 없을 것이다."

曰："舜視棄天下, 猶棄敝蹝也, 竊負而逃, 遵海濱而處, 終身
訢然, 樂而忘天下."

36

맹자가 범읍范邑[11]에서 제齊나라 수도로 가서 제왕齊王의
아들을 바라보고는 장탄식을 하였다.

"환경이 기운을 변화시키고, 봉양이 체질을 바꿔놓으니, 환
경이 정말 중요하구나! 모두가 다 사람의 자식이 아니던가?"

맹자가 또 말하였다.

"왕자가 사는 집과 수레와 의복은 대부분 남과 같지만, 왕
자가 저러한 것은 그가 사는 환경이 그렇게 만든 것이다. 하
물며 천하의 넓은 집仁에 사는 자이겠는가? 노魯나라 군주가
송宋나라에 가서 질택垤澤[12]의 문 앞에서 고함을 치자, 성문
지기가 '저이는 우리 군주가 아닌데 어쩌면 저리도 음성이 우
리 임금과 같은가?'라고 하였다. 이는 다름이 아니라 지위가
서로 유사하기 때문이다."

11 범읍范邑 : 제나라 읍 이름이다. 지금의 산동성 범현范縣 동남쪽 20
리 지점에 고성古城이 있다.

12 질택垤澤 : 송宋나라 동성東城 남문南門의 이름이다.

孟子自范之齊, 望見齊王之子, 喟然歎曰: "居移氣, 養移體, 大哉居乎! 夫非盡人之子與?"

孟子曰: "王子宮室·車馬·衣服多與人同, 而王子若彼者, 其居使之然也. 況居天下之廣居者乎? 魯君之宋, 呼於垤澤之門, 守者曰: '此非吾君也, 何其聲之似我君也?' 此無他, 居相似也."

37

맹자가 말하였다.

"음식으로 봉양만 하고 사랑하지 않으면 돼지로 취급하는 것과 같고, 사랑하기만 하고 공경하는 마음이 없으면 짐승 기르는 것과 같다. 공경하는 마음은 폐백을 받들기 이전에 이미 있어야 한다. 공경하는 형식은 있지만 그 실제가 없으면, 군자는 헛된 예절에 구애받지 않는다."

孟子曰: "食(사)而弗愛, 豕交之也; 愛而不敬, 獸畜(휵)之也. 恭敬者, 幣之未將者也. 恭敬而無實, 君子不可虛拘."

38

맹자가 말하였다.

"몸과 용모는 하늘로부터 부여받은 것이니, 성인만이 몸과 용모를 잘 간수할 수 있다."[13]

孟子曰: "形色, 天性也, 惟聖人然後可以踐形."

39

제나라 선왕齊宣王이 상기喪期를 단축하고자 했다.

공손추가 말하였다.

"기년상朞年喪이 그만두는 것보다는 낫지 않겠습니까?"

맹자가 말하였다.

"이는 어떤 자가 그대 형의 팔뚝을 비틀 때 그대가 우선 천

---

13 몸과 … 있다 : 이 부분의 이해를 돕기 위하여 정자程子의 주석을 소개한다. "이는 성인聖人이 사람의 도리人道를 다 터득하여 그 형체를 충만하게 함을 말한 것이다. 사람은 천지天地의 바른 기운正氣을 얻어 태어나 다른 사물과는 다르니, 사람이 되었다면 모름지기 사람의 도리를 다 터득한 뒤에야 그 명칭에 걸맞은 것이다. 보통 사람衆人은 이를 지니고 있으면서도 알지 못하고, 현인賢人은 실천하지만 극진하지 못하니, 그 형체를 충만하게 하는 것은 오직 성인뿐이다."

천히 하라고 말하는 것과 같다. 역시 그에게 효제의 도리를 가르칠 뿐이다."

왕자 중에 그 어미가 죽은 자가 있었는데, 그의 사부가 그를 위하여 수개월의 상喪을 청했다.

공손추가 말하였다

"이와 같은 경우는 어떻습니까?"

맹자가 말하였다.

"이는 상기를 다 마치고자 하여도 될 수 없는 경우이니,[14] 비록 하루를 더하더라도 그만두는 것보다는 낫다. 앞에서 말한 것은 금禁하는 자가 없는데도 하지 않는 경우를 말한 것이다."

齊宣王欲短喪, 公孫丑曰: "爲朞之喪, 猶愈於已乎?"
孟子曰: "是猶或紾其兄之臂, 子謂之姑徐徐云爾. 亦敎之孝弟而已矣."
王子有其母死者, 其傅爲之請數月之喪. 公孫丑曰: "若此者何如也?"
曰: "是欲終之, 而不可得也, 雖加一日愈於已. 謂夫莫之禁, 而弗爲者也."

---

14 상기를 … 경우이니 : 왕자의 어머니가 죽었는데 왕이 아직 살아 있다면 어머니의 3년 상복을 입지 못하는 경우를 말한 것이다.

40

맹자가 말하였다.

"군자가 교육하는 방식은 다섯 가지이다. 때에 맞춰 내리는 단비처럼 변화시키는 방식이 있으며, 품성의 덕을 이루게 하는 방식이 있으며, 재능에 따라 배양하는 방식이 있으며, 질문의 수준에 따라 대답을 하는 방식이 있으며, 후일에 전하는 유풍을 개인이 스스로 학습하게 하는 방식이 있다. 이 다섯 가지가 군자의 가르치는 방식이다."

孟子曰: "君子之所以教者五. 有如時雨化之者, 有成德者, 有達財者, 有答問者, 有私淑艾者. 此五者, 君子之所以教也."

공손추가 말하였다.

"도가 높고 아름답지만, 마치 하늘에 오르는 것과 같아서 이를 수 없을 듯합니다. 어찌하여 저들에게 이를 수 있다고 여기게 해서 날마다 부지런히 힘쓰게 하지 않습니까?"

맹자가 말하였다.

"훌륭한 목수는 서투른 목수拙工를 위하여 먹줄 치는 법을 고치거나 버리지 않는다. 활의 명수 예羿는 서투른 사수拙射를 위하여 활 당기는 법도를 바꾸지 않는다. 군자는 시위를 당기고 쏘지는 않지만, 마치 화살이 앞으로 나가는 듯한 모습을 보여 주는 것이다. 정확한 법도中道에 서 있으면 유능한 자는 그대로 따라온다."

公孫丑曰:"道則高矣, 美矣, 宜若登天然, 似不可及也. 何不使彼爲可幾及, 而日孶孶也?"
孟子曰:"大匠不爲拙工改廢繩墨. 羿不爲拙射變其彀率(율). 君子引而不發, 躍如也. 中道而立, 能者從之."

42

맹자가 말하였다.

"천하에 도가 있을 때[15]에는 몸으로 도를 실행하고, 천하에 도가 없을 때에는 몸 바쳐 도를 지켜야 한다. 도를 지니고서 바르지 못한 군주를 따른다는 것은 들어보지 못하였다."

---

15 천하에 … 때 : 이는 군주가 올바른 정치를 하는 시대를 의미한다. 반대로 천하에 도가 없다는 것은 무도한 군주의 시대를 말한다.

孟子曰："天下有道, 以道殉身; 天下無道, 以身殉道. 未聞以
道殉乎人者也."

43

공도자가 말하였다.

"등경滕更[16]이 문하에 있을 때 예우할 만한데도 그에게 응
답하지 않은 것은 어째서였습니까?"

맹자가 말하였다.

"귀한 신분을 빙자하여 묻거나, 현능함을 빙자하여 묻거
나, 나이 많음을 빙자하여 묻거나, 공로를 빙자하여 묻거나,
오랜 친구를 빙자하여 묻는 것에는 대답하지 않는다. 등경은
이 가운데 두 가지에 해당된다."

公都子曰："滕更(경)之在門也, 若在所禮, 而不答, 何也?"

孟子曰："挾貴而問, 挾賢而問, 挾長而問, 挾有勳勞而問, 挾

---

16 등경滕更 : 조기의 주석에 따르면, 등나라 군주의 아우로, 당시 맹자
에게 와서 배운 사람이다. 두 가지에 해당된다는 것은 '귀한 신분'과 '자신
의 현능함'을 빙자한 것이다. 이 부분은 배우고자 하는 사람의 자세가 진
실하지 않은 유형을 지적하고, 진실하지 않을 때에는 가르침을 깊이 받아
들이지 못하기 때문에 쉽게 가르치지 않는다는 뜻이다.

故而問, 皆所不答也. 滕更有二焉."

44

맹자가 말하였다.

"그만두면 안 되는데 그만두는 자는 그만두지 못할 일이
없다. 후대해야 하는데 야박하게 하면 야박하지 못할 것이 없
다. 빨리 나아가는 자는 물러남도 빠르다."

孟子曰: "於不可已而已者, 無所不已. 於所厚者薄, 無所不
薄也. 其進銳者, 其退速."

45

맹자가 말하였다.

"군자는 사물을 아끼기는 하지만 인덕으로 대하지는 않고,
백성을 인덕으로 대하기는 하지만 친애하지는 않는다. 친족
을 친애한 뒤에 백성을 인덕으로 대하고, 백성을 인덕으로 대
한 뒤에 사물을 아낀다."

孟子曰:"君子之於物也, 愛之而弗仁; 於民也, 仁之而弗親.
親親而仁民; 仁民而愛物."

46

맹자가 말하였다.

"슬기로운 이는 모르는 일이 없지만, 당장 힘써야 할 일을
급선무로 여긴다. 어진 이는 모두를 아끼지만, 어진 이 친애
함을 급선무로 여긴다. 요순의 슬기로도 모든 사물을 두루 알
지 못함은, 먼저 해야 할 일을 급하게 여겼기 때문이다. 요순
의 인덕으로도 모든 사람을 두루 사랑하지 못함은 어진 이 친
애함을 급하게 여겼기 때문이다. 삼년상은 잘 하지 못하면서
시마복緦麻服과 소공복小功服은 잘 살피며, 밥숟갈을 크게 뜨
고 국을 흘려 마시면서 마른고기를 이빨로 끊지 말라고 따지
는 것, 이것이 급선무를 모른다고 하는 것이다.[17]"

17 삼년상은 … 것이다 : 상례喪禮에, 자신과 가장 가까운 순서로부터
상복 입는 기간을 3년(자최齊衰 참최斬衰), 1년(기期), 9개월(대공大功), 5
개월(소공小功), 3개월(시마緦麻)로 규정해 놓았다. 가장 가까운 관계인
부모에 대한 상복 3년도 제대로 실행하지 못하면서 관계가 먼 사람의 상
복은 잘 살핀다고 지적한 것이다. 식사 예절에, 어른 앞에서 식사할 적에
밥을 크게 떠서 흘리며 먹거나 국을 흘리며 마시는 것을 가장 불경스러운
것으로 가르치고, 젖은 고기는 치아로 잘라 먹지만 마른고기는 치아로 자

孟子曰: "知者無不知也, 當務之爲急. 仁者無不愛也, 急親
賢之爲務. 堯舜之知而不徧物, 急先務也. 堯舜之仁不徧愛
人, 急親賢也. 不能三年之喪, 而緦小功之察, 放飯流歠, 而
問無齒決, 是之謂不知務."

르지 말라고 가르치는데, 더 큰 실례를 하면서 그다지 중요하지 않은 일
을 따지니 무엇이 중요한지를 모른다고 지적한 것이다. 이 장의 요지는
일의 대체와 선후를 알아야 한다는 것이다.

진심 하

盡心 下

모두 38장이다. 이 편도 앞 편에서 말한 진심, 지성, 지천의 사상을 더 발전시켜 가는 방법에 대하여 말하고 있다. 마음을 배양하는 방법은 욕심을 적게 가지는 것이 가장 좋다는 소극적인 방법과 측은지심과 수오지심을 확충하여 인과 의를 적극적으로 실행하는 방법이 있다. 이는 작게는 자신을 바꾸고 크게는 세상을 바꾸는 도리이다. 마지막 장에서는 요순부터 탕왕까지가 500여 년이고, 탕왕부터 문왕까지가 500여 년, 문왕부터 공자까지가 500여 년이고, 공자부터 지금까지가 100여 년이니 성인의 후임자가 없을 수 없다고 하였다. 맹자는 지역적으로도 공자와 가까운 곳에서 태어난 자신이 그 뒤를 이어야 한다는 도통道統을 정리하였다.

맹자가 말하였다.

"양혜왕은 참으로 인자하지 못하구나! 인자한 자는 사랑하는 사람을 대하는 바로써 사랑하지 않는 사람에까지 영향을 미치고,[1] 인자하지 못한 자는 사랑하지 않는 사람을 대하는 바로써 사랑하는 사람에까지 영향을 미친다."

공손추가 말하였다.

"무슨 말씀입니까?"

맹자가 말하였다.

"양혜왕이 땅을 빼앗는 일 때문에 그의 백성을 죽음으로 내몰아 싸우게 하다가 크게 진 뒤 다시 전투를 준비하면서 이기지 못할까 두려워하였다. 그리하여 사랑하는 자제子弟[2]를 내몰아 희생시켰으니, 이것을 사랑하지 않는 사람을 대하는 바로써 사랑하는 사람에까지 영향을 미쳤다고 하는 것이다."

孟子曰: "不仁哉, 梁惠王也! 仁者以其所愛, 及其所不愛,

---

1 사랑하는 … 미치고 : 친족을 친애한 뒤에 백성을 인자하게 대하고, 백성을 인자하게 대한 뒤에 사물을 아낀다는 것이 이에 해당한다.

2 사랑하는 자제子弟 : 태자 신申을 말한다. 땅 때문에 백성을 죽이고, 백성 때문에 자식을 죽게 하였음이 사랑하지 않는 것의 재해를 미루어 사랑하는 사람에까지 미친 것이다.

不仁者以其所不愛, 及其所愛."

公孫丑曰:"何謂也?"

"梁惠王以土地之故, 麋爛其民而戰之, 大敗, 將復之, 恐不能勝. 故驅其所愛子弟, 以殉之, 是之謂以其所不愛, 及其所愛也."

2

맹자가 말하였다.

"춘추시대에는 의로운 전쟁이 없었다. 저 군주가 이 군주보다 나은 경우는 있다. 정벌은 윗등급이 나라가 아랫등급의 나라를 치는 것이니,[3] 대등한 나라끼리는 서로 정벌하면 안 된다."

孟子曰:"春秋無義戰. 彼善於此, 則有之矣. 征者, 上伐下也, 敵國不相征也."

---

3 정벌은 … 것이니 : 정벌의 '정征'은 '바로잡다正'의 의미이다. 제후가 잘못이 있으면 천자가 토벌하여 바로잡는 것을 의미하는데, 춘추시기에는 제후들끼리 서로 정벌하였으므로 의리로 따져서 상대적으로 의로운 군주는 있었지만 큰 의미로 보면 모두 의에 맞지 않는 싸움이었다는 뜻이다.

맹자가 말하였다.

"『서경』의 내용을 모두 믿는다면 『서경』이 없는 것만 못하다. 나는 「무성武成」 중에서 두세 쪽을 취할 뿐이다. 어진 이는 천하에 대적할 사람이 없다. 지극한 인仁으로 지극히 불인不仁한 자를 정벌하였는데, 어찌 그 피에 절구공이가 떠내려가는 일이 있었겠는가?[4]"

孟子曰: "盡信書, 則不如無書. 吾於武成, 取二三策而已矣. 仁人無敵於天下. 以至仁伐至不仁, 而何其血之流杵也?"

4

맹자가 말하였다.

---

4 무성武成 … 있었겠는가 : 무성武成은 『서경』의 편 이름으로, 주나라 무왕武王이 상나라 주紂를 정벌한 일을 기록한 것이다. 이 편에 "피가 흘러 절구공이가 떠내려갔다.血流漂杵"라는 말이 있다. 이 내용의 본 취지는 상나라 주紂의 군대가 반란하여 자기들끼리 싸워서 그렇게 참혹하였다는 의미를 과장하여 기록한 것인데, 잘못 이해하면 주나라 군대가 상나라 군대를 참혹하게 살해한 것으로 오해할 것을 염려한 말이라고 주희는 주석하였다.

"어떤 사람이 '나는 진陳[5]을 잘 치고 전투를 잘한다.'고 하면 그는 큰 죄인이다. 군주가 인을 좋아하면 천하에 대적할 자가 없다. 탕왕이 남쪽을 향하여 정벌하면 북쪽의 부족이 원망하고, 동쪽을 향하여 정벌하면 서쪽의 부족이 원망하면서 '어찌하여 우리를 뒤에 정벌하는가?'라고 하였다.

무왕이 은殷나라를 정벌할 때 전투용 수레革車가 300량輛이고, 용맹한 병사虎賁가 3,000명이었다. 무왕이 '두려워하지 말라! 너희들을 편안하게 하려는 것이지 백성들을 대적하려는 것이 아니다.'라고 하자, 상商나라 사람들이 마치 짐승이 뿔을 땅에 대듯 머리를 조아렸다. 정征의 뜻은 바르게 하는 것이다. 각기 자기를 바르게 해 주기를 바라는데, 어찌 전투를 사용하겠는가?"

孟子曰: "有人曰: '我善爲陳, 我善爲戰.' 大罪也. 國君好仁, 天下無敵焉. 南面而征, 北狄怨; 東面而征, 西夷怨, 曰: '奚爲後我?'
武王之伐殷也, 革車三百兩, 虎賁三千人. 王曰: '無畏! 寧爾也, 非敵百姓也.' 若崩厥角稽首. 征之爲言正也. 各欲正己也, 焉用戰?"

5 진陳 : 진陣과 통용되는 글자이다. 대오隊伍와 전투대형戰鬪隊形을 뜻하는 군대용어이다.

맹자가 말하였다.

"가구 만드는 장인과 건축하는 목수梓匠와 수레바퀴 만드
는 장인과 수레상자 만드는 장인輪輿이 다른 사람에게 제작
하는 방법과 규칙을 가르쳐 줄 수는 있지만, 다른 사람에게
수준 높은 기교까지는 가르쳐 줄 수 없다."

孟子曰:"梓匠輪輿能與人規矩, 不能使人巧."

6

맹자가 말하였다.

"순임금이 마른밥을 먹고 채소를 먹을 때에는 그대로 살다
가 죽을 것처럼 하였다. 천자가 되어서는 수놓은 화사한 옷을
입고 거문고를 타며, 두 여인이 모시는 것을 본디 그러하였던
것처럼 여겼다."[6]

---

[6] 순임금이 … 여겼다 : 이 단락에 대하여 주희는, 성인은 빈천貧賤하거
나 부귀富貴하거나 마음의 동요 없이 주어진 환경을 편안하게 받아들여
최선을 다할 뿐, 주어진 분수에 넘치는 마음을 쓰지 않는다는 의미로 해
석하였다.

孟子曰: "舜之飯糗茹草也, 若將終身焉. 及其爲天子也, 被
袗衣, 鼓琴, 二女果, 若固有之."

7

　맹자가 말하였다.

　"나는 이제야 남의 어버이를 죽이는 것이 매우 심각한 일이
라는 것을 알았다. 남의 아버지를 죽이면 남도 내 아버지를 죽
이고, 남의 형을 죽이면 남도 내 형을 죽인다. 그렇다면 자기
가 직접 부형을 죽인 것은 아니지만, 한 칸 사이일 뿐이다."[7]

孟子曰: "吾今而後, 知殺人親之重也. 殺人之父, 人亦殺其
父; 殺人之兄, 人亦殺其兄. 然則非自殺之也, 一間耳."

7　나는 … 뿐이다 : 이 단락에 대해 주희는 '어떤 계기가 있어서 한 말일
것'이라고 주석하였다. 다만 이 말을 역으로 해석하면, 나의 부형이 타인
으로부터 존경을 받게 하려면 내가 타인의 부형을 존경하면 된다는 교훈
이다.

맹자가 말하였다.

"옛날의 관문關門은 포악한 자를 막으려는 것이었는데, 지금의 관문은 포악한 짓을 하기 위해서구나."[8]

孟子曰: "古之爲關也, 將以禦暴; 今之爲關也, 將以爲暴."

맹자가 말하였다.

"자신이 올바른 도에 따라 실행하지 않으면 아내나 자식에게도 실행하지 못한다. 사람을 올바른 도로 부리지 않으면 아내나 자식에게도 실행하지 못한다."

孟子曰: "身不行道, 不行於妻子. 使人不以道, 不能行於妻子."

---

8 옛날의 … 위해서구나 : 옛날의 관문은 수상한 범죄자를 살펴서 통제하기 위한 것이었는데, 맹자 당시에는 통행하는 자들에게 과중한 세금을 받음으로써 포악한 행정을 하는 역할을 한다는 의미이다.

10

맹자가 말하였다.

"재리財利가 풍족한 이는 흉년도 그를 죽일 수 없고, 도덕道德이 충만한 이는 난세도 그를 혼란하게 할 수 없다."

孟子曰: "周于利者, 凶年不能殺; 周于德者, 邪世不能亂."

11

맹자가 말하였다.

"명예를 좋아하는 사람은 천승千乘의 나라를 양보할 수 있지만, 그럴 만한 사람이 아니라면 한 그릇 밥과 한 그릇 국에도 얼굴에 아까워하는 기색이 나타난다."[9]

孟子曰: "好名之人, 能讓千乘之國, 苟非其人, 簞食(사)豆羹見(현)於色."

---

9 명예를 … 나타난다 : 명예를 좋아하는 사람은 명예를 위하여 자신의 진심을 속이고 큰 것을 사양할 수 있지만, 그 진심은 작은 것에서 드러난다는 교훈이다.

맹자가 말하였다.

"인덕이 있는 이와 현능한 이를 신임하지 않으면 나라가 텅 비고, 예의가 없으면 위아래의 질서가 혼란하고, 올바른 정사가 없으면 나라의 재정이 부족하게 된다."

孟子曰: "不信仁賢, 則國空虛; 無禮義, 則上下亂; 無政事, 則財用不足."

맹자가 말하였다.

"인仁하지 못하고서 나라를 얻은 자는 있지만, 인하지 못하고서 천하를 얻은 자는 없다."[10]

孟子曰: "不仁而得國者, 有之矣; 不仁而得天下, 未之有也."

10 인仁하지 … 없다 : 권모술수로 작은 나라 정도는 빼앗을 수 있지만 천하 백성들의 마음은 얻을 수 없다는 뜻이다. "진秦나라 이후 어질지 못한 자가 천하를 얻긴 했어도 1~2대 만에 망했기 때문에 천하를 얻었다고 말할 수 없다."라는 주석이 있다.

맹자가 말하였다.

"백성이 가장 귀중하고, 사직이 그다음이고, 군주는 가벼운 것이다. 그러므로 많은 백성丘民의 마음을 얻은 이는 천자가 되고, 천자에게 신임을 얻은 이는 제후가 되고, 제후에게 신임을 얻은 이는 대부가 된다. 제후가 사직을 위태롭게 하면 제후를 바꾼다. 희생犧牲을 갖추고 정결한 곡식粢盛을 준비하여 제때에 제사를 지냈는데도 가뭄이 들고 홍수가 넘치면, 사직 제단을 헐고 다시 설치한다.[11]"

孟子曰 "民爲貴, 社稷次之, 君爲輕. 是故得乎丘民而爲天子, 得乎天子爲諸侯, 得乎諸侯爲大夫. 諸侯危社稷, 則變置. 犧牲旣成, 粢盛旣潔, 祭祀以時, 然而旱乾(간)水溢, 則變置社稷."

---

11 사직 제단을 … 설치한다 : 사직이 군주보다는 중요하지만 백성보다는 가볍다는 뜻이다.

맹자가 말하였다.

"성인은 백세의 스승이니, 백이와 유하혜가 그런 분이다. 그리하여 백이의 풍도風度를 들으면 탐욕스러운 자는 청렴해지고, 나약한 자는 지조를 세우게 된다. 유하혜의 풍도를 들으면 야박한 자는 후덕해지고, 편협한 자는 너그러워진다. 그들은 백세 이전에 활동하였는데 백세 이후에 그 풍도를 들은 자가 모두 그의 영향을 받아 변화하니, 성인이 아니고서야 이러할 수 있겠는가? 더구나 그들 가까이에서 직접 배운 이들이야 어떠하겠는가?"

孟子曰: "聖人, 百世之師也, 伯夷柳下惠是也. 故聞伯夷之風者, 頑夫廉, 懦夫有立志. 聞柳下惠之風者, 薄夫敦, 鄙夫寬. 奮乎百世之上, 百世之下, 聞者莫不興起也, 非聖人而能若是乎? 而況於親炙之者乎?"

16

맹자가 말하였다.

"인仁은 사람人이라는 뜻이니, 합하여 말하면 도道이다."

孟子曰: "仁也者, 人也, 合而言之, 道也."

17

맹자가 말하였다.

"공자가 노나라를 떠날 적에 '더디고 더디다, 내 걸음이여!'라고 하였으니, 이는 부모父母의 나라를 떠나는 도리이다. 제나라를 떠날 적에는 밥을 지으려고 담갔던 쌀을 급히 건져 떠났으니, 이는 타국을 떠나는 도리이다."

孟子曰: "孔子之去魯, 曰: '遲遲吾行也!' 去父母國之道也. 去齊, 接淅而行, 去他國之道也."

18

맹자가 말하였다.

"군자공자가 진陳나라와 채蔡나라 사이에서 곤액을 당하신 것은, 군주나 신하와의 교제가 없었기 때문이다."[12]

孟子曰: "君子之戹於陳蔡之間, 無上下之交也."

맥계貊稽가 말하였다.

"저는 사람들로부터 큰 비방을 받고 있습니다."

맹자가 말하였다.

"나쁠 것 없다. 선비는 오히려 구설口舌이 많은 법이다.『시경』「패풍邶風 백주柏舟」에 '근심으로 속 타는데 첩들 내게 화를 내네.'[13]라고 하였는데, 이는 공자의 경우이다. '성내는 오랑캐 그대로였으나 명예 실추는 없었네.'[14]라고 하였는데, 이는 문왕의 경우이다."

貊稽曰：“稽大不理於口.”

12 군자가 … 때문이다 : 주희는 두 나라의 군주와 신하가 모두 악하여 교제할 만하지 못하였기 때문이라고 하였다.

13 근심으로 … 내네 : 남편에게서 사랑받지 못한 부인婦人의 시라 하였다. 여기서 인용한 구절은 항상 세상을 근심하는 공자도 오히려 소인들로부터 미움 받은 것을 비유한 것이다.

14 성내는 … 없었네 :『시경』「대아大雅 면綿」에 나오는 내용이다. 주공이 성왕을 경계하는 시이다. 주희는 "주나라 선조 태왕大王이 비록 당시 오랑캐 부족인 '곤이昆夷들의 반발을 단절하지는 못하였지만 역시 자신의 명성이 실추되지는 않았다.'라고 하였으니, 이는 비록 성현聖賢이라도 사람들이 자신에게 화내지 않기를 기필할 수는 없고, 다만 자신을 수양하는 실제를 그만두지 않을 뿐인 것이다."라고 하였다.

孟子曰: "無傷也. 士憎玆多口. 詩云: '憂心悄悄, 慍于群小.'
孔子也. '肆不殄厥慍, 亦不殞厥問.' 文王也."

20

맹자가 말하였다.

"현자는 자신의 밝음으로 남을 밝게 가르치는데, 지금 사
람은 자신의 어두움으로 남을 밝게 하려 한다."

孟子曰: "賢者以其昭昭, 使人昭昭; 今以其昏昏, 使人昭
昭."

21

맹자가 고자高子에게 말했다.

"산길도 잠시만 사용하면 큰 길이 되는데, 한동안 사용하
지 않으면 풀이 자라 길을 막는다. 지금 띠풀이 그대의 마음
을 꽉 막고 있구나."

孟子謂高子曰: "山徑之蹊間, 介然用之, 而成路, 爲間不用,

則茅塞之矣. 今茅塞子之心矣."

22

고자가 말하였다.

"우왕의 음악이 문왕의 음악보다 낫습니다."

맹자가 말하였다.

"무엇을 가지고 그렇게 말하는가?"

"퇴려追蠡[15] 때문입니다."

맹자가 말하였다.

"그것을 어찌 충분한 증거라 하겠는가? 성문의 수레바퀴 자국이 두 말의 힘으로 이루어진 것이겠는가?"

高子曰:"禹之聲尙文王之聲."

孟子曰:"何以言之?"

15 퇴려追蠡 : 퇴追는 종鍾을 매다는 끈紐이고, 려蠡는 좀벌레이다. 우왕의 음악 연주에 사용하는 종의 끈이 좀벌레 먹은 것처럼 닳아서 끊어지려 하는 것은 그만큼 사용한 사람들이 많고 음악이 더 우수하기 때문이라는 말이다. 이에 대한 맹자의 의견은 성 안의 길은 넓어서 수레바퀴 자국이 깊지 않지만 성문은 좁아서 한 대만 지나갈 수 있기 때문에 수레바퀴 자국이 깊은 것이니, 우왕의 종은 오래되었고 문왕의 종은 오래되지 않았기 때문이라는 설명이다.

曰: "以追蠡(퇴려)."

曰: "是奚足哉? 城門之軌, 兩馬之力與?"

23

제齊나라에 흉년이 들자, 진진陳臻이 말하였다.

"나라 사람들이 모두 선생께서 다시 당읍棠邑의 창고[16]를
열어 주게 할 것이라고 기대하는데, 이는 다시 할 수 없을 듯
합니다."

맹자가 말하였다.

"이는 바로 풍부馮婦와 같은 것이다. 진晉나라 사람 중에
풍부라는 자가 범을 잘 잡았는데, 마침내 훌륭한 선비가 되
었다. 어느 날 들판을 지나는데, 마침 사람들이 범을 쫓고 있
었다. 범이 산모퉁이를 등지고 있자, 사람들이 감히 달려들지
못하다가 풍부를 보고 달려가 맞이하니, 풍부가 팔을 걷어붙
이고 수레에서 내려왔다. 사람들은 모두 이를 좋아하였지만,
선비들은 비웃었다[17]."

---

16 당읍棠邑의 창고 : 당읍은 즉묵현卽墨縣에 있는 제나라의 읍이다. 이
곳에 국가의 창고가 있었다. 이전에 맹자가 국왕을 설득하여 당읍의 창고
를 열어 구제했던 일이 있었기 때문에 한 말이다.

齊饑, 陳臻曰: "國人皆以夫子將復爲發棠, 殆不可復."

孟子曰: "是爲馮婦也. 晉人有馮婦者, 善搏虎, 卒爲善士. 則之野, 有衆逐虎. 虎負嵎, 莫之敢攖, 望見馮婦, 趨而迎之, 馮婦攘臂下車. 衆皆悅之, 其爲士者笑之."

24

맹자가 말하였다.

"입은 맛있는 것을 좋아하고, 눈은 아름다운 색을 좋아하고, 귀는 듣기 좋은 소리를 좋아하고, 코는 좋은 냄새를 좋아하고, 사지四肢는 편안함을 좋아하는 것이 타고난 본성이지만 이것이 실현되는 것은 운명에 달려 있다. 그래서 군자는 이것을 본성이라 이르지 않는다. 부자간의 인仁, 군신간의 의義, 손님과 주인간의 예禮, 현자의 지智, 성인의 천도天道는 실현되는 것이 운명에 속한다. 그래서 타고난 본성이지만 군자는 운명이라 이르지 않는다."[18]

---

17 진晉나라 … 비웃었다 : 전에는 가능했던 일이지만 현재는 불가능한 일을 억지로 하려 하면 비웃음을 산다는 일화이다. 맹자가 이제는 신임을 받는 처지가 아니라 임금에게 그런 권고를 할 수 없다는 뜻이다.

18 입은 … 않는다 : 이 단락은, 인간에 있어서 이耳·목目·구口·비鼻·사지四肢가 추구하는 것과, 부자父子·군신君臣·빈주賓主·현자賢者·성인聖

孟子曰: "口之於味也, 目之於色也, 耳之於聲也, 鼻之於臭
也, 四肢之於安佚也, 性也, 有命焉, 君子不謂性也. 仁之於
父子也, 義之於君臣也, 禮之於賓主也, 智之於賢者也, 聖
人之於天道也, 命也, 有性焉, 君子不謂命也."

25

호생불해浩生不害[19]가 물었다.

"악정자는 어떠한 사람입니까?"

맹자가 말하였다.

"선인善人이며, 신인信人이다."

"무엇을 선이라 하며, 무엇을 신이라 합니까?"

"같이 하고 싶은 것可欲이 선善이고, 선을 자신이 지니고
있음을 진실함信이라 한다. 진실함이 충만하면 아름다움美이
라 하고, 충만하여 빛나는 것光輝을 대大라 하고, 감화化됨을

人에 실현되는 인仁·의義·예禮·지智·천도天道가 모두 천성적인 필연성
이 있지만, 사람들은 전자는 반드시 추구하고자 하고 후자는 힘을 다하여
추구하려 하지 않기 때문에, 군자가 추구하는 가치의 중요도를 운명적인
것과 천성적인 것으로 나누어 설명하고 있다.

19 호생불해浩生不害 : 조기趙岐의 주석에 따르면, 제나라 사람이다. 호
생이 성이고 불해는 이름이다.

성聖이라 하고, 성덕聖德의 경지를 헤아릴 수 없는 것을 신神이라 한다. 악정자는 앞의 두 가지 경지의 중간이고, 뒤의 네 가지 경지의 아래에 있다."

浩生不害問曰: "樂正子何人也?"

孟子曰: "善人也, 信人也."

"何謂善? 何謂信?"

曰: "可欲之謂善, 有諸己之謂信. 充實之謂美, 充實而有光輝之謂大, 大而化之之謂聖, 聖而不可知之之謂神. 樂正子, 二之中, 四之下也."

26

맹자가 말하였다.

"묵적墨翟의 학설에서 벗어나면 반드시 양주楊朱의 학설로 돌아가고, 양주의 학설에서 벗어나면 반드시 유학儒學으로 돌아온다. 돌아오면 받아 줄 뿐이다. 지금 양주·묵적의 학자들과 변론하는 것은 마치 집 나간 돼지를 쫓는 것과 같다. 이미 우리로 돌아왔는데 또 발을 묶는구나."[20]

孟子曰: "逃墨必歸於楊, 逃楊必歸於儒. 歸斯受之而已矣.

今之與楊·墨辯者, 如追放豚. 旣入其苙, 又從而招之."

27

맹자가 말하였다.

"베布縷로 받는 세稅와 곡식粟米으로 받는 세와 인력力役으로 받는 세가 있다. 군자는 이 중에 한 가지만 받고, 두 가지는 잠시 보류한다. 두 가지 세금을 함께 받으면 백성들이 굶어 죽고, 세 가지 세금을 함께 받으면 아비와 자식이 서로 돌보지 못하고 헤어진다."

孟子曰: "有布縷之征, 粟米之征, 力役之征. 君子用其一, 緩其二. 用其二而民有殍, 用其三而父子離."

---

20 묵적墨翟의 … 묶는구나 : 주희는 "묵씨墨氏는 외면에 힘써 진실하지 못하고, 양씨楊氏는 너무 간략하나 실제에 가깝다. 이 때문에 정도正道로 돌아오는 순서가 대략 이와 같은 것이다. 돌아오면 받아 준다는 것은, 잘못된 학설에 오래 빠짐을 민망히 여기고, 뉘우쳐 깨달아서 새사람이 됨을 받아 주는 것이다."라고 주석하였다. 그리고 유가의 학설로 돌아온 사람들의 과거를 탓하는 당시 유학자들에게, 집 나간 돼지가 다시 우리로 돌아왔으면 그대로 두면 될 것을 발을 묶어서 겁주어 또 도망가게 하는 것이라고 비평하였다.

맹자가 말하였다.

"제후의 보배는 세 가지이니, 토지와 인민과 정사이다. 주
옥珠玉을 보배로 여기는 자에게는 반드시 재앙이 닥친다."

孟子曰: "諸侯之寶三; 土地, 人民, 政事. 寶珠玉者, 殃必及
身."

분성괄盆成括이 제齊나라에서 벼슬을 하고 있었는데, 맹자
가 "분성괄이 죽게 생겼구나!"라고 하였다.

분성괄이 죽음을 당하자, 제자가 물었다.

"선생님께서는 어떻게 그가 죽음을 당할 것을 알았습니
까?"

맹자가 대답하였다.

"그의 사람됨이 조금 재주가 있으나 군자의 대도大道를 듣
지 못했으니, 그 몸을 죽이기에 충분하다."[21]

21 분성괄盆成括이 … 충분하다 : 조기趙岐의 주에 의하면, 분성은 성이

盆成括仕於齊, 孟子曰: "死矣盆成括!"

盆成括見殺, 門人問曰: "夫子何以知其將見殺?"

曰: "其爲人也小有才, 未聞君子之大道也, 則足以殺其軀而
已矣."

30

　맹자가 등나라에 가서 상궁별궁에 머물렀다. 창문틀 위에
작업하던 신이 있었는데 관리인이 그것을 찾지 못했다.

　어떤 이가 물었다.

　"이처럼 종자들이 숨길 수 있습니까?"

　맹자가 말하였다.

　"그대는 이 사람들이 신을 훔치러 왔다고 여기는가?"

　어떤 이가 대답하였다.

　"아닙니다. 선생께서는 교과教科를 개설해서 가는 자는 붙
잡지 않고 오는 자를 막지 아니하여, 배우려는 마음을 가지고
오면 받아 주실 뿐입니다.[22]"

고 괄은 이름이다. 올바른 길을 모른 채 자신의 재주만 믿고 함부로 행동
하면 생명을 위협하는 재앙이 따른다는 교훈이다.

22　선생께서는 … 뿐입니다 : 배우러 오는 사람이 있으면 받아 주어 가
르치고, 떠나는 사람이 있으면 보내 주어 붙잡지 않는다는 것은 그 사람

孟子之滕, 館於上宮. 有業屨於牖上, 館人求之弗得.

或問之曰: "若是乎從者之廋也?"

曰: "子以是爲竊屨來與?"

曰: "殆非也. 夫子之設科也, 往者不追, 來者不拒, 苟以是心
至, 斯受之而已矣."

31

맹자가 말하였다.

"사람들은 모두 차마 하지 못하는 마음을 가지고 있는데,
그 마음이 차마 하는 것에까지 이른다면 인仁이다. 사람들은
모두 하지 않는 일이 있는데, 그 마음이 하는 일에까지 이른
다면 의義이다. 사람이 남을 해치려고 하지 않는 마음을 확충
하면 인을 이루 다 쓰지 못할 것이며,[23] 사람이 남의 담장을
뚫거나 넘어가 도둑질하지 않으려는 마음을 확충하면 의를
이루 다 쓰지 못할 것이다. 다른 사람이 멸시하는 말을 듣지
않으려는 마음을 확충하면 언제 어디서든 의롭지 않음이 없

들의 과거와 미래를 맹자가 보장할 수 없다는 의미이다.

23　인仁을 … 것이며 : 어진 마음이 넘쳐 언제 어디서나 어진 마음으로
실천할 것이라는 뜻이다. 나머지 '의義'도 같은 표현이다.

을 것이다.

선비가 말을 해서는 안 될 때 말을 하면 이는 말로써 이익을 취하는 것이고, 말을 해야 할 때 말을 하지 않으면 이는 침묵함으로써 이익을 취하는 것이니, 이는 모두 담을 뚫거나 넘어가는 것과 같은 종류이다."

孟子曰: "人皆有所不忍, 達之於其所忍, 仁也. 人皆有所不爲, 達之於其所爲, 義也. 人能充無欲害人之心, 而仁, 不可勝用也, 人能充無穿踰之心, 而義, 不可勝用也. 人能充無受爾汝之實, 無所往而不爲義也.
士未可以言而言, 是以言餂之也; 可以言而不言, 是以不言餂之也, 是皆穿踰之類也."

32

맹자가 말하였다.

"말이 쉬우면서도 의미가 깊은 것은 '좋은 말善言'이고, 실행이 간단하면서도 효과가 큰 것은 '좋은 도善道'이다. 군자의 말은 일상에서 벗어나지 않지만[24] 그 속에 올바른 도가 있다.

---

24 일상에서 … 않지만 : 원문의 '불하대不下帶'는 시선視線이 상대방의

군자의 지향점은 자신이 먼저 수양하여 천하까지 태평하게
하는 것이다. 사람의 병통은 자기 밭은 놔두고 남의 밭의 김
을 매는 것[25]이니, 남에게 요구하는 것은 무겁고, 자신의 책임
은 가볍게 여기기 때문이다."

孟子曰: "言近而指遠者, 善言也; 守約而施博者, 善道也. 君
子之言也, 不下帶而道存焉. 君子之守, 修其身而天下平.
人病舍其田, 而芸人之田, 所求於人者重, 而所以自任者
輕."

33

맹자가 말하였다.

"요순은 타고난 천성 그대로였고, 탕무는 본성으로 회복하
였다. 몸가짐과 행동이 예에 맞는 것은 지극히 훌륭한 덕이

허리띠 아래로 내려가지 않는다는 뜻이다. 상대를 대하는 예禮에, 시선은
항상 띠 아래를 보거나 띠 위를 올려다 보지 말고 상대방의 '허리띠帶'를
쳐다보라고 한 것을 인용한 말로, 일상생활의 평범하고 쉬운 태도를 의미
한다.

25 자기 … 매는 것 : 자신의 잘못은 놔두고 남의 잘못을 지적하는 경우
를 "사기전, 운인전舍其田, 芸人田"이라는 용어로 사용한다.

다. 죽은 이를 슬퍼하여 곡하는 것은 산 이에게 보이기 위함
이 아니다. 도덕에 따라 행동하고 예를 어기지 않는 것은 관
직을 구하기 위해서가 아니다. 말을 반드시 미덥게 하는 것은
바른 행실을 알게 하려고 해서가 아니다. 군자는 법도에 따라
행하고 운명을 기다릴 뿐이다."

孟子曰: "堯舜, 性者也; 湯武, 反之也. 動容周旋中禮者, 盛
德之至也. 哭死而哀, 非爲生者也. 經德不回, 非以干祿也.
言語必信, 非以正行也. 君子行法, 以俟命而已矣."

34

맹자가 말하였다.

"대인大人, 제후을 찾아가 설득할 때는 그를 하찮게 여기고
높은 지위를 보지 말아야 한다. 몇 길 높은 당堂이나 몇 자씩
길게 뻗은 처마 서까래를 나는 뜻을 얻더라도 하지 않을 것이
다. 한 길 높이 가득 차린 밥상과 수백 명의 모시는 첩들을 나
는 뜻을 얻더라도 하지 않을 것이다. 술 마시고 즐기며 말 달
리고 사냥하고, 천 대의 수레가 뒤따르는 것을 나는 뜻을 얻
더라도 하지 않을 것이다. 저에게 있는 것은 모두 내가 하지
않는 것이고, 내게 있는 것은 모두 옛 제도이니, 내 어찌 그를

두려워하겠는가?"

孟子曰: "說(세)大人, 則藐之, 勿視其巍巍然. 堂高數仞, 榱
題數尺, 我得志, 弗爲也. 食前方丈, 侍妾數百人, 我得志, 弗
爲也. 般樂飮酒, 驅騁田獵, 後車千乘, 我得志, 弗爲也. 在彼
者, 皆我所不爲也, 在我者, 皆古之制也, 吾何畏彼哉?"

35

맹자가 말하였다.

"마음을 수양함은 욕망을 적게 하는 것보다 더 좋은 것이
없다. 사람이 욕망이 적으면 마음이 보존되지 못하는 경우가
있더라도 적을 것이다. 사람이 욕망이 많으면 보존된 마음이
있더라도 적을 것이다."

孟子曰: "養心莫善於寡欲. 其爲人也寡欲, 雖有不存焉者,
寡矣. 其爲人也多欲, 雖有存焉者, 寡矣."

증석曾晳이 양조羊棗, 고욤 를 좋아했는데, 아들 증자가 차마 양조를 먹지 못하였다.

공손추가 물었다.

"육회나 불고기와 양조는 어느 것이 더 맛있습니까?"

맹자가 말하였다.

"육회나 불고기이다."

공손추가 말하였다.

"그렇다면 증자는 어찌하여 육회와 불고기는 먹으면서 양조는 먹지 않았습니까?"

맹자가 말하였다

"육회와 불고기는 누구나 좋아하는 것이고, 양조는 독특한 것이다. 이름은 휘諱[26]하고 성姓은 휘하지 않는데, 이는 성은 공통적이고, 이름은 각자 다르기 때문이다."

曾晳嗜羊棗, 而曾子不忍食羊棗.

公孫丑問曰:"膾炙與羊棗, 孰美?"

孟子曰:"膾炙哉."

26 휘諱 : 부모나 군주에 대하여 존경하는 의미로 이름을 바로 말하거나 쓰지 않는 것이다. 이를 '피휘避諱'라고 한다.

公孫丑曰: "然則曾子何爲食膾炙, 而不食羊棗?"

曰: "膾炙所同也, 羊棗所獨也. 諱名不諱姓, 姓所同也, 名所
獨也."

37

만장이 물었다.

"공자께서 진陳나라에 있으면서 '어찌 돌아가지 않겠는가!
우리 고향의 선비가 광간狂簡[27]하여 진취적이면서 그 처음을
잊지 못한다.'라고 하였습니다. 공자는 진나라에 있으면서 어
찌하여 노魯나라의 광사狂士들을 생각하였습니까?"

맹자가 말하였다.

"공자는 '중도中道의 인물을 얻어 함께하지 못할 바에는 반
드시 광견狂獧과 함께할 것이다. 광자狂者는 진취적이고, 견
자獧者는 하지 않는 바가 있다.'라고 하였다. 공자가 어찌 중
도의 인물 얻기를 원하지 않았겠는가? 반드시 얻을 수는 없
기 때문에 그다음을 생각한 것이다."

"감히 묻겠습니다. 어떠하여야 광狂이라 이를 수 있습니까?"

맹자가 말하였다.

---

27 광간狂簡 : 지향하는 뜻은 높은데 일 처리는 치밀하지 못함을 말한다.

"금장琴張·증석曾晳·목피牧皮와 같은 자가 공자가 말한 광이라는 것이다."

"어찌하여 광이라 합니까?"

맹자가 말하였다.

"그 뜻이 높고 커서 큰 소리 치기를 '옛사람이여, 옛사람이여!'라고 하지만, 평소에 그의 행실을 살펴보면 행실이 말을 따라가지 못하는 자이다. 광자狂者를 얻지 못하면 바르지 못한 행동을 좋게 여기지 않는 선비를 얻어서 함께하고자 하였으니, 이런 이가 견獧이다. 이는 또 그다음이다. 공자가 '내 문 앞을 지나면서 내 집에 들어오지 않더라도 섭섭하게 여기지 않을 자는 오직 향원鄉原[28]이다. 향원은 덕을 해치는 자이다.'[29]라고 하였다."

만장이 물었다.

"어떠하여야 향원이라 합니까?"

맹자가 말하였다.

---

28 향원鄉原 : 뒤에 나오는 해석처럼 '사이비 도덕군자'를 말한다. 흔히 겉과 속이 달라 잘 구분할 수 없는 사람을 부르는 용어로 사용한다.

29 공자가 … 자이다 : 이 부분에 대하여 주자는 만장이 인용하고 질문한 것으로 주석하고 있다. 하지만 '십삼경주소十三經注疏' 본을 비롯하여 모든 연구서들이 맹자가 인용한 말로 이해하고 아래 나오는 '왈曰'로 시작하는 질문만 만장이 묻는 것으로 주석하고 있다. 따라서 주자의 주석을 따르지 않았다.

"'어찌하여 그처럼 뜻만 높고 큰소리 치는가? 말은 행실을 돌아보지 않고, 행실은 말을 돌아보지 않으면서 입만 열면 옛사람이여, 옛사람이여 하고, 처신을 어찌하여 그처럼 외롭고 쓸쓸하게 하는가? 이 세상에 태어났으면 이 세상을 위하여 남들이 선하다고 하면 되는 것이다.'라고 생각하여서, 제 생각은 감추고 세상에 아첨하는 자가 향원이다."

만장이 말하였다.

"한 고을에서 모두 점잖은 사람原人이라고 하면 어디서든 점잖은 사람일 텐데, 공자께서 '덕을 해치는 자'라고 한 것은 어째서입니까?"

"비난하려 해도 거론할 만한 잘못이 없고, 꾸짖으려 해도 꾸짖을 만한 것이 없으면서, 세속流俗과 동화하며 비루한 세상에 영합하여, 처신이 진실함과 유사하며 행실이 청렴함과 유사하여서 사람들이 모두 좋아하면 스스로를 옳다고 여기지만, 요순의 도에는 들어갈 수 없기 때문에 '덕을 해치는 자'라고 한 것이다. 공자께서는 '유사하지만 아닌 것似而非을 미워한다. 가라지풀을 미워함은 벼 싹인 줄 혼동할까 염려해서이고, 말재주 있는 자를 미워함은 의義인 줄 혼동할까 염려해서이고, 변론 잘하는 자를 미워함은 신信인 줄 혼동할까 염려해서이고, 정鄭 나라의 음악을 미워함은 정악正樂인 줄 혼동할까 염려해서이고, 자주색을 미워함은 붉은색인 줄 혼동할까 염려해서이고, 향원鄕原을 미워함은 덕德인 줄 혼동할까 염려해서이다.'라고 하였다. 군자는 올바른 도를 회복시킬 뿐이다. 올바른 도가 바루어지면 백성들이 선한 마음을 일으키고, 백성들이 선한 마음을 일으키면 사악함이 없어질 것이다."

萬章問曰: "孔子在陳曰: '盍歸乎來! 吾黨之士狂簡, 進取, 不忘其初.' 孔子在陳, 何思魯之狂士?"

孟子曰: "孔子 '不得中道而與之, 必也狂獧乎. 狂者進取, 獧者有所不爲也'. 孔子豈不欲中道哉? 不可必得, 故思其次."

"敢問. 何如斯可謂狂矣?"

曰: "如琴張·曾晳·牧皮者, 孔子之所謂狂矣."

"何以謂之狂也?"

曰·"其志嘐嘐然, 曰: '古之人, 古之人!' 夷考其行, 而不掩焉者也. 狂者又不可得, 欲得不屑不潔之士而與之, 是獧也, 是又其次也. 孔子曰: '過我門而不入我室, 我不憾焉者, 其惟鄕原乎. 鄕原, 德之賊也.'"

曰: "何如, 斯可謂之鄕原矣?"

曰: "何以是嘐嘐也? 言不顧行, 行不顧言, 則曰, 古之人, 古之人, 行何爲踽踽涼涼? 生斯世也, 爲斯世也, 善斯可矣.' 閹然媚於世也者, 是鄕原也."

萬章曰: "一鄕皆稱原人焉, 無所往而不爲原人, 孔子以爲德之賊, 何哉?"

曰: "非之無擧也, 刺之無刺也, 同乎流俗, 合乎汚世, 居之似

忠信, 行之似廉潔, 衆皆悅之, 自以爲是, 而不可與入堯舜
之道, 故曰, 德之賊也. 孔子曰: '惡(오)似而非者. 惡莠, 恐其
亂苗也; 惡佞, 恐其亂義也; 惡利口, 恐其亂信也; 惡鄭聲,
恐其亂樂(악)也; 惡紫, 恐其亂朱也; 惡鄕原, 恐其亂德也.'
君子反經而已矣. 經正, 則庶民興; 庶民興, 斯無邪慝矣."

38

맹자가 말하였다.

"요순으로부터 탕왕에 이르기까지가 500여 년이니, 우왕
과 고요는 직접 보고서 요순의 도를 알았고, 탕왕은 전해 들
어서 알았다. 탕왕으로부터 문왕에 이르기까지가 500여 년
이니, 이윤과 내주萊朱는 직접 보고서 알았고, 문왕은 전해 들
어서 알았다. 문왕으로부터 공자에 이르기까지가 500여 년이
니, 태공망太公望과 산의생散宜生은 직접 보고서 알았고, 공자
는 전해 들어서 알았다.

공자 이후로 오늘에 이르기까지가 100여 년이다. 성인의
세대와 이처럼 멀지 않으며, 성인이 거주한 곳과 이처럼 매우
가깝다. 그런데도 이 도를 잇는 사람이 없으니, 그렇다면 역
시 아무도 없겠구나!"[30]

孟子曰: "由堯舜至於湯, 五百有餘歲; 若禹·皐陶, 則見而知之; 若湯, 則聞而知之. 由湯至於文王, 五百有餘歲, 若伊尹·萊朱, 則見而知之; 若文王, 則聞而知之. 由文王至於孔子, 五百有餘歲, 若太公望·散宜生, 則見而知之; 若孔子, 則聞而知之.

由孔子而來, 至於今, 百有餘歲, 去聖人之世, 若此其未遠也, 近聖人之居, 若此其甚也. 然而無有乎爾, 則亦無有乎爾!"

---

30 요순으로부터 … 없겠구나 : 요순으로부터 성인이 500년 터울로 나왔음을 순서대로 거론하면서 공자로부터 100년 밖에 안 되었고 지역적으로도 가까운 곳에서 태어난 맹자 자신이 그 뒤를 이어야 한다는 뜻으로 도통道統을 정리하였다.